留学生本科必修课系列教材

第二版

U0952436

汉语纵横 Jump High

A Systematic Chinese Course

写作课本（下）

Writing TEXTBOOK Ⅱ

亓华　徐棠　编著

北京语言大学出版社
BEIJING LANGUAGE AND CULTURE UNIVERSITY PRESS

图书在版编目 (CIP) 数据

汉语·纵横写作课本．下／亓华，徐棠编著．—北京：北京语言大学出版社，2013. 9
ISBN 978-7-5619-3622-1

Ⅰ．①汉…　Ⅱ．①亓…②徐…　Ⅲ．①汉语－写作－对外汉语教学－教材　Ⅳ．①H195.4

中国版本图书馆 CIP 数据核字（2013）第 222787 号

书　　名：汉语·纵横　写作课本　下
　　　　　HANYU ZONGHENG　XIEZUO KEBEN　XIA
中文编辑：徐　雁　王宇明
英文编辑：孙玉婷
装帧设计：a&Z 艾哲文化传播
责任印制：汪学发

出版发行：北京语言大学出版社
社　　址：北京市海淀区学院路 15 号　　邮政编码：100083
网　　址：www.blcup.com
电　　话：发行部　010-82303650 / 3591 / 3651
　　　　　编辑部　010-82303647 / 3592 / 3395
　　　　　读者服务部　010-82303653 / 3908
　　　　　网上订购　8610-82303653（国内）/3668（海外）　service@blcup.com
印　　刷：保定市中画美凯印刷有限公司
经　　销：全国新华书店

版　　次：2013 年 11 月第 1 版　　2013 年 11 月第 1 次印刷
开　　本：889 毫米 ×1194 毫米　1/16　　印张：14.5
字　　数：286 千字
书　　号：ISBN 978-7-5619-3622-1 / H · 13207
定　　价：50.00 元

第二版前言

《汉语·纵横》是《外国学生汉语言专业本科系列教材》（中国社会科学出版社，2004 年）的修订版，包括汉语精读、汉语会话、汉语听力/视听说、汉语写作、外汉翻译五大纵向技能，从预科到三年级下册七大横向层次，纵横匹配的留学生本科必修课系列教材，共计 38 册。

此次修订，主要体现在以下几方面。

一 补齐初版空缺的部分教材

目前国内设置的留学生本科学制一般为四年。四年级大多开设专业课、撰写毕业论文，汉语技能训练课一般安排在从预科到三年级下学期共计 7 个学期内学习。此次修订我们补齐了三年级下册的精读课本、三年级上下册的会话课本、汉语写作（上、下）以及英汉、日汉、韩汉翻译教程。这样本套教材在横向的七个层次、纵向的听说读写译五大技能的匹配上更为完善。

二 课本与练习各自独立成册

本系列教材练习题型多样，题量丰富，此次修订仍保留了这一特点。为便于学习和使用，将课本与相应练习各自独立成册。

三 词语表增加了词语在《汉语国际教育用音节汉字词汇等级划分》中所属等级

初版教材每册课本“词语总表”标注了每个词语在《高等学校外国留学生汉语言专业教学大纲》、《汉语水平词汇与汉字等级大纲》中所属等级，此次修订增加了词语在 2010 年 10 月颁布的《汉语国际教育用音节汉字词汇等级划分》中所属等级，方便使用者参考。

四 预科和一年级上册课本增加了英语注释

国内对外汉语教学模式一般都将汉语基础语法项目和语言点安排在初级阶段学习，而此时正是学习者汉语水平最低阶段，讲解语法点和语言点会遇到一些专业术语，将增加学习负担。此次修订，我们采纳了使用者的意见，增加了预科、一年级上册两个等级各类教材的英语注释。

五 每册课本前增加了“使用说明”

每册课本前增加的“使用说明”详细说明了本册课本的适用对象、课时安排、讲解重点以及注意事项。

六 版式设计更精美

北京语言大学出版社以出版对外汉语教材而享誉全球，此次修订在版式设计上更美观，图片精美，排版疏朗大方，更适合学习使用。

初版教材自出版以来受到广大使用者的普遍好评，2008年获得北京师范大学本科教育优秀奖。现在《汉语·纵横》出版在即，我们全体编写者衷心感谢几年来教材使用者向我们提供的宝贵修改意见；衷心感谢北京师范大学汉语文化学院对本教材修订给予的支持和资助；衷心感谢北京语言大学出版社为编辑、出版第二版付出的大量认真辛苦的工作。

原编写委员会主任之一陈绂教授已退休多年，此次修订出版工作由马燕华全面负责。在此，本人衷心感谢全体编写人员对我的充分信任和大力支持。

《汉语·纵横》编写委员会主任　马燕华

2013年6月

使用说明

一、适用对象

本书适用于具有中高级汉语水平以上的外国留学生，具体指在正规大学良好的汉语教学环境中密集、系统地学习了一年汉语的汉语言本科专业三四年级的外国留学生。学习汉语时间约2500学时，掌握词汇2500个左右，汉语水平相当于新HSK五级。

二、课时安排

按每周2–4学时计，本册教材可用于三年级下学期和四年级上学期两个学期，也可用于四年级一学年，总学时不低于76课时。

三、教师教学建议

建议采取文体—语体—篇章结构—跨文化贯通式教学结构模式，以师生问答—交际互动作为课堂教学的基本话语模式，充分发挥教师的引导启发作用，同时注重培养学生的主体意识、任务意识和建构自我话语的意识，鼓励学生积极主动地完成各种写作任务。课堂教学设计了以下几个环节：

1. 热身互动练习

每课开始设计和安排了师生热身互动活动，通常由师生共同讨论，完成随堂写作或中介语篇修改任务，有时请学生朗读自己的习作，教师进行点评。

2. 写作技巧方法和要求

教材中的文体知识只作为师生课前准备和课后复习来用，决不能在课上照本宣科地讲。建议每次课选取某个主题或某篇范文为例，在与留学生的讨论、协商互动和讲读分析中具体说明相关的文体知识、写法特点，最后提出写作要求。本教材除了包含说明文、记叙文、议论文等一般的写作文体外，还专为留学生设置了包括爱情故事、中国见闻、跨文化随笔、演讲报告等贴近生活的写作内容。

3. 范文阅读与习作欣赏

本教材设计了“范文阅读”和“习作欣赏”两部分内容，选取的文章是现当代名家名作和学习者的优秀习作。这些范文和习作不仅内容新颖、发人深省，而且情节跌宕、动人心弦，是本书的一大亮点。

4. 作文任务与讲评

贯彻写作教学的“写中学，改中成”实践性原则，坚持文章是写出来、改出来的教学原则，采用以改带学、改后重写的做法。要求学生每周写一篇作文，一学期不少于10–12篇，期末可让每人把老师修改过的作文打成电子稿，然后加上目录、照片和图片，编辑成写作手册，在课上进行成果交流，介绍自己的写作经验和体会。

四 留学生学习建议

建议采取交际互动式课堂教学方式，每次课前预习课文生词，积极参与课堂教学互动，课下按时完成写作任务，课上主动宣读作文，与老师一道认真修改中介语或中介语篇。教材的练习及测试环节设置如下：

1. 课后练习

主要设计了七类题型，它们是：填写标点符号、辨字组词、改错别字、修改病句、成语填空、熟语练习和语段练习，供同学们练习巩固所学知识。书面语表达和用词练习是本书的一大训练内容，扩充了一批较为常用的超纲书面用词。

2. 写作任务

“写作任务”为写作作业，每周完成一个。教材中通常会设计几个写作题目，供学习者选择使用。

3. 作文讲评

“作文讲评”是一个非常有效的学习环节，希望留学生们通过教师的讲评，发现自己作文的特色和不足，将每一次作文中的得与失都清楚地记录下来，这样才会逐步提高自己的写作水平。

4. 复习测试

为便于本科教学的使用，本教材设计了期中及期末两次单元复习和两套测试题，以利于学生们充分复习，有备而试。测试题一般分五到六类，不仅可以系统全面地考核本学期所学知识内容，也能测试出学生的写作速度、篇幅和写作水平。

本教材在编写、试用过程中，得到了北京师范大学汉语文化学院领导、教师、工作人员的大力支持，也得到了自2007年以来历届在北京师范大学汉语文化学院学习的本科生和进修生们的积极参与和热忱支援，在此一并表示感谢。

编者　亓华

2013年8月

词类简称表
Abbreviations of parts of speech

缩写 Abbreviations	英文全称 Parts of speech in English	词类名称及简称 Parts of speech and abbreviations in Chinese	拼音 Parts of speech in *pinyin*
Adj	Adjective	形容词（形）	xíngróngcí
Adv	Adverb	副词（副）	fùcí
AsPt	Aspect Particle	动态助词	dòngtài zhùcí
Conj	Conjunction	连词（连）	liáncí
Int	Interjection	叹词（叹）	tàncí
M	Measure Word	量词（量）	liàngcí
MdPt	Modal Particle	语气助词	yǔqì zhùcí
N	Noun	名词（名）	míngcí
Nu	Numeral	数词（数）	shùcí
Ono	Onomatopoeia	拟声词（拟声）	nǐshēngcí
OpV	Optative Verb	能愿动词（能愿）	néngyuàn dòngcí
PN	Proper Noun	专有名词（专名）	zhuānyǒu míngcí
Pr	Pronoun	代词（代）	dàicí
Pref	Prefix	词头（头）	cítóu
Prep	Preposition	介词（介）	jiècí
Pt	Particle	助词（助）	zhùcí
Q	Quantifier	数量词（数量）	shùliàngcí
StPt	Structural Particle	结构助词	jiégòu zhùcí
Suf	Suffix	词尾（尾）	cíwěi
V	Verb	动词（动）	dòngcí
V//O	Verb-Object Compound	离合词（离）	líhécí
Idm	Idiom	成语（成）	chéngyǔ

目 录 Contents

1 自我介绍（2）

一、热身互动练习

1 先请班上的同学做简单的自我介绍，然后讨论：怎么才能做好自我介绍，怎样做一个与众不同、给人深刻印象的自我介绍

2 修改下面这篇《自我介绍》，指出词汇、语法和语篇衔接上的问题

自我介绍

我是韩国学生。从小到高中毕业以前一直学汉字。但是在中国使用的汉字跟不一样。所以4年前第一次看到的汉字跟不相同。看到之后，我感到一边神奇一边很复杂。我的性格比较急性子。所以我不喜欢复杂的问题，而很喜欢简单。为了这样性格，让我的父母很担心。他们说："您今年24岁，你考虑很多方面。"但是我的性格我很满足。急性子的性格以外，还有我的性格开朗，因为我的韩国家抚养两只狗，它们抚养8年了。所以跟动物一起长大的时候孩子们的性格比较开朗还有善良。所以我很喜欢狗。（四年级本科生）

二、自我介绍的几种写法

一般来说，自我介绍是向别人介绍自己的情况，让别人通过介绍来了解自己。所以首先自我介绍中一定包含着个人的基本信息，如国籍、姓名、年龄等。其次是根据不同目的，突出不同的信息，如果是求学，那么要突出自己的学习经历和目的；如果是求职，那么要突出自己的优点和工作经验；如果是竞选，那么要突出自己的优点和当选后的愿望及举措。我们将重点讲解求学类自我介绍的写法。

1 书面自我介绍

当我们想要去一所学校学习而填写入学申请表的时候，或者我们要申请学校奖学金的时候，一般要提交比较正式的自我介绍或者自我鉴定。这类自我介绍除了要介绍自己的基本信息（姓名、国籍等）以外，还要着重介绍自己的家庭环境、学习经历、学习过程中所取得的成就、学习目的以及个人爱好等。如果是入学申请之类的介绍，有些学校还要求在后面列出学习计划等。如范文 1 和范文 2。

一般来说，求学自我介绍应该要具备以下几个要素：

1. 基本信息不可少，如姓名、国籍、年龄等。
2. 突出求学经历和目的。
3. 学习过程中所获得的成就和所具备的能力。
4. 兴趣、爱好和参加过的活动。
5. 学习计划。

求学自我介绍应该注意：

1. 忌啰嗦，每一句话都是有意义而不重复的，做到言简意赅。
2. 注意逻辑和结构，不要想到哪儿写到哪儿，让人看不明白。
3. 突出自己的优点及来该校就读的原因和目的。

2 口头自我介绍

口头自我介绍是指开学时课堂上或者一些活动、比赛上的自我介绍，这样的介绍相对于上面所说的要提交的书面自我介绍而言，比较随意、简单。但是也应该针对场合和情形有所侧重，如范文 3。

一般来说，口头自我介绍应该包括如下信息：

1. 基本信息，如姓名、国籍、年龄等。
2. 学习经历。
3. 兴趣、爱好等。

这类介绍可以轻松、简单、幽默、活泼，如果能在介绍完之后给人留下深刻印象就更好了。所以介绍要新颖独特。

三、范文阅读

1. 入学申请书面自我介绍

我叫 ×××，×××× 年 ×× 月 ×× 日在 ×× 市出生。于 ×××× 年 ×× 月毕业于 ×××× 学院，主要学习 ×××× 专业。

我出生在一个充满温馨和谐气氛的家庭里。父亲是忠厚善良的工人，从小就严格教导我怎样做人，培养我做一个遇事坚强，做事有毅力，对什么事情都要充满责任感的人。母亲出身自教师家庭，潜移默化地培养了我的严谨的态度和对知识的渴望。在这种教育环境下，我慢慢地长大成人。从小学起就成绩突出的我，性格开朗，喜欢交朋友。有了朋友的陪伴，我度过了丰富多彩的童年时光。

步入初中之后，父母对我的学业要求更加严格。由于成绩突出，我曾担任学习委员、班长之职。×××× 年 ×× 月考入 ×× 高级中学，在掌握知识的同时，从小就热爱体育运动的我喜欢上了篮球运动，多次代表校方参加比赛并且荣获奖项。同时我还喜欢国外音乐，也是在这时我喜欢上了韩国歌曲并自此接触了少量的韩国语言，它让我在精通英语的同时还掌握了一点点的韩国语！度过高中充实的三年后，×××× 年 ×× 月我以高出录取线百分的成绩考入 ×××× 学院继续 × 年 ×××× 专业的学习。学习期间品学兼优，很荣幸地被老师推荐到学生会工作，结交了更多的朋友，扩充了交际领域，加深了我对生活的认识，使我更加珍惜大学生活！

通过对专业知识的学习，我了解到中韩自 1992 年建交以来，两国在各方面的交流以飞快的速度发展。近几年来韩国与中国之间的经济和文化交流空前壮大。自此我萌生了赴韩留学深造的想法。首先，韩国是亚洲经济强国，社会安定、人民友善，国际贸易往来频繁，是我学习国际贸易知识的最佳地点；其次，贵国大学一流的师资和教学也是我学习进修的理想之所。并且贵国语言、礼节、建筑、服饰、饮食、娱乐等各方面的文化也一直深深吸引着我。

由于语言并不精通，我打算在韩国先学习语言，争取在最短时间内达到熟练运用的程度，尽早融入韩国社会，之后继续我所选专业课的学习。因为对韩国语言有一定的基础，所以我相信会很快完成这一转换过程。在韩国学习以及其他各项费用均由我父母提供，他们都有稳定的工作和收入，尤其对我赴韩留学非常支持。在学习期间我会努力充实自己，利用一切时间提高自己的知识水平。

在结束所有的课程后，如果条件准许，我会继续深造读研，或是返回中国。（回国理由：把我所学的专业知识发挥出来并应用到工作实践中。中国目前已经加入世界贸易组织，经济蓬勃发展，正吸引着各类国际复合型人才，相信未来的中国，会有更大的发展空间和更多的机遇。所以我要努力提高自己的水平，体现我最大的价值。）

赏析：这是一篇中国学生赴韩留学的自我介绍，这篇求学自我介绍比较典型，文章信息全面，重点突出，针对性强，言辞恳切。

借鉴：入学申请的自我介绍可参考，做到信息全面，重点突出。

（编者徐棠改写自网络）

词语表 Vocabulary

1.	温馨	【形】	wēnxīn	温暖馨香。
2.	忠厚	【形】	zhōnghòu	忠诚，厚道。
3.	潜移默化	【成】	qiányí mòhuà	人的思想、性格、习惯因受各种因素的影响，在无形之中起了变化。
4.	品学兼优	【成】	pǐnxué jiānyōu	思想品德和学业都很优秀。
5.	萌生	【动】	méngshēng	开始起步，开始发生、产生。
6.	频繁	【形】	pínfán	频率很高，次数很多。
7.	深造	【动】	shēnzào	进一步学习以达到更深的程度。
8.	蓬勃	【形】	péngbó	繁荣，旺盛。
9.	复合型		fùhéxíng	两种或两种以上型态结合在一起。

2. 申请奖学金书面自我介绍

我是 ×××，日本人，今年 21 岁，我上个学期在北京师范大学汉语文化学院 202 年级 3 班学习。

在过去的一年里，我非常珍惜来之不易的学习汉语的机会，勤奋努力，刻苦学习，我从来不迟到、不旷课，课下认真预习、复习、做作业，课上我认真听老师的课，做好笔记，积极回答老师的问题，功夫不负有心人，我考试的时候取得了优异成绩，各门功课都是 90 分以上。

我性格开朗活泼，心地善良，我喜欢结交各国朋友，现在，我不仅有很多中国朋友，也有来自世界各国的朋友，我常常帮助朋友们，和他们一起玩儿、一起学习、一起旅游。

生活在中国，我常常关注着中国的一切变化，四川地震了，和很多中国人一样，我毫不犹豫地捐款，为灾区人们奉献自己的爱心。生活在北京师范大学，我常常关注着学校的事情，积极参加学校举办的各种活动，比方说“留学生唱汉语歌比赛”、“留学生讲汉语故事比赛”。虽然我没能获得好成绩，可是参与的过程中，我觉得我的汉语更好了，我也更自信了。

我很喜欢中国文化，深深地被中国文化所吸引，我常常去中国其他城市旅游，感受中国文化的熏陶。我特别喜欢去北京的胡同逛逛，和当地的老百姓聊天儿，体验他们的生活。我还常常参加一些中日友好文化交流活动，我希望我能成为一名中日文化交流的使者。

赏析：这是一篇申请奖学金的自我介绍。作者主要介绍了过去的一年当中，自己在学习、交际、生活等各个方面的表现，突出了自己“品学兼优”这一优点，符合奖学金申请的要求。

借鉴：申请奖学金的自我介绍可参考，注意内容的全面性和针对性。

（修改自北京师范大学401年级日本留学生习作）

词语表 Vocabulary

1.	勤奋	【形】	qínfèn	（学习、工作）努力，精神振作。
2.	刻苦	【形】	kèkǔ	勤奋努力，不怕吃苦，不怕困难。
3.	心地善良		xīndì shànliáng	有道德、德行好，慈善。
4.	结交	【动】	jiéjiāo	与人交际往来，联络友谊。
5.	毫不犹豫		háo bù yóuyù	形容做事非常果断，丝毫没有迟疑。
6.	捐款	【离】	juān kuǎn	个人和单位将金钱赠送给其他人和单位团体的行为。
7.	奉献	【动】	fèngxiàn	恭敬地交付，献出。
8.	熏陶	【动】	xūntáo	被一种思想、品行、习惯所濡染而渐趋同化。

3. 口头自我介绍

大家好，我叫×××，今年15岁，我是一名非常普通的中学生。我既没有美丽的外表，也没有出色的成绩，但是，我有一颗纯真善良的心和令人感到温暖的笑容。我拥有一头乌黑的短发，一对浓眉毛，一双不大不小的眼睛，一个大鼻子还有一张会吃的大嘴。当然啦，有了一张会吃的大嘴，我的体重也就轻不到哪去！

我特别喜欢唱歌，特别是唱《义勇军进行曲》。因为唱这首歌我是永远不会唱走调的！

初二那年，我有了自己喜欢的明星。我喜欢他的帅气，他阳光般的笑容，健美的身材，绝美的舞姿，美妙的歌喉，更重要的是他刻苦的精神，坚持不懈的毅力。他就是我的偶像：韩庚。

韩庚的精神值得我去学习，他是我学习的榜样。

最后，我很高兴认识大家，希望和大家成为好朋友，一起努力学习，天天向上！

谢谢大家！

赏析：这是一篇1分钟的口头自我介绍，语言流利，感情真挚，又不乏幽默感。简短的介绍富有特色，给人留下深刻印象，能让人很快记住她。

借鉴：感情真挚，富有特色的介绍能给人留下更深刻的印象。

（编者徐棠改编自网络）

词语表 Vocabulary

1.	舞姿	【名】	wǔzī	舞蹈者舞动时的姿态。
2.	歌喉	【名】	gēhóu	唱歌人的音色，也指歌声。
3.	坚持不懈	【成】	jiānchí búxiè	形容做事持之以恒，比喻有恒心、有毅力。
4.	毅力	【名】	yìlì	坚强、持久的意志。
5.	偶像	【名】	ǒuxiàng	比喻崇拜的对象。
6.	榜样	【名】	bǎngyàng	作为仿效的人或事例。

四、习作欣赏

1. 自我介绍（一）

【日本】小平贵雄

不知这是偶然还是必然，或许是天命吧，我姓“小平”。我的这个姓在中国有特殊的意义，因为“小平”在中国家喻户晓，至于它所具有的意义想必大家心领神会了吧。

岁月如流，我今年都到“而立之年”了。而我这个该“立业”的，放弃一切，千里迢迢到中国来留学，要被人说三十“倒立”我也无法反驳。其实越想越奇怪，我和汉语结缘是在我上大学的时候，可它不是我的专业，我本科读的是法律，而年已三旬的我现在在千里之外的中国学汉语，这是十多年前刚迈进大学校门时做梦也想不到的。法律和汉语这一点也挂不上钩的两样东西，在我不长的校园生活中却巧妙地搭上了桥。

汉语是我的第二外语。我选第二外语时毫不犹豫地选择了它，因为当时我实在不喜欢英语。这可能是应试教育留下的后遗症，我有“英语过敏症”。我一看英文就联想到蚯蚓，无数的罗马字母趴在书本上蜿蜒着，一看我就头昏恶心，看法语、德语跟英语没什么两样。而看汉语文章满纸都是汉字，像我这样没学过汉语的也能看懂一点。哎哟！谢天谢地谢祖宗！在日语中还保留着大量的汉字，现在子孙们学汉语几乎是无师自通了呢。

后来我用消去法选的这门第二外语却在我生活中了占据了越来越重要的位置。当时我对我的专业始终燃不起兴趣，想学点别的具有实用性的东西，可对其他专业也没有什么感觉，那么学外语吧，英语和我“势不两立”，当然是首先要排除的，最后剩下的是它——汉语。而令人大惑不解的是，这样经过两次消去法筛选出来的汉语，却把我的心给抓住了。我越学越有劲，学得越深越有滋味。毕业后无论业务多么繁忙，也挡不住我对学习汉语的渴望，每天回家匆匆忙忙地吃完饭，然后马上在桌子前坐下，把台灯一打开，就开始埋头学习汉语了。

光阴似箭，六年的岁月很快过去了。可是我对汉语的一厢情愿不但丝毫未减，反而与日俱增。就那么十年如一日地学习，学汉语几乎跟“吃喝拉撒睡”并列时，我在网上偶然看到了在中国工作的日本人写的博客，它激发上了我西渡大陆的念头，我马上开始搜集相关资料并参加了HSK考试。考试还算顺利，一个月后拿到了HSK 8级证书，而出乎意料的是，又过一个月后我竟收到了有关奖学金留学的通知书。原来HSK考试有奖学金制度，给予考试成绩优秀者奖学金，我上了奖学金留学生的名单了。功夫不负有心人，我终于踏上了西渡大陆的求学之路。

将来呢？问老天爷吧。谋事在人，成事在天，但我相信有志者事竟成。

（亓华修改自北京师范大学401年级日本留学生习作）

词语表 Vocabulary

1.	家喻户晓	【成】	jiāyù hùxiǎo	家家户户都清楚知道。形容人人皆知。
2.	心领神会	【成】	xīnlǐng shénhuì	指对方没有明说，心里已经领会。
3.	而立之年	【成】	érlì zhī nián	出自《论语•为政》，指一个人到了三十岁应该是人格自立、学识自立、事业自立的年龄。如今成为一个人三十岁的代称。
4.	千里迢迢	【成】	qiānlǐ tiáotiáo	迢迢：遥远。形容路途十分遥远。
5.	反驳	【动】	fǎnbó	提出反对的理由辩驳。
6.	结缘	【动】	jié yuán	佛教中指信众与佛结下缘分。泛指结下缘分。
7.	过敏	【形】	guòmǐn	身体对某些药物或外界刺激产生的超常的或病理的反应。
8.	蚯蚓	【名】	qiūyǐn	常见的一种陆生环节动物，生活在土壤中。
9.	蜿蜒	【形】	wānyán	弯弯曲曲地延伸的样子。
10.	恶心	【形】	ěxin	胃里不舒服、想吐的感觉。
11.	谢天谢地	【成】	xiètiān xièdì	表示目的达到或困难解除后满意轻松的心情。
12.	无师自通	【成】	wúshī zìtōng	没有老师的传授就能通晓。
13.	势不两立	【成】	shìbùliǎnglì	形容双方矛盾或仇恨很深，无法化解调和。
14.	筛选	【动】	shāixuǎn	用淘汰的方法选择需要的，去掉不需要的。
15.	一厢情愿	【成】	yìxiāng qíngyuàn	指单方面的愿望或不考虑客观实际情况的主观意愿。
16.	与日俱增	【成】	yǔrì jùzēng	随着时间的推移而不断增长。

17.	功夫不负有心人	【成】	gōngfu bú fù yǒuxīnrén	只要用心去做某事，就会取得成功。
18.	谋事在人，成事在天	【成】	móushì zài rén, chéngshì zài tiān	谋划事情，要依靠人的努力，但事情的成败，还要受到客观条件的影响。
19.	有志者事竟成	【成】	yǒu zhì zhě shì jìng chéng	有志向的人做事一定会成功。

2. 自我介绍（二）

【越南】阮氏芳

大家好，我叫阮氏芳，越南人，我特别喜欢别人叫我“小芳”，因为中国有一首家喻户晓的歌曲叫《小芳》，这首歌里面所描述的小芳“长得好看又善良，一双美丽的大眼睛，辫子粗又长”。我和这个“小芳”可以说是一模一样。同时，“芳草”又象征着生机勃勃，我也希望自己像芳草一样有自然顽强的生命力。

我学习汉语已经有八年时间了，当时因为无意中被旋律优美的中国歌曲所吸引，所以高中的时候，我就进入外国语学校，毫不犹豫地选择了汉语，希望知道自己所听到的中文歌曲的意思。现在通过几年的汉语学习，我不仅知道了中文歌词的意思，而且还会唱很多中文歌曲，还可以毫无障碍地和中国人交流。汉语给我的生活带来了很多快乐和成功的喜悦。

今天我很荣幸参加这次“外国人讲汉语故事大赛”，我会用心地告诉大家我和汉语的故事，希望大家会喜欢，希望大家记住我——一个来自越南的“小芳”。

（修改自北京师范大学302年级越南留学生习作）

作者介绍：阮氏芳，越南留学生，于2009年获“我的汉语生活——全球外国人汉语故事大赛”二等奖。

词语表 Vocabulary

1.	辫子	【名】	biànzi	将成束的头发编织而成的发型。
2.	生机勃勃	【成】	shēngjī bóbó	勃勃：旺盛的样子。形容有旺盛的生命力。
3.	旋律	【名】	xuánlǜ	单个音符或乐音节奏上的编排和有含义的连续。
4.	障碍	【名】	zhàng'ài	阻挡，使不能顺利通过。

五、常用九大复句类型

复句由两个或两个以上意义相关，结构上互不做句子成分的分句组成。

复句有两大类，一类是由单句直接组合而成的，如：老师走进教室，来到讲台前，认真地讲起课来。这样的复句靠分句间的语序来联系，没有明显的逻辑关系，要根据上下文才能弄清楚。另一类是借助虚词组合而成的。如：只要坚持锻炼，就能有健康的身体。这种复句，分句之间的联系靠虚词，而主要的虚词是连词和副词，还有部分起关联作用的短语，统称为关联词语。按照分句之间的关系，可以把复句分为联合复句和偏正复句两大类。

1 联合复句

1. 并列复句。两个或两个以上的分句分别陈述几种事物，或几种事情，或一种事情的几个方面，分句之间是平行相对的并列关系。主要关联词语是：同时，还，也，同样，不是……而是……，是……不是……，一方面……一方面……，既……又……，有时……有时……。如：我不是韩国人，而是日本人。

2. 承接复句。两个或两个以上的分句是一个接着一个的叙述连续发生的动作，或是接连发生的几件事情。分句之间有先后顺序。常用关联词语有：从而，就，便，才，又，于是，然后，接着，首先（起初）……然后……。如：首先他走进教室来，然后找张椅子坐下，最后拿了本书认真学习起来。

3. 递进复句。后面分句的意思比前面分句的意思进了一层，分句之间是层进关系。常用的关联词是：况且，尚且，不但（不仅、不只、不光）……而且（还，也又）……，何况（更不用说，还）。如：他不但唱歌很棒，而且跳舞也很出色。

4. 选择复句。两个或两个以上的分句分别说出两件或几件事，并且表示从中选择一件或几件。分句之间构成选择关系。常用的关联词语是：与其……不如……，宁可……也（也不）……，或者……或者……，不是……就是……，要么……要么……，或许……或许……，可能……可能……，也许……也许……。如：我宁可睡懒觉，也不愿意去爬山。

2 偏正复句

1. 转折复句。后一分句的意思不是顺着前一个分句的意思说下去，而是做了一个转折，说出同前一分句相反、相对或部分相反的意思来。分句之间构成转折关系。常用的关联词语有：然而，只是，不过，倒，竟然，虽然（虽、尽管）……但是（但、可是、还是）……。如：虽然他才学两年的汉语，可是已经说得跟中国人一样好了。

2. 假设复句。前一个分句假设存在或出现了某种情况，后一个分句说出假设情况一旦实现产生的结果。两个分句之间是一种假定的条件与结果的关系。常见的关联词语是：如果（假如、倘若、若、要是、要、若要、假若、如若）……就（那么、那、便、那就）……，即使（就算、哪怕、即便、纵使）……也（还、还 是）……，再……也……。如：要是明天下雨的话，比赛就要推迟了。

3. 因果复句。前面分句说明原因，后面分句说出结果，可分为说明因果和推论因果两种类型。说明因果是一个分句说明原因，另一分句说明由这个原因产生的结果，因和果是客观事实。常见的关联词语有：因为（因）……所以……，由于……因而……，之所以……是因为……。推论因果是一个分句提出一个依据或前提，后一分句由此推出结论，结论是主观判定的，不一定是事实。常用关联词语有：既然（既是）……就（那就、又何必）……。如：由于缺勤太多，因而他不能参加考试了。

4 . 条件复句。前一个分句提出一个条件，后一个分句说明这个条件一旦实现所要产生的结果，分为充分、必要、完全三种类型。常用关联词语有：只要……就……，只有……才……，除非……才（不）……，无论（不管、不论）……都……。如除非你去上课，否则我不告诉你那件事。

5. 目的复句。一个分句表示实现或避免某种目的，一个分句表示为此而采取的行为。常用关联词语有：为了，以便，以，用以，好，为的是，以免，免得，省得。如：为不了迟到，我买了三个闹钟来叫醒我。

2 求职信

一、热身互动练习

阅读下面的招聘启事，假如你应聘其中一个职位，请写个求职简历。

诚　聘

招聘对象：会计2名，办公室文员2名，业务销售员2名，企划人员2名。

应聘条件：大学本科以上学历，男女不限，有相关工作经验者优先。

招聘办法：应聘者请于5月1日前将应聘材料寄到××公司人事部。初选合格者通知面试。

通讯地址：××市东方大道2号　　邮政编码：123456

联系人：张小姐　　联系电话：010-66666666

二、求职信的写法

求职信，也称自荐信，是个人为谋求职业写给用人单位，希望对方了解自己、相信自己、录用自己的一种专用书信。求职信其实也是一种自我介绍，以信的方式来介绍自己，这是每个人毕业以后都要面临的事情，怎么让自己在众多的求职者中脱颖而出呢？怎么让用人单位在看过你的求职信之后对你留下深刻印象呢？

1 求职信的种类

一般分为三种，即毕业生求职信、待业人员求职信、在职人员求职信。求职者的身份不同，写作的角度、内容、语气就会有所不同。一般来说，毕业生写作求职信时，一般要比较全面地介绍自己在校期间的学习情况，阐述自己的理想、抱负；待业人员写求职，要介绍自己的经历、经验、特长，说明自己的生活实际，阐述自己对职业的理解和需求等；在职人员写求职信，目的是谋求新职位或兼职，因此要针对用人单位的要求，介绍自己的专长。

2 求职信的格式

求职信和一般书信的写作格式基本相同，通常包括标题、称呼、正文、祝颂语、署名和日期等几个部分。

1. 标题。首行居中书写“求职信”或者“自荐信”三个字，如果是针对招聘（pìn）启事写的，可以写成“应聘信”。在多数情况下，标题可省略。

2. 称呼。应根据用人单位的性质，选择恰当得体的称呼，如“尊敬的领导”、“尊敬的总经理先生”、“尊敬的人事部部长先生”等，一般不直呼其名，也不宜只称“先生、女士”。但可以直接写单位或部门名称，一般顶格写。

3. 正文。一般分三部分来写。开头部分通常说明写信缘由，一般写你要申请的职位以及你是如何得知该职位的招聘信息的。主体部分陈述个人情况以及求职意向、要求等。在内容上，要针对用人单位的特点、用人要求和你所了解的信息客观地介绍自己，侧重介绍你的专长，并且能为用人单位做出贡献的教育、技能和个性特征。结尾部分一般表达求职者的愿望和要求，如希望得到对方肯定的答复，收到对方的面试通知等。

4.祝颂语。求职信的祝颂语多用套话，但求职者本人可以认真斟酌，不落俗套。可以写“祝贵单位事业兴旺”等，或者写上“此致，敬礼”，一般来说，“此致”空两格，“敬礼”顶格写。

5. 署名和日期。可在姓名前写上“求职者”、“应聘者”等字样表示尊重。

6. 附件。求职信一般要随信附上有关文件和证件，如简历、毕业证书、成绩单、获奖证书、资格证书、身份证等复印件。

7. 联系方式。不附简历的求职信，一般要在信封或信的下方写明具体的联系方式，如：通讯地址、邮政编码、电话号码、电子邮箱等。

3 写求职信要注意的几点

首先，要突出个人的优点和特长，并要有相当的可信度。最好是通过自己实际做过的实例来验证一下；

其次，要投其所好，选择和工作相关的事例和情况进行介绍；

第三，不可夸张，坚持以事实说话，少用虚词、感叹词之类；

最后，要符合逻辑，介绍时应层次分明、重点突出，使自己的优势很自然地逐步显露，不要一上来就急于罗列自己的优点。

三、范文阅读

1. 求职信

尊敬的人事主管：

您好！我叫刘××，今年22岁，是××大学机电专业的学生，今年7月即将毕业。贵公司是全国知名的机电企业，实力雄厚，重视人才，一直是我向往的地方。在网上看到贵公司的招聘信息，我决定应聘生产线长一职。

我在校期间学习了机械制图、电工技术、电子技术、电气制图、机械设计基础等十多门专业课程，成绩优良。在近一年的生产实习中，又掌握了较为过硬的基本功，并获得“优秀实习生”的称号。我还获得了电工中级证书、计算机操作中级证书、大学英语六级证书等。四年中，我被评为校级“优秀学生”3次，市级“优秀干部”3次，获得国家级奖学金。

贵公司重视人才、以人为本的管理方针闻名遐迩。作为一个有志从事机电行业的青年人，我希望能在贵公司得到锻炼成长。我不仅熟悉机电设备的理论知识，掌握使用及维护设备的操作技能，而且还自修了数控专业的几门课程，可以承担数控机床的安装、检测和维修工作。因此，我相信通过不断努力和学习，我能够在工作岗位上做出成绩。

恳请贵公司能给我面试的机会，让我将理想的种子撒播在贵公司肥沃的土地上，生根、开花、结果。随信附上本人的相关资料，恭候复函。

此致

敬礼！

应聘者：刘××

××××年××月××日

（编者改写自网络）

赏析：这是一篇比较符合规范的求职信，作者针对用人单位的特点，全面而简明地介绍了自己在大学期间各个方面的成长情况和取得的成绩。并突出与公司职位相符合的技能，语言恳切而又礼貌，态度热情大方。

借鉴：求职自我介绍可参考，注意中文写信格式的规范性。

词语表 Vocabulary

1.	雄厚	【形】	xiónghòu	雄健浑厚，充足，丰富。
2.	闻名遐迩	【成】	wénmíng xiá'ěr	形容名声很大，远近都知道。
3.	撒播	【动】	sǎbō	把作物的种子均匀地撒在田地里。亦用以喻播种。
4.	肥沃	【形】	féiwò	土地含有适合植物生长的养分和水分。
5.	恭候	【动】	gōnghòu	敬辞，恭敬地等候。
6.	函	【名】	hán	信件。

2. 自荐信

北京电视台人事部：

本人姓张，叫美玲，今年二十四岁，是北京师范大学传播系的毕业生。昨天在《环球时报》上看到了贵台招聘记者的广告，认为自己的条件符合贵台所提出的要求，所以想应聘这份工作。

本人已毕业两年，在学业上有很好的成绩，在学校每年举办的人才选拔赛上总是名列前茅，本人也参加过不少校园社团的新闻报道活动，如：书法社团、传播社团等，还为学校杂志撰写过新闻稿。

本人对记者的工作有一定的经验，2003 年曾经在中央电视台实习过一年，毕业后在上海电视台工作了两年。

勤快、认真、努力、积极是本人的优点，这也是记者必备的素质。除了以上的优点以外，本人也是一个很有责任感的人，能在团队里或者一个人的环境里工作。

我相信在贵台的培养下，本人会更充分地发挥自己的能力，为贵台的事业发展尽绵薄之力。希望贵台给予本人一个机会，恭候贵台的回信。谢谢！

祝贵台事业兴旺！

自荐人：张美玲

二〇〇六年十一月十日

赏析：这篇自荐信符合自荐信写作的一般要求，最大优点是在介绍自己的时候，能始终围绕着符合应聘职位的要求来介绍自己，因而比较有说服力。

借鉴：有针对性地介绍自己，突出重点。

词语表 Vocabulary

1.	名列前茅	【成】	míng liè qiánmáo	比喻名次或成绩列在前面。
2.	撰写	【动】	zhuànxiě	写作。
3.	勤快	【形】	qínkuai	手脚勤，爱劳动。
4.	绵薄之力	【成】	miánbó zhī lì	谦辞，指自己微薄的力量或能力。

四、习作欣赏

1. 自荐信（一）

中泰旅游公司人事部：

我叫张小明，女，一九八一年四月二十日出生于泰国，今年25岁。我是一个性格活泼开朗、具有合作精神、工作认真负责的人，我的爱好是看书、听音乐、运动和参加公益活动。

我本科毕业于泰国清迈大学法文系，成绩优异。毕业后取得了中国政府的奖学金，现在在××××大学留学，收获非常大，我不但学会了语言方面的知识，也学会了贸易方面的知识。为了体验跟其他朋友的合作，空闲的时间我经常参加学生活动，增长了不少见识。

我的工作经验主要有：从2001年至2003年在清迈大学学生宿舍当接待员；2005年在北京的旅游公司当翻译。在上学的过程中我也不断地翻译中泰的材料。这些工作经验使我的思想一步一步成熟。我认为人都会有缺点，但是自己承认了缺点并努力去弥补它而不是掩饰它的时候，我们才会是胜利者。工作是人生的考验，不管遇到什么困难，我们都要坚持不懈。

贵公司是国家的重要公司，为社会做出了巨大贡献，我希望有幸进入贵公司工作，为中泰旅游事业的进一步发展尽自己的一份力量。

此致

敬礼！

自荐人：张小明

××××年××月××日

词语表 Vocabulary

1.	弥补	【动】	míbǔ	补偿，赔偿，填补。
2.	掩饰	【动】	yǎnshì	遮盖，掩盖，不想让他人发现。

2. 自荐信（二）

三星公司人事部：

从网上得知贵公司招聘企划人才，本人对贵公司这方面的工作很感兴趣。

请允许我自我介绍一下，我姓赵，叫赵京新。1983年6月出生于韩国首尔。

我和很多韩国孩子一样7岁进入小学，开始了我的读书生活。我这个人性格比较外向，上小学的时候当过很多次班长，6年没有缺过一次课，毕业时获得了优秀学生奖。在初中，我热爱运动，跟同班同学的关系相当不错，初中三年也没有缺过一次课，成绩优秀，考上了重点高中。高中当过学生会干部，文科方面的成绩很突出，热爱文学，读过很多文学作品，在外语方面的成绩也相当不错，高中的时候对中国的文学和语言、文化很感兴趣，自学中文和中国文学，因此，我顺利考入了北京师范大学的中文专业。在中国留学，我学会了不少东西，不仅有专业知识，而且还有生活方面、人际关系方面的知识。我了解了中国文化，了解了中国人。我有不少外国朋友，我对自己的工作和生活负责任，自己所做的事情一定要完成好。

我很想进入贵公司的企划部工作，我一定会认真做好，我希望你们能给我这个机会，让我在三星公司工作，我将不会让您失望。感谢您抽出宝贵时间看我的简历。

恭候您的答复！

自荐人：赵京新

××××年××月××日

（亓华修改自北京师范大学401年级韩国留学生习作）

五、汉语的谦敬语

1 敬辞与谦辞

在汉语里，人们写信的时候，常常有一些固定的格式，为了表示礼貌，有时候还得用上谦辞和敬辞。中国作为历史悠久的礼仪之邦，汉语中有许多敬辞和谦辞。敬辞，即表示对别人敬重的词语；谦辞，则是用于自我表示谦恭的词语。千百年来，中国人在人际交往中使用了许多敬辞和谦辞，这充分体现了我们中华礼仪之邦的特点，使用敬辞和谦辞还可体现一个人的文化修养。为了便于记忆，可以记住谦敬辞口诀：家大舍小令外人，小寒拙鄙称自身。高大尊贵又贤惠，光雅拜赐皆用对。

有人把谦敬词语的使用编了个顺口溜：

初次见面说“久仰”，好久不见说“久违”；
请人批评说“指教”，求人原谅说“包涵”。
求人帮忙说“劳驾”，麻烦别人说“打扰”；
求给方便说“借光”，托人办事说“拜托”。
看望别人说“拜访”，请人勿送说“留步”；
未及远迎说“失迎”，等候客人说“恭候”。
无暇陪客说“失陪”，陪伴朋友说“奉陪”；
问人干嘛说“贵干”，顾客来店叫“惠顾”。
对方前来叫“光临”，贵宾来到说“莅临”；
请人告诉说“见告”，欢迎询问说“垂询”。
谢人爱护说“错爱”，称人爱护说“垂爱”；
称人赠予说“惠赠”，请人保存题“惠存”。
请人收礼说“笑纳”，归还原物说“奉还”；
称人之家说“贵府”，称己之家说“寒舍”。
赞人见解说“高见”，称己见解说“拙见”；
向人祝贺说“恭喜”，求人看稿说“斧正”。
求人解答用“请问”，请人指点用“赐教”；
请人原谅说“见谅”，求人指正称“雅正”。

2 敬称和谦称

谦称多表自谦，表示谦逊的态度。称己用谦称。常见谦称如下：

自家父亲称“家父”，自家母亲称“家母”，自家哥哥称“家兄”，自家姐姐称“家姐”。

自家叔叔称“家叔”，自家弟弟称“舍弟”，自家妹妹称“舍妹”，自家侄子称“舍侄”。

自家亲戚称“舍亲”，自家儿子称“小儿”，自家女儿称“小女”，自己儿子称“犬子”。

自己学校称“敝校”，自己姓氏称“敝姓”，自己处所称“敝处”，自己见解称“鄙见”，

自己之家称“寒舍”，自己文章称“拙作”，礼貌不周称“失礼”，让人笑话称“见笑”。

敬称同样是礼节系统的一个重要组成部分，表示尊敬客气的态度，也叫尊称。常见敬称如下：

对方父亲称“令尊”，对方母亲称“令堂”，对方儿子称“令郎”，对方女儿称“令爱”。

对方兄长称“令兄”，对方弟弟称“令弟”，对方侄子称“令侄”，对方亲戚称“令亲”。

对方学校称“贵校”，对方国家称“贵国”，对方照片称“玉照”，对方来信称“惠书”。

问人姓氏称“贵姓”，问人年龄称“贵庚”，面对老人称“前辈”，老人年龄称“高寿”。

别人学生称“高足”，尊称老师为“恩师”，对方名字称“大名”，对方著作称“大作”。

（亓华整理自网络）

3 说明文（2）

一、热身互动练习

看图学做菜——茄子炸酱面

材料：茄子一个，肉三两，大葱、大蒜各 25 克，黄酱、甜面酱各 50 克，花生油 25 克，切面半斤。

做法：

1. 茄子洗净切丁，姜和蒜切末，大葱切丁备用。
2. 肉切碎丁，锅内少许油，炒熟盛出备用。
3. 锅内少许油，倒入茄丁，把茄丁煸炒到金黄色。
4. 下入葱、姜和蒜末，煸炒出香味。
5. 再将肉丁倒入，加入提前调稀的黄酱和甜面酱，翻炒均匀，待汤汁浓稠即可出锅！
6. 先把切面煮好，盛到碗或盘中，舀上茄子炸酱，拌匀即可食用。

这款炸酱面，咸香浓郁、口感甚佳，老少皆宜，冬夏都可以食用。

说说自己的拿手菜，把制作步骤填在下面。

名称：____________________

材料：____________________

步骤：①____________________

②____________________

③____________________

④____________________

二、说明文的写法

说明文是一种以说明为主要表达方式的文体，其作用是直接说明某种事物或某种道理。说明事物的说明文，可以根据不同的目的和对象，着重说明事物的性质、特点、结构、功能等某一方面或某几个方面，以便人们了解和应用。说明某种道理的说明文，要把道理讲清楚、透彻，以便于人们理解和掌握。说明文在于对客观事物进行介绍和阐释，一般不表示作者的主张和感情倾向。

1 说明文的结构

基本模式是“总—分—总”式，即先总说介绍，再分步解说，最后归纳总结。文章的主体是中间部分，它的顺序可分为：

1. 纵式：包括按时间顺序说明和按逻辑顺序说明。如范文 2《旗袍》一文，按照旗袍起源和发展演变的时间顺序来写。

2. 横式：按空间顺序说明。如范文 3《中国与外国》一文，按照空间顺序对中国和外国进行了对比说明，从而突出中国不同于外国的特色。

3. 纵横结合式：从全篇到段落，不同层次运用不同的结构顺序。如范文 1《南州六月荔枝丹》一文，说明荔枝的历史时，采用的是时间顺序，而讲到荔枝的产地时，采用的是空间顺序，同时，说明荔枝本身的情况，如荔枝的外表、肉、大小、核、对储存的要求等等，则按照认识事物的从外到里的顺序进行说明。

2 说明文的说明方法

1. 定义说明

也可叫下定义，是揭示事物本质和特征的一种说明方法。向读者介绍某一事物，往往要讲明“这是什么”，就是给这一事物下定义，就像本书讲解说明文写作时，先解释什么是“说明文”。在说明文写作中，并不是对任何事物都要下定义，大家都熟悉的事物不用下定义；复杂的、不能用简洁的定义说清楚的事物也不用下定义。

2. 数字说明

运用数字说明事物的特征的方法。数字的运用要科学，根据说明的对象的特点，或用精确数字、或用约数，恰当地说明事物。如《南州六月荔枝丹》中“现经研究证实，温度保持在 1℃到 5℃，可贮藏三十天左右”，这是用精确数字来说明对荔枝保存的要求，非常清楚明了，让人一看就明白。

3. 举例说明

即举例子，举出有代表性的恰当的例子，真切具体地说明事物的方法。举例说明能把抽象复杂的事物说得具体而通俗易懂。如《旗袍》里就举了有关旗袍来历的一个传说，给旗袍带来了浪漫色彩和文化底蕴。

4. 比较说明

通过和另一事物进行比较来说明事物的方法。对于抽象的、陌生的事物，可以通过和具体的、熟悉的事物进行比较，使读者认识和理解。比较说明分为横比说明和纵比说明。横比说明是同时代的比较说明，而纵比说明是不同时代的比较说明。如《旗袍》中就是对旗袍进行纵向对比说明了旗袍从古代到现代演变的过程。而《中国与外国》则从不同方面对中国人和外国人的不同进行了横向的对比，让人一目了然。

5. 比喻说明

即打比方，通过比喻说明事物的方法。运用比喻来说明事物，可以使抽象的道理具体化，使语言更加形象生动。《南州六月荔枝丹》里“壳如红缯，膜如紫绡，瓤肉莹白如冰雪，浆液甘酸如醴酪”中，充分运用了比喻来说明荔枝从里到外是什么样子，非常形象。

6. 引用说明

引用一些有关的资料来说明事物的方法。许多典籍内容翔实，说明十分准确，适当地引用可以增强文章的说服力和权威性。如《南州六月荔枝丹》，引用古代诗文、文献资料、谚语等十余处，使文章既有科学性，又充满文学趣味。要不要引用，要根据说明的需要与否来确定；引用什么典籍，要有所选择，选择经过历史和实践检验的言论，才能使人信服。

一般来说，一篇说明文不会孤立地使用一种说明方法，而是综合使用多种说明方法，这样才能使客观抽象的说明变得浅显易懂，形象生动。

课堂练习

请把六种说明方法填入表中，并举个例子

说明方法	举例说明
1.	
2.	
3.	
4.	
5.	
6.	

三、范文阅读

1. 南州六月荔枝丹

贾祖璋

幼年时只知道荔枝干的壳和肉都是棕褐色的。上了小学，老师讲授白居易的《荔枝图序》，读到“壳如红缯，膜如紫绡，瓤肉莹白如冰雪，浆液甘酸如醴酪”，实在无法理解，荔枝哪里会是红色的！荔枝肉像冰雪那样洁白，不是更可怪吗？向老师提出疑问，老师也没有见过鲜荔枝，无法说明白，只好不了了之。假如是现在，老师纵然没有见过鲜荔枝，也可以找出科学的资料，给有点钻牛角尖的小学生解释明白吧。

白居易用比喻的笔法来描写荔枝的形态，的确也有不足之处。缯是丝织物，丝织物滑润，荔枝壳却是粗糙的。用果树学的术语来说，荔枝壳表面有细小的块状裂片，好象龟甲，特称龟裂片。裂片中央有突起部分，有的尖锐如刺，这叫做片峰。裂片大小疏密，片峰尖平，都因品种的不同而各异。

……

荔枝大小，通常是直径三四厘米，重十多克到二十多克。六十年代，广东调查得知，有鹅蛋荔和丁香大荔，重达四五十克。还有四川合江产的“楠木叶”，《四川果树良种图谱》说它重十九克左右，《中国果树栽培学》则说大的重六十克。所谓“膜如紫绡”，是指壳内紧贴壳的内壁的白色薄膜。说它“如紫绡”，是把壳内壁的花纹误作膜的花纹了。明代徐勃有一首《咏荔枝膜》诗，描写吃荔枝时把壳和膜扔在地上，好似“盈盈荷瓣风前落，片片桃花雨后娇”，是夸张的说法。

荔枝的肉大多数白色半透明，说它“莹白如冰雪”，完全正确。有的则微带黄色。从植物学的观点看，它不是果肉，而是种子外面的层膜发育而成的，应称做假种皮。真正的果肉倒是前面说的连同果壳扔掉的那一层膜。荔枝肉的细胞壁特别薄，所以入口一般都不留渣滓。味甜微酸，适宜于生食。有的纯甜。早熟品种则酸味较强。荔枝晒干或烘干，肉就成红褐色，完全失去洁白的面貌。

荔枝不耐贮藏，正如白居易说的："一日而色变，二日而香变，三日而味变，四五日外，色香味尽去矣。"现经研究证实，温度保持在1℃到5℃，可贮藏三十天左右。还应进一步设法延长贮藏期，以利于长途运输，因为荔枝不耐贮藏，古代宫廷想吃荔枝，就要派人兼程飞骑从南方运送长安或洛阳。唐明皇为了宠幸杨贵妃，就干过这样的事。唐代杜牧诗云："长安回望绣成堆，山顶千门次第开。一骑红尘妃子笑，无人知是荔枝来。"就是对这件事的嘲讽。

……

中国幅员广阔，不同地区有不同的特产。因地制宜，努力发展本地区的特产，是切合实际的做法。盛产荔枝的地区，应该大力发展荔枝的生产。苏轼有诗云："罗浮山下四时春，卢橘杨梅次第新。日啖荔枝三百颗，不辞长作岭南人。"但日啖三百颗，究竟能有几人呢？

（节选自贾祖璋《南州六月荔枝丹》）

赏析：这是一篇介绍有关荔枝科学知识的文艺性说明文。作者在文中运用了多种说明方法，而引用法最具特色。全文包括标题在内引用的材料共二十余条，指名的作者近二十人，年代则从唐、宋、明、清而至于今，涉及的材料多种多样，数字、诗歌、文章、前人的说法等等来说明荔枝的外表、产地、大小、肉、核、历史等等，非常全面清楚。

借鉴：结构上按照认识事物的逻辑顺序介绍，并与时间顺序、空间顺序科学结合，充分发挥引用在说明文中的作用。

作者介绍：贾祖璋（1901—1988），浙江海宁人。著名的科普作家。代表作有《鸟与文学》、《生物素描》、《碧血丹心》、《花儿为什么这样红》、《南州六月荔枝丹》、《蝉》、《兰和兰花》等。

词语表 Vocabulary

1.	缯	【名】	zēng	古代对丝织品的总称。
2.	绡	【名】	xiāo	生丝织物。
3.	瓤	【名】	ráng	瓜类的肉。

4. 浆液	【名】	jiāngyè	有机体内浆膜分泌的一种有润滑作用、无色透明的液体。
5. 醴酪	【名】	lǐlào	甜酒和奶酪。
6. 龟裂	【名】	jūnliè	微细的裂纹。
7. 渣滓	【名】	zhāzǐ	精选提炼后的残渣。
8. 宠幸	【动】	chǒngxìng	旧指帝王对后妃、臣下的宠爱。
9. 嘲讽	【动】	cháofěng	嘲弄讥讽。
10. 啖	【动】	dàn	吃。

2. 旗袍

旗袍，这一被当代国际服装界誉为“东方女装”的代表，如今不仅受到我国广大汉族妇女的爱戴，而且也受到西方欧美妇女的青睐。旗袍，是一种内与外和谐统一的典型民族服装，是中华服饰文化的代表。它以其流动的旋律、潇洒的画意与浓郁的诗情，表现出中华女性贤淑、典雅、温柔、清丽的性情与气质。

旗袍作为袍服大家族中的一员，其发源有人认为可追溯到春秋战国时期的深衣。旗袍并不是从一开始就是一个固定的形式，而有一个变化发展的过程。把旗袍视为旗人之袍或旗女之袍虽看似无大错，却难免有望文生义之嫌。有记载说它起源于十六世纪中期满族妇女的民族服装，满族民间流传着这样一个美丽的传说故事。传说，从前镜泊湖畔有个满族渔家姑娘，因为长得脸黑俊俏，心灵手巧，人称她“黑妞儿”。她觉得穿着古代传下来的肥大衣裙，打渔不方便，就自己剪裁了一种连衣带裙的多扣绊长衫，既省布合体，又劳动方便。后来，她被选进宫中封为“黑娘娘”，因过不惯宫廷生活，穿不惯又肥又大的山河地理裙，就穿起从前自己剪裁的多扣绊长衫。皇上认为她擅自改变宫廷服饰有罪，就赶她出宫，并一脚踢中她后心而导致她死去。关东满人听到黑娘娘死的消息，大哭了三天，还穿起她剪裁的那种长衫来纪念她。后来，在旗的妇女认为这种衣服穿着方便，穿的人越来越多，后来人们就叫它为“旗袍”了。说也奇怪，凡穿上旗袍的妇女，都变得十分苗条、俊美，据说那是心灵手巧的黑娘娘在暗中帮助她们打扮哩。

当然，这仅仅是民间传说，但也说明这种满族的民族服饰旗袍由原始的宽腰身直筒式逐渐形成现代汉族妇女喜爱的线条流畅、贴身合体的流线型旗袍，是经历了多少的漫长演变。最早，旗人穿的旗袍，一般不过脚。只有满族妇女出嫁时，才穿过脚旗袍，作为出嫁礼服。因为，满族贵族妇女都穿高跟木屐，所以，她们的旗袍过脚，以便将脚盖住。清世祖入关，迁都北京，旗袍开始在中原流行。

清朝统一中国，也统一全国服饰，男人穿长袍马褂，女人穿旗袍。以后，随着满汉生活的融合、统一，旗袍不仅被汉族妇女吸收，并不断进行革新。特别随着辛亥革命的风云，旗袍迅速在全国普及。从二十世纪二十年代末到三十年代初，吸收了西方女装盛行的短袍，旗袍亦随之变短，身长仅过膝，袖口缩小，滚边变窄。三十年代中期，旗袍又渐渐变长甚至曳地，两边的衩开得很高，里面衬马甲，腰身变得极窄，以至贴体，更显出女性的曲线。四十年代，旗袍再度缩短，而袖子则短到直至全部取消，几乎又回到二百年前的长马甲时代，所不同的只是更加轻便适体，变成流线型。近年来，旗袍款式又有新的改革，出现了后装袖、有肩缝旗袍、暗褶式开衩旗袍、短连袖旗袍、无袖旗袍等等具有当代开放气息的新款式。

汉族妇女为何喜爱穿旗袍？主要是旗袍的造型与妇女的体态相适合，女性的头、颈、肩、臂、胸、腰、臀、腿以及手足，构成众多曲线巧妙结合的完美整体。旗袍线条简便，优美大方，所以，有人认为旗袍是中国女人独有的福音，可起到彩云托月的作用。而且，旗袍老少宜穿，四季相宜，雅俗共赏。根据季节的变化和穿着者的不同需要、爱好，可长可短，可做单旗袍、夹旗袍，也可做衬绒短袍、丝棉旗袍。并且，随着选料不同，可展现出不同风格。选用小花、素格、细条丝绸制作，可显示出温和、稳重的风韵；选用织锦类衣料制作，可当迎宾、赴宴的华贵服饰。因此，当中国旗袍在日本、法国等地展销时，很受当地妇女欢迎，她们不惜重金，争购旗袍，特别是黑丝绒夹金花、镂金花的高档旗袍，最为抢手。

旗袍展现了东方人的审美观和文化精髓。它是内敛的，收束着身体，滚边的盘扣掩护着女人的秘密；它又是开放的，露出斜斜的缝隙或高衩，在开合之间惊鸿，在含蓄中怒放，袒露的欲望与窥探被控制得恰到好处，增一分则多，减一分则少，既神秘莫测，又有只可意会不可言传的“度”。旗袍与西方的经典服饰晚礼服比较起来，一个简约凝练，一个繁复夸张，这一点，非常像国画与油画的区别，这就是文化上的差异。

总之，旗袍正是以浓郁的民族风格，体现了中华民族传统的服饰美。它不仅成为我国女装的代表，同时也被公认为东方传统女装的象征。旗袍追随着时代，承载着文明，显露着修养，体现着美德，演化为天地间一道绚丽的彩虹。愿旗袍连接起过去和未来，连接起生活与艺术，将美的憧憬、美的风韵洒满人间。

（亓华改写自新浪网文章）

赏析：本文采用了总分总的结构来说明旗袍。文章运用了引用、举例、比喻和对比等方法说明旗袍的来源、演变到特色，让读者清楚明了。

借鉴：多种说明方法的结合，全文总分总的结构，主体部分时间顺序的结构形式。

词语表 Vocabulary

1.	青睐	【动】	qīnglài	比喻对人的喜爱或重视。
2.	浓郁	【形】	nóngyù	（花草等的香气）浓重；（色彩、情感、气氛等）重。
3.	贤淑	【形】	xiánshū	贤能善良。
4.	追溯	【动】	zhuīsù	比喻回首往事、探寻渊源。
5.	望文生义	【成】	wàngwén shēngyì	不了解某一词句的确切含义，光从字面上去牵强附会，做出不确切的解释。
6.	开衩	【动】	kāichà	在衣服下部边缘开口儿。多在两侧或后身。
7.	臀	【名】	tún	指屁股。
8.	雅俗共赏	【成】	yǎsú gòngshǎng	各种不同文化程度的人都能欣赏。
9.	精髓	【名】	jīngsuǐ	精气真髓。比喻事物的精华。
10.	内敛	【形】	nèiliǎn	（性格、思想感情等）深沉，不外露。
11.	惊鸿	【形】	jīnghóng	形容女性轻盈如雁之身姿。
12.	袒露	【动】	tǎnlù	裸露，也只透露心声。

13. 窥探	【动】	kuītàn	暗中察看。
14. 神秘莫测	【成】	shénmì mòcè	非常神秘，不可推测。常用来形容一些不可理解的事物或现象。
15. 凝练	【形】	nínglìàn	紧凑简练。

3. 中国与外国

刘田刚

初到西方，见到新鲜事，总不免要和自己的祖国比一比。平常司空见惯的事，一经比较，常常发人深思，同时又令人忍俊不禁。现在随手拈来，供诸君品鉴。这里的“外国人”，当然不是指所有外国人，这里的“中国人”当然也不是说所有的中国人，切勿对号入座。

中国人关心别人在干什么，却往往不知自己在干什么或该干什么；外国人不管周围人在干什么，却知道自己要干什么。

中国人的喜事是领导表扬、当官晋升、出国、发财；外国人的喜事是出名、发财。

中国人把钱看作是“糖炒栗子”（烫手）和“臭豆腐”（吃着香，闻着臭）；外国人把钱当作尺子，用来衡量人的才能和本领。

中国人讲主义，外国人讲实利；外国人好财，中国人好面子。

中国人的钱花在“折腾”上、餐桌上；外国人的钱花在竞选里、旅行里。

中国人一辈子节衣缩食，也攒不下几个钱；外国人一辈子在消费，却老有东西给他浪费。

中国人在街上争吵；外国人在国会争吵。

中国人进商店像小媳妇、受气包；外国人进商店像大爷、是上帝。

中国人爱夸祖宗；外国人爱夸自己。

中国人教育孩子要知足；外国人教育孩子要不知足。

中国人崇尚“人才学”，人才千呼万唤难出来；外国人用法律限制人，人才、奇才、怪才照样有。

中国政府爱人民；外国政府怕人民。

中国书报、影视剧都是教育人民的；外国的书报、影视剧多是教育政府的。

在中国，人民多是靠政府养活的（“国家拿出钱来给我们涨工资”）；在国外，政府是靠人民养活的，每笔钱都要向纳税人报账。

中国的报上成就多；外国的报上灾难多。

中国人八小时内民主多，谈天说地发牢骚；外国人八小时内专制多，见了老板像耗子见了猫。

中国女性化妆的少，工作的多；外国女性化妆的多，工作的少。

中国男性做家务的多，“气管炎”多；外国男性单过的多，“花花公子”多。

……

诸如此类，相信每个人都能说上几句。最后，还想到一句：认识中国要到外国；认识外国要到中国。没有比较就没有鉴别，是不是有一定的道理？

（作者为中国留学加拿大研究生，编者对本文有改写）

赏析：本文结构简单，全文采用总分总式，中间部分是重点，从不同角度说明中国人和外国人的不同，本文写作方法最大的特色是横向对比法，态度很客观，基本不带偏见。让读者在对比中更清楚地了解目前中国人和外国人的不同。

借鉴：充分发挥对比说明方法的作用。

词语表 Vocabulary

1.	司空见惯	【成】	sīkōng jiànguàn	指对某些事情表现出很常见的样子，不觉得很奇怪。
2.	忍俊不禁	【成】	rěnjùn bùjīn	指一件事情让人忍不住发笑。
3.	随手拈来	【成】	suíshǒu niānlái	多指写文章时能自由纯熟地选用词语或应用典故，用不着怎么思考。
4.	对号入座	【成】	duìhào rùzuò	比喻把有关的人或事物跟自己对比联系起来，也比喻把某人所做的事跟规章制度相比，联系起来。
5.	折腾	【动】	zhēteng	反复做某事。
6.	节衣缩食	【成】	jiéyī suōshí	省吃省穿。形容节俭。

四、习作欣赏

1. 香 蕉

【新加坡】吴奕琳

香蕉是一种独特的水果，对它绝不能“以貌取果”。它既没有西瓜那巨大、稳重的外型，也不像苹果那样娇小可爱；香蕉只有简简单单的黄色外衣，但它在水果营养排行榜中，绝对不比以上的两种水果逊色。

香蕉的味道、口感都与众不同。它不像鲜橙清凉多汁，也不像梨子香脆爽口，试一口，便能即刻夺取人的欢心。香蕉，要慢慢品尝，吃得过快，令人感到腻心乏味；吃得太慢，又缺乏口感，满足不了食欲。恰时的吃，香蕉的果汁在咀嚼当中逐渐释放出来，给吃的人一种慢性与延时性的满足。

近年来对于香蕉的研究结果证明吃香蕉对人体有多方面的益处。

如果一整天没有吃东西，感觉有气无力时，香蕉是最好补充体力的小吃。香蕉含有三种不同的糖分——蔗糖、果糖与葡萄糖，属于高糖量食品。吃香蕉，绝对是即刻充饥的好办法。过去的研究已证实，两根香蕉足够提供90分钟激烈运动所需要的能量。因此可知，香蕉已成为世界各国运动员最受欢迎的水果了。

香蕉的益处绝对不仅是补充体力而已，香蕉还能治病呢！

香蕉含铁量高，能刺激血液里血红素的制造，因此，患有贫血症的人应该多吃香蕉。香蕉不只含有高量的钾成分，它的盐量也较低，对于控制和对抗高血压是最好不过的。

香蕉能“补脑”。英国米德尔塞克斯郡的一所学校里，为了帮助校内的200名学生应付考试，每天都在早餐、休息和午餐的时候分派香蕉给学生“补脑”。这个小试验的结果显示，高钾成分的香蕉确实能使学生们更机敏，有助于集中精力学习与应付考试。

香蕉的口感非常柔软，它所含的高纤维使它成了现代生活均衡营养中所不可缺少的食物。把香蕉包括在每日的饮食中，能中和胃酸，在肠胃的“墙上”添上保护层，确保肠胃的健康，同时还能除去便秘的问题。

香蕉能使忧郁症患者心情愉快。在美国心理健康协会（National Mental Health Association）的一个调查中发现，存在香蕉里的“tryptophan”，在身体里被换成“serotonin”，而“serotonin”是一种含于血液中的复合胺，能缓和消极与紧张的心情，令人身体放松，使人感到愉快。

香蕉能止痒。被蚊子或其他昆虫叮的时候，将香蕉皮的内层擦在皮肤上能止痛、止痒和消肿。

香蕉还可以调整压力带来的身体失调。在香蕉里的钾素是调节人体里氧气和水分的重要矿物质。在紧张、有压力的时候，人体新陈代谢快速提高，钾素被大量地消耗，因此，吃香蕉能够补充身体里所减少的钾素，有助于健康。

从以上的资料来看，香蕉真的有医疗效果。多吃香蕉可以使人减少疾病，保持健康。香蕉与苹果相比，具有比苹果多四倍的蛋白质，双倍的糖酶，三倍的磷质，五倍的维生素A和铁质及两倍的其他维生素与矿物质。

俗话说：“每日一只果，医生远离我。”鉴于香蕉对人体的诸多好处，我们可以毫不夸张地说：“每日吃香蕉，疾病必消除。”让我们从今天开始，每天都吃香蕉吧！

（亓华修改自北京师范大学302年级新加坡留学生习作）

赏析：香蕉这一生活中平凡常见的水果，在作者笔下却显示出神奇的医疗功效，因为在严密科学的数据说明面前，我们真的不能“以貌取果”，而要遵从其劝说，“每日吃香蕉”了。

借鉴：充分发挥数字说明和运用专业术语说明的功效。

词语表 Vocabulary

1.	逊色	【动】	xùnsè	比不上，差。
2.	爽口	【形】	shuǎngkǒu	指食物味美，入口清爽。
3.	咀嚼	【动】	jǔjué	用牙齿磨碎食物。
4.	忧郁症	【名】	yōuyùzhèng	一种常见的精神疾病，主要表现为情绪低落、兴趣减低、悲观、思维迟缓、缺乏主动性。

2. 法国人白兰地品尝法

【法国】海基斯

中国人往往一听“法国”就会不约而同地想起“浪漫”这两个字眼儿。说实话，很多国家的公民都对法国抱有同样的看法。也许法国真的是个浪漫的国度，但中国人想象中的浪漫与法国人的浪漫主义也许有所不同。在我看来，法国人是以浪漫面对人间万物的，他们是在充分调动自己的各种感官和思维活动中寻找并享受到最大的快乐的。所以法国的服装，法国的美食文化，法国的奢侈品，法国的文学、绘画、舞蹈等艺术都是极有意蕴的。就拿法国的品酒文化来说，便是上述说法的最好体现。譬如白兰地，法国人到底是如何品尝这种酒的呢？以下我就介绍一下饮白兰地的“程序”。这个“程序”适合品白兰地，但未必适合饮另一种酒。不同种类的酒有着不同的品味方法。

先要找到一个比较舒畅安逸的地方，在舒服的沙发上坐一坐，缓缓劲儿，让自己的五官“舒活”起来，闭着眼睛慢慢进入享酒的状态……忽然门铃叮铃铃地响起来，朋友到了。睁开眼站起来，似已微醉，晕晕忽忽地打开门来，大家坐下来，开着玩笑，随随便便聊起来。过了一段时间才把一瓶白兰地打开，

给每个人斟上一点。我说的“一点”可大有讲究，三分之一为最适宜。斟多少酒和酒杯的形状与大小都是经过科学研究的，为的是能充分享受酒那丰富多彩的美味。同样也绝不能随便干杯，而应该慢慢细品。勉强对方放弃品酒而让他把美酒一口吞下，那可太不懂礼仪了，这是法国人在中国常常遇到的尴尬。虽然他们挺喜欢与朋友干杯，但是饮好酒时又觉得有点遗憾。因此刚到中国的法国人往往不太愿意一杯一杯地干杯，只不过过了一段时间开始中国化之后，有些人才会逐渐习惯中国人的饮酒方式。

那么按照法国人品酒的方式下一步该做什么呢？首先应该用手指提一提杯子，看一看酒的美色，当酒静止时闻一闻酒的芳香。然后用掌心把杯子轻轻地摇动，使酒稍微热起来，酒精缓缓蒸发出来。再摇动，让酒液与空气更大面积接触，让酒液中的香素分子裂开，“唤”出更多匿于其中的芬香。假如杯子里有一个小勺儿，效果便更明显了。至此才试着把一点酒轻“铺”在口中。千万

不能一口吞下去，应当用舌头将其搅动，才能完全感觉到潜伏其中缓溢而出的美味。最后让酒“一滴一滴”地流入喉咙，但是不能马上再饮，因为好酒的醇香是经久不散，并且一层一层地涌出来的，这是需要花时间慢慢品味的。品酒是一种艺术，只能心领神会。需要时间与培养才能充分而积极地享受到其美质。法国品试白兰地的专家是通过几十年的培训才能达到这种艺术的境界的。他们能用将近一千种词语来形容白兰地的香味。

法国人把生活当成一种艺术。无论做什么，他们都同样想寻找到美与韵味，这样人生才有意义。这种享受并不等于懒惰，相反却往往伴随着高度集中的脑力活动。在事业上，法国人也普遍在追求深切的感情的同时，以强大的理性活动为依托，是感性与理性的高度和谐统一。法国人的创造力之所以极其巨大的原因，就在于这种极其独特而又难以为人理解的本性吧。

（修改自北京师范大学401年级法国留学生习作）

赏析：常言道，“会看的看门道，不会看的看热闹”，都说法国人浪漫，但如何才算是法国人的浪漫，个中三昧并非我们所能体会。本文通过介绍白兰地的品尝法，顺势给我们演绎了法国人所追求的浪漫——艺术而精致的生活情趣，从而使我们懂得法国引领世界艺术之方向和潮流的巨大创造力的由来。

借鉴：通过介绍说明品酒的方法，以小见大、以点带面、具体形象地解说了一个说起来简单、其实深奥的问题——什么是法国人的浪漫。

词语表 Vocabulary

1.	缓	【形】	huǎn	慢慢地。
2.	溢	【动】	yì	充满而流出来。
3.	醇香	【形】	chúnxiāng	气味、滋味纯正芳香，使人陶醉。
4.	经久	【动】	jīngjiǔ	历时很久。
5.	懒惰	【形】	lǎnduò	不爱劳动和工作，不勤快。

五、修辞知识——反语

反语又称“倒反”、“反说”、“反辞”等，即通常所说的“说反话”，运用跟本意相反的词语来表达此意，却含有否定、讽刺以及嘲弄的意思，是一种带有强烈感情色彩的修辞方法。

反语的作用是产生讽刺性，有时比正说更有力量。运用反语手法，能更好地包含深刻的思想和激昂的感情。

反语的用途主要有：(1) 直接表达禁止和压制时，以反话表达正面的意思。(2) 面对荒谬不硬加驳斥，而是谬上加谬，使其荒唐之处极端放大而达到归谬目的。(3) 正面语言难以表述强烈情绪时，以此语表达加强效果。(4) 通过颠覆既定习惯，产生幽默。它的主要形式有：反话(正话反说)、反讥(反话正说)、骂话(以骂示爱、明贬暗褒)、气话(明褒实贬)、俏皮话(反规则的幽默)，等等。

根据说话者的对象不同、说话者的感情不同，反语可以分为两大类：讽刺反语和风趣反语。

1. 讽刺反语：讽刺反语是为了揭露、批判、讽刺、嘲弄，表达贬义的反语，是通常所见的用法。例如：“……这样也可算是将功赎罪吧。那么，我也希望你们能够知恩感德……”“哈哈哈哈”一阵大笑，打断了沈百万的话。老宫用他那洪亮的声音，讽刺地说：“谢谢你，我的好心的沈老太爷。我们很知你的恩，很感你的德。而且对你的这份‘恩德’，我们是定要报的，你放心就是了。”(峻青《海啸》)这里老宫说的都是反话，其实他心里根本不是这样想的，但嘴里偏偏又要说出这样一番话来。“谢谢你”相当于“哼”，“好心”相当于“狠心”、“黑心”，“恩”、“德”、“恩德”相当于“仇”、“恨”、“仇恨”。“报”也是反语，不是指报恩，而是指报仇。这些反语都批判、讽刺了沈百万假扮好人的丑恶嘴脸，表现了老宫的极端愤怒，因而是讽刺反语。

2. 风趣反语：是为了风趣、幽默、诙谐而说的反语，字面表达的是贬义，实际上是表达褒义，或因情深难言，或因避嫌忌说，并不包含讽刺嘲弄之意。例如：“吴淑兰的心，被革命竞赛的热情燃烧着，早已飞回她的队员中去，飞到田野里去了，无论张腊月和她的队员们怎样苦苦劝留，说什么也留不住。最后，张腊月无可奈何地笑骂道：‘我现在才认识你，你是个顶坏顶坏的女人啊！’她们两人，虽说只相处了一天，可是她们的友情是那么诚挚深厚……”(王汶石《新结识的伙伴》)结合整段文字，我们可以看出“顶坏顶坏”不是骂吴淑兰，这个反语表达了张腊月对这位新结识的伙伴的由衷喜爱的感情。连用两个“顶坏”，语言诙谐风趣，也表达了她们之间说话很随便，没有隔阂，没有猜疑，十分融洽，十分亲昵，所以这是风趣反语。

4 游记散文

一、热身思考题

准备一张自己旅行时拍摄的照片，用200字介绍这次难忘的旅行。

图1　云南元阳梯田

图2　广西桂林象鼻山

词语提示：斜阳，映照，雄伟壮丽，层次，美妙，曲线，五彩斑斓，颜色，搭配，规模，宏大，如诗如画，如梦如幻，大地，雕塑，山光水影，倒影，蔚蓝。

二、游记的写法

游记，是指记叙旅途见闻的文章。常以轻快的笔调和生动的描写，记叙游览活动和地方风光，一般以细致的记叙和具体的描写为特征。怎么才能写好游记呢？

1 仔细观察，了解景区特点、风情

到一个景区游览时，要仔细观察，认真听取导游或当地人的介绍，研读有关文字材料，了解游览景区的风光景物、建筑特点、社会生活、民风民俗、名胜古迹等，并注意自己的内心感受。心中还要注意把这一景区与其他景区加以比较，以进一步明确这一景区的特点。

2 抓住特征，突出重点

旅游的时候，会看到很多不同的风景，一路下来，目不暇接，如果都用笔记下来的话，文章就如“懒婆娘的裹脚布——又臭又长”。所以我们得认真分析，记下那些你认为最美、印象最深、观察最细的景色，同时我们还可以将不同国家的景物特点进行比较，以突出此次旅游景点的特色，做到重点突出。如范文 1《天山景物记》一文，只重点介绍了天然湖和果子沟这两个有特色的地方，而没有去介绍其他的景色，这样给人印象深刻，看完之后仍能记忆犹新。如范文 3《桂林山水》中全篇运用对比来突出桂林山水景色的特点，让人一目了然。

3 根据表达需要合理安排写作顺序

学习根据表达需要合理安排写作顺序，就是学习合理运用写作方法。

首先，写游记最常用的方法是移步换景法。移步换景，就是根据游踪的变化和景物的转换为顺序，从不同的立足点描写景物的写法。运用移步换景的方法描写景物，可使读者有身临其境之感。但写作时有两点必须注意。一是游踪线索首尾要一致，要把立足点的变化交代清楚，前后一致，才能使读者抓住作者的游踪，从而领悟文章的旨趣；二是游踪的变化与景物的转换必须一致，即边走边看，边看边想，边想边记，有条不紊地把观察到的景物描绘出来。如范文 2《雨中登泰山》一文，就是一篇很典型的移步换景法的文章，作者一直按照自己旅游的行踪和途中所看到的有特色的景物来写，这样让读者随着他身临其境，切身体会雨中登泰山的感受。

其次，运用先总后分的方法介绍景物的特点，也比较常见，即先对景区的特点做总的介绍，然后分别具体来写。如《天山景物记》就是先总说天山的景色，然后分别介绍每一个富有特色的景物来写。

4 叙事、写景、抒情相结合

写游记的时候，不能只写景色，还要融入自己的感情，特别是经过一番不同国家风景的对比，一定会有自己的想法和情感表达，做到景中有我。《天山景物记》、《雨中登泰山》和《桂林山水》等几篇范文都有融情于景的特点，让人感受到作者游览风景时的心情。《天山景物记》的首段和末段，作者抒发了天山景物迷人风景让人喜爱之情；《雨中登泰山》则抒发了作者雨中登泰山独到的乐趣，写景所到之处，都会勾起作者对古人诗句和感想的回忆；《桂林山水》对比的过程中，既是对桂林景物的描写，又是作者情感的表达，非常巧妙地结合在一起。例如：“我看见过层波迭浪的大海，也欣赏过水光潋滟的西湖，却从没有看见过漓江这样的水。”

5 形式要自由灵活，语言要生动形象

游记的形式应自由灵活，风格多样，可以写成日记、书信、散文等各种形式。游记的语言要生动形象，轻松优美，富于魅力。因为只有这样的语言才能吸引读者，把读者引入“美丽的风景”。《天山景物记》、《雨中登泰山》和《桂林山水》等几篇范文的语言生动形象，都灵活运用了比喻、拟人、排比、反问、引用等各种修辞方法，使得文章文采斐然，美感十足。

三、范文阅读

1. 天山景物记

碧野

朋友，你到过天山吗？天山是我们祖国西北边疆的一条大山脉，连绵几千里，横亘准噶尔盆地和塔里木盆地之间，把广阔的新疆分为南北两半。远望天山，美丽多姿，那长年积雪高插云霄的群峰，像集体起舞时的维吾尔族少女的珠冠，银光闪闪，那富于色彩的不断的山峦，像孔雀开屏，艳丽迷人。

天山不仅给人一种稀有美丽的感觉，而且更给人一种无限温柔的感情。它有丰饶的水草，有绿发似的森林。当它披着薄薄云纱的时候，它像少女似的含羞；当它被阳光照耀得非常明朗的时候，又像年轻母亲饱满的胸膛。人们会同时用两种甜蜜的感情交织着去爱它，既像婴儿喜爱母亲的怀抱，又像男子依偎自己的恋人。

如果你愿意，我陪你进天山去看一看。

在天山峰峦的高处，常常出现有巨大的天然湖，就像美女晨妆时开启的明净的镜面。湖面平静，水清见底，高空的白云和四周的雪峰清晰地倒映水中，把湖山天影融为晶莹的一体。在这幽静的湖中，唯一活动的东西就是天鹅。天鹅的洁白增添了湖水的明净，天鹅的叫声增添了湖面的幽静。人家说山色多变，而事实上湖色也是多变，如果你站立高处瞭望湖面，跟前是一片爽心悦目的碧水茫茫，如果你再留意一看，接近你的视线的是粼光闪闪，像千万条银鱼

在游动，而远处平展如镜，没有一点纤尘或者没有一根游丝的侵扰。湖色越远越深，由近到远，是银白、淡蓝、深青、墨绿，界线非常分明。传说中有这么一个湖是古代一个不幸的哈萨克少女滴下的眼泪，湖色的多变正是象征着那个古代少女的万种哀愁。

就在这个湖边，传说中的少女的后代子孙们现在已在放牧着羊群。湖水滋润着湖边的青草，青草喂胖了羊群，羊奶哺育着少女的后代子孙。当然，这象征着哈萨克族不幸的湖，今天已经变为实际的幸福湖。

山高爽朗，湖边清净，日里披满阳光，夜里缀满星辰，牧民们的蒙古包随着羊群环湖周游，他们的羊群一年年繁殖，他们恋爱、生育，他们弹琴歌唱自己幸福的生活。

……

如果你顺着弯弯曲曲的涧流走，沿途汇入千百泉流就逐渐形成溪流，然后沿途再汇入涧流和溪流，就形成河流奔腾出天山。

就在这种深山野谷的溪流边，往往有着果树夹岸的野果子沟。春天繁花开遍峡谷，秋天果实压满山腰。每当花红果熟，正是鸟雀野兽的乐园。这种野果子沟往往不为人们所发现。其中有这么一条野果子沟，沟里长满野苹果，连绵五百里。春天，五百里的苹果花开无人知，秋天，五百里成熟累累的苹果无人采。老苹果树凋枯了，更多的新苹果树苗长起来，多少年来，这条五百里长沟堆满了几丈厚的野苹果泥。

现在，已经有人发现了这条野苹果沟，开始在沟里开辟猪场，用野苹果来养育成群成群的乌克兰大白猪；而且有人已经开始计划在沟里建立酿酒厂，把野苹果酿造成大量芬芳的美酒，让这大自然的珍品化成人们的血液，增进人们的健康。

朋友，天山的丰美景物何止这些，天山绵延几千里，不论高山、深谷，不论草原、湖泊，不论森林、溪流，处处都有丰饶的物品，处处都有奇丽的美景，你要我说我可真说不完，如果哪一天你有豪情去游天山，临行前别忘了通知我一声，也许我可能给你当一个不很出色的向导。当向导在我只是一个漂亮的借口，其实我私心里也很想找个机会去重游天山。

（节选自碧野《碧野散文选·天然湖与果子沟》）

赏析： 节选的《天山景物记·天然湖与果子沟》是一篇优美的散文。它以饱含情感的笔墨，再现了天山美丽富饶、雄奇壮观的自然风光，以及牧民幸福美满的新生活，引起人们对祖国西北边疆的无限热爱和向往之情。

借鉴： 选重要景点细描、寓情于景的写作技巧。

作者介绍： 碧野（1916—2008），原名黄潮洋，广东大埔人。中国作家协会名誉委员、作家。著有长篇小说《我们的力量是无敌的》、《阳光灿烂照天山》、《丹凤朝阳》和《情满青山》等。

词语表 Vocabulary

1.	横亘	【动】	hénggèn	横跨，横卧。
2.	云霄	【名】	yúnxiāo	极高的天空，天际。
3.	丰饶	【形】	fēngráo	丰裕富饶。
4.	胸膛	【名】	xiōngtáng	躯干的一部分，在颈和腹之间。
5.	交织	【动】	jiāozhī	纵横交错或错综复杂地合在一起。
6.	依偎	【动】	yīwēi	亲热地紧靠着。
7.	倒映	【动】	dàoyìng	一个物体的形象倒着映射到另一个物体上。
8.	晶莹	【形】	jīngyíng	光亮而透明。
9.	幽静	【形】	yōujìng	深幽静寂，非常安静。
10	爽心悦目	【成】	shuǎngxīn yuèmù	指看到美好的景色而心情愉快。
11.	繁殖	【动】	fánzhí	指生物的滋生增殖。
12.	凋枯	【动】	diāokū	指草木花叶失去水分，枯萎。
13.	酿造	【动】	niàngzào	利用发酵作用制造（酒、醋、酱油等）。
14.	绵延	【动】	miányán	连续不断。

2. 雨中登泰山

李健吾

从火车上遥望泰山，几十年来有好些次了，每次想起“孔子登东山而小鲁，登泰山而小天下”那句话来，就觉得过而不登，像欠下悠久的文化传统一笔债似的。杜甫的愿望：“会当凌绝顶，一览众山小”，我也一样有，惜乎来去匆匆，每次都当面错过了。而今确实要登泰山了，偏偏天公不作美，下起雨来，淅淅沥沥，不像落在地上，倒像落在心里。

……我们来到雨地，走上登山的正路，一连穿过三座石坊：一天门、孔子登临处和天阶。水声落在我们后面，雄伟的红门把山接住。走出长门洞，豁然开朗，山又到了我们跟前。人朝上走，水朝下流。流进虎山水库的中溪陪我们，一直陪到二天门。悬崖崚嶒，石缝滴滴汯汯，泉水和雨水混在一起，顺着斜坡，流进山涧，涓涓的水声变成訇訇的雷鸣。有时候风过云开，在底下望见南天门，影影绰绰，耸立山头，好像并不很远；紧十八盘仿佛一条灰白大蟒，匍匐在山峡当中；更多的时候，乌云四合，层峦叠嶂都成了水墨山水。越过中溪水浅的地方，走不太远，就是有名的经石峪，一片大水漫过一亩大小的一个大石坪，光光的石头刻着一部《金刚经》，字有斗来大，年月久了，大部分都让水磨平了。回到正路，雨不知道什么时候已经住了。人走了一身汗，巴不得把雨衣脱下来，凉快凉快。说巧也巧，我们正好走进一座柏树林，阴森森的，亮了的天又变黑了，好像黄昏提前到了人间，汗不但下去，还觉得身子发冷，无怪乎人把这里叫作柏洞。我们抖擞精神，一气走过壶天阁，登上黄岘岭，发现沙石是赤黄颜色，明白中溪的水为什么黄了。

……

过了云步桥，我们开始走上攀登泰山主峰的盘道。南天门应该近了，由于山峡回环曲折，反而望不见了。……但是把人的心灵带到一种崇高的境界的，却是那些“吸翠霞而夭矫”的松树。它们不怕山高，把根扎在悬崖绝壁的隙缝，身子扭的像盘龙柱子，在半空展开枝叶，像是和狂风乌云去争夺天日，又像是和清风白云游戏。有的松树望穿秋水，不见你来，独自上到高处，斜着身子张望。有的松树像一顶墨绿大伞，支开了等你。有的松树自得其乐，显出一副潇洒的模样。不管怎么样，它们都让你觉得它们是泰山的天然的主人，谁少了谁，都像不应该似的。…… 我靠住升仙坊，仰起头来朝上望，紧十八盘仿佛一架长梯，搭在南天门口。我胆怯了。新砌的石级窄窄的，搁不下整脚。……一位老大爷，斜着脚步，穿花一般，侧着身子，赶到我们前头。一位老大娘，挎着香袋，尽管脚小，也稳稳当当，从我们身边过去。我像应劭说的那样，“目视而脚不随”，抓住铁扶手，揪牢年轻人，走十几步，歇一口气，终于在下午七点钟，上到南天门。

我们没有看到日出的奇景。那要在秋高气爽的时候。不过我们也有自己的独得之乐：我们在雨中看到的瀑布，两天以后下山，已经不那样壮丽。小瀑布不见，大瀑布变小。我们沿着西溪，翻山越岭，穿过果香扑鼻的苹果园，在黑龙潭附近待了老半天。不是下午要赶火车的话，我们还会待下去的。山势和水势在这里别是一种格调，变化而又和谐。

山没有水，如同人没有眼睛，似乎少了灵性。我们敢于在雨中登泰山，看到有声有势的飞泉流布，倾盆大雨的时候，恰好又在斗母宫躲过，一路行来，有雨趣而无淋漓之苦，自然也就格外感到意兴盎然。

（节选自李健吾《雨中登泰山》）

赏析：作者巧妙用词，重点突出地介绍了虎山水库、经石峪、云步桥等，且一路走来，兴致即来，缅怀故人的故事和诗句。很巧妙地将写景、抒情、叙事结合在一起。文章虽然有很多地点的转换，但是有主次之分，所用词语丰富多彩，并没有记流水账的感觉。是一篇很好的游记作品。

借鉴：移步换景式写作，是本文的最大特色，也是我们值得借鉴的游记写作方法。使用巧妙用词、重点突出的写作方法，就可以避免出现“记流水账”的现象，这也是我们应该好好借鉴的方法。

作者介绍：李健吾（1906—1982），山西运城人。中国作家、戏剧家、文艺评论家、翻译家、法国文学研究家。主要作品有中篇小说《西山之云》、长篇小说《心病》等。

词语表 Vocabulary

1.	淅淅沥沥	【拟声】	xīxīlìlì	形容轻微的风声、雨声、落叶声等。
2.	訇訇	【拟声】	hōnghōng	形容巨大声响。
3.	影影绰绰	【形】	yǐngyǐngchuòchuò	隐隐约约，模模糊糊，不真切。
4.	蟒	【名】	mǎng	巨蛇。
5.	匍匐	【动】	púfú	爬行。
6.	层峦叠嶂	【成】	céngluán diézhàng	重叠的山峰。
7.	抖擞	【动】	dǒusǒu	焕发、振作、旺盛的样子。
8.	潇洒	【形】	xiāosǎ	（神情、举止）自然大方，不呆板，不拘束。

3. 桂林山水

陈淼

人都说："桂林山水甲天下，阳朔山水甲桂林。"于是，我们乘着木船，荡舟漓江上，从桂林到阳朔沿途看风景。

我看见过层波迭浪的大海，也欣赏过水光潋滟的西湖，却从没有看见过漓江这样的水。漓江的水真静啊，静得让你感觉不到它在流动；漓江的水真清啊，清得可以看见江底的沙石；漓江的水真绿，绿得仿佛那是一块完整无瑕的翡翠。只有船桨激起一道道的水纹，扩散出一圈圈的漪澜，才让你感觉到：船在前进，岸在后移。

我攀登过峰峦雄伟的千山，也跋涉过山脉逶迤的燕山，却从没有看见过桂林这样的山。桂林的山真奇呀，奇得让你比拟不尽，像老人，像巨象，像骆驼，奇峰罗列，形态万千；桂林的山真秀呀，秀得让你情义缠绵，像翠屏，像芙蓉，像玉笋，重峦迭彩，绮丽清秀；桂林的山真险呀，危峰兀立，怪石嶙峋，好像一不小心，它就会栽倒下来似的。

我钻过几个无名小山的无名洞，再就是在电影《宝石花》里见过那样光怪陆离、色彩绚烂的洞，却没有想到桂林的洞比童话里的洞更奇绝。在桂林，无山不洞、无洞不奇。石乳凝成千奇百怪的形状。雕镂精巧，玲珑剔透。黑黝黝的深谷，曲曲折折的幽境，迷蒙的光环，绚烂的色彩，这简直就是一个童话世界。

“江作青罗带，山如碧玉篸”。这样的山拱围着这样的水，这样的水倒映着这样的山，这样的山水中间有变幻无穷的洞，再加上空中云雾迷蒙，山涧绿树红花，江面上蓑笠渔人，白鹭竹筏，让你感到这是走进一卷连绵不断的画卷中来了。真正是“舟行碧波上，人在画中游”。全身浮起一种飘逸而又微醉的感觉，心想：这莫不是到了人间仙境吧！

（节选自陈淼《春雨集·漓江春雨》）

赏析：选文通过运用对比、比喻、排比、拟人、引用等修辞手法，将桂林的水、山、洞的特色和迷人风景写得栩栩如生，仿佛一幅幅美丽的画卷，让人赞叹不已。

借鉴：对比突出特色的方法，各类修辞手法描写景色的写作方法。

作者介绍：陈淼（1927—1981），辽宁大连人，中国作协会员。著有散文集《早晨集》、《春雨集》，中篇小说《劳动姻缘》，短篇集《炼钢工人》、《红榜的故事》，话剧剧本《红旗歌》（合作）等。

词语表 Vocabulary

1.	潋滟	【形】	liànyàn	形容水波流动。
2.	无瑕	【动】	wúxiá	玉上没有瑕疵，比喻人或事物没有缺点或污点。
3.	翡翠	【名】	fěicuì	也叫翠玉，玉的一种。
4.	漪澜	【名】	yīlán	指水波。
5.	跋涉	【动】	báshè	爬山涉水。形容旅途艰苦。
6.	逶迤	【形】	wēiyí	形容道路、山脉、河流等弯弯曲曲延续不绝的样子。
7.	缠绵	【形】	chánmián	委婉动人。

8.	绮丽	【形】	qǐlì	颜色鲜艳美丽（多用来形容风景）。
9.	兀立	【形】	wùlì	直立。
10.	嶙峋	【形】	línxún	形容山石峻峭、重叠、突兀的样子。
11.	光怪陆离	【成】	guāngguài lùlí	形容奇形怪状，五颜六色，现象奇特。中性词（不能用来形容人）。
12.	玲珑剔透	【成】	línglóng tītòu	形容小巧、精工制造、结构奇巧（多指内部镂空的手工艺品）。
13.	黑黝黝	【形】	hēiyǒuyǒu	同"黑油油"，形容黑得发亮。
14.	蓑笠	【名】	suōlì	蓑：草雨衣；笠：用竹篾或棕皮编制的遮阳挡雨的帽。

四、习作欣赏

1. 难忘的亚布力滑雪

【韩国】崔秀亨

我是一个酷爱旅游的人，在中国读书的这一段时间里也不例外。我去过中国的哈尔滨、大连、青岛、烟台、桂林……，我感到中国真是太大了！每一个地方都有自己的特色，每一处景观都让人留连忘返。其中，去年冬季在中国东北的亚布力滑雪，使我难以忘怀、回味至今。

在哈尔滨严家岗机场一下飞机，便细细品味起北方的寒冷来。哈一口气，哈出一缕白烟；伸出手指，冷气马上刺入骨髓——这是一种彻骨钻心的寒冷。哈尔滨通往亚布力的是一条长200多公里的高速公路，真可谓宽阔平坦、畅通无阻；只是积雪太多，所以行车速度较慢，我们正好细览沿途风光。路边的树木一例成了白色，仿佛一个个仙风道骨的神仙，这就是东北著名的树挂了。

车穿行在林海中，路的两旁一会儿是白桦树，一会儿是松林；山路起伏，视觉里的景物不停变换着姿态，每种姿态都是最佳入镜镜头。我最喜欢的是别有韵味的白桦树，棵棵独立、伟岸挺拔，白色的树干，挺着略显稀疏而朦胧的丫枝，有种孤独的美感。

车子在山路上几经盘旋，终于到了第三届亚洲冬季运动会举办地——亚布力。我们的住所叫“风车山庄”，顾名思义，风车是此处的一道独特景观。118座风车分布于夫印湖畔以及山上山下，或簇拥而聚，或独自矗立，在茫茫林海雪原的映衬下仿如中世纪的重现。这些风车的外形结构取材于十四世纪欧洲的经典风车，广袤的东北大地因单纯而显得冰冷严酷，这些多姿多彩的风车是装饰严酷的花边，是人类眼中的生机的展现。

而再迷人的风车终究只是一道沉默的风景线。滑雪，才是真正摄人心魄的动感的景象。所以，第二天我早早就起了床，等待着激动人心的时刻的到来。

这是一个晴朗的冰雪早晨。空气冷得直刺心肺，却也清冽透彻。穿上厚厚的滑雪服，背上雪板、雪杖，爬上索道，登上了三锅盔的山顶。这里有一条坡度比较平缓的雪道。在反复演练了几遍基础动作以后，我迫不及待地冲上了雪道。雪道平缓而下，迎面是远处的山丘和飕飕的冷风。我晃了晃手中的雪杖，

仿佛战场上的武士，威风凛凛、跃跃欲试，心中是按捺不住的激动和喜悦。最初的滑动十分缓慢，却是万分神奇的，仿佛起飞前的滑行。调整了身体的姿态，滑动也越来越快，我全身心地陶醉于其中，真的要起飞了吗？滑动更快了，让我有些目眩，恐惧感莫名地袭上心头，我不知该怎么停下来，刚才的演练动作已忘得一干二净。后面的事情大家就可想而知了……

一天的滑雪下来，我腰酸背疼，但却孩子般地乐此不疲，滑雪的动作也比初学时潇洒了许多。伙伴们的欢笑声不绝于耳，他们也和我一样，已经完全陶醉在滑雪的快乐里了。

天渐渐黑了下来，周围的白桦林发出沙沙的声响。带着一天多的疲惫回到别墅。夜晚，我和伙伴们坐在壁炉旁边，满屋松木的清香，喝着浓香的咖啡，感受着夜的寂静。

美美地睡上一觉，等待着另一个玉洁冰清的早晨……

（亓华修改自北师大201年级韩国留学生习作）

词语表 Vocabulary

1.	留连忘返	【成】	liúlián wàngfǎn	留恋不止，忘记了返回。
2.	骨髓	【名】	gǔsuǐ	骨头空腔中柔软像胶的物质。
3.	彻骨钻心	【成】	chè gǔ zuān xīn	透到骨头里，心里像被钻着那样，形容程度极深，极为难受。
4.	仙风道骨	【成】	xiānfēng dàogǔ	形容人的风骨神采与众不同。
5.	神仙	【形】	shénxiān	神话中的人物，有超人的能力，可以超脱尘世，长生不老。
6.	稀疏	【形】	xīshū	（物体、声音等）在空间或时间上的间隔远。
7.	簇拥	【动】	cùyōng	（许多人）紧紧围着。
8.	矗立	【动】	chùlì	笔直地直立，高耸。
9.	广袤	【形】	guǎngmào	广阔，宽广。
10.	摄人心魄	【成】	shè rén xīnpò	一般形容美好的景象或美貌让人失去了自我。
11.	飕飕	【拟声】	sōusōu	形容风声、雨声。也指寒气，寒意。
12.	威风凛凛	【成】	wēifēng lǐnlǐn	形容声势或气派使人敬畏。
13.	跃跃欲试	【成】	yuèyuè yùshì	形容性情急切地想试一试。
14.	乐此不疲	【成】	lècǐ bùpí	因酷爱干某事而不感觉厌烦。

2. 山清水秀话阳朔

【韩国】魏延朱

我很喜欢旅游，在韩国的时候，每年都会去别的国家旅游。来中国留学后，更是游览了这个幅员辽阔的国家的许多地方，例如上海、杭州、苏州、桂林、柳州、南宁、北海、香港等等。地方去了不少，给我印象最深刻的却是桂林。

中国的古文里有“居不可无竹”之说。初到桂林，四处可见一片一片绿葱葱的凤尾竹，听说当年周恩来来桂林游览时，这里并没有凤尾竹，而是一片片沼泽，后来周恩来回到北京以后钦点凤尾竹种到桂林，现在的桂林处处可见竹子，微风吹来，沙沙作响的竹子仿佛在迎接来此游览的客人。

到桂林后，听导游说“桂林山水甲天下，阳朔山水甲桂林”，前一句话我听过，但是这后一句却是第一次听说。阳朔真的那么美吗？带着这个疑问，我们来到了阳朔。俗话说，“没有调查就没有发言权”，当我实实在在地踏上阳朔的土地后，才发现阳朔之美名不虚传。阳朔的风景才真正是“山清、水秀”。

我们到了阳朔以后突然下起了雨，整整下了一个晚上。第二天早晨雨终于停了。我打开窗户，眼前的每座山都是郁郁葱葱的，好像一幅山水画一样。清新的空气扑面而来，如此清新的空气只有一个地方——中国的阳朔可以享受得到。无论是世界上最干净的国家新加坡，还是我最喜欢的菲律宾BORAKAY岛，都无法与之相比。

早餐后，开始了第一个行程——徒步穿越阳朔最美的一段风景区直达杨堤。近十公里的路程，我现在想想还是佩服自己，可以走过那么长的路。虽然很累，可是心里得意洋洋的。到山峰时，沿着阳朔的山虽然不高，却形态各异。因为刚下过雨，山上的树木、竹子棵棵都绿得发亮，舒展着各自的桠枝，很是惹人喜爱。竹林里，绿树下一些不知名的小花也竞相开放，不是万紫千红却也令人赏心悦目。

漓江的水清，缓缓流经桂林和阳朔。我们去桂林的竹江港口等了二十分钟开始游览漓江。七个小时的旅途中我舍不得闭上眼睛。周围的风景好像一幅山水画一样美。那次我才知道，桂林为什么形成了“水秀，洞奇，山青，石美”的“四绝”，为什么自古就有了“山水甲天下”的美称。在小船上看四周的风景，我不知如何去形容它，我仿佛变成了超凡脱俗的神仙一样。有时可见当地居民在此河中洗菜洗衣，真是一方水土养育一方人，十三个少数民族随着潺潺的流水分布在这秀丽的山水之间，安居乐业。在我的眼里，漓江是中国最美的地方。但可惜的是，生活垃圾正在污染漓江的风景，我多么希望游客们不要乱扔垃圾，保护好这不可多得的人间胜境。坐在船头，听着壮族姑娘美妙的歌声，尽情地享受那种田园诗般的生活乐趣。

驻足漓江边，常可看到一大片一大片金黄金黄的油菜花，站在花边，是否人比花娇，人比花瘦就不得而知了。

（亓华修改自北师大401年级韩国留学生习作）

词语表 Vocabulary

1.	幅员辽阔		fūyuán liáokuò	领土面积广阔。
2.	沼泽	【名】	zhǎozé	低洼积水、杂草丛生的大片泥淖区。
3.	郁郁葱葱	【形】	yùyùcōngcōng	形容草木苍翠茂盛。也形容气势蓬勃。
4.	桠枝	【名】	yāzhī	树木的分枝。
5.	超凡脱俗	【成】	chāofán tuōsú	指摆脱世俗的高雅境界。
6.	潺潺	【拟声】	chánchán	形容溪流、泉水等流动的声音。
7.	安居乐业	【成】	ānjū lèyè	形容人们对生活、工作等感到满意。
8.	驻足	【动】	zhùzú	停止脚步。

五、修辞知识——对偶

对偶是用字数相等、结构形式相同、意义对称的一对短语或句子来表达两个相对或相近意思的修辞方式。对偶主要是从结构形式上说的，它要求结构相称，字数相等。

对偶的作用：对偶句形式工整、匀称并节奏鲜明，音调和谐，便于记忆和传诵；对偶句前后呼应，互相映衬，对比鲜明，语言凝炼，能增强语言的表现力，使读者留下深刻的印象。

对偶的类别：在一般的写作中，只要求字数相等，结构相同，意义相关就行了，不一定讲究平仄，这叫宽对。对偶形式的修辞方式，在诗歌、对联中出现最为普遍。对偶又称对仗，俗称对子，是指形式上对称均衡，意义上互相关联的两个句子或词组。人们所熟悉的对联就是一组对偶句。

对偶大概可以分为三种：

1. 正对：以事物的两个角度、两个侧面说明同一事理，在内容上相互补充。上句和下句在意思上相似、相近、相补或相衬的对偶叫做正对。如：水光潋滟晴方好，山色空濛雨亦奇。（苏轼《饮湖上初晴后雨》）

2. 反对：前后两个句子的意思相反的对偶句子叫反对。如：满招损，谦受益。（《尚书·大禹谟》）

3. 串对：又叫连对，流水对。它的前后两个句子在意义上有连贯、因果、条件、转折等关系。这种对偶句称为串对。如：野火烧不尽，春风吹又生。（白居易《赋得古原草送别》）

5 人物描写

一、热身互动练习

1 修改下列语段，看怎样改才能更准确清晰、自然流畅地描写人物

他是一个韩国男孩。大眼睛，看得出来身体健康，爱笑，说话，汉语水平不错。

有的时候不来上课，可是一旦来上课就认真听课。

上次听计算机课的时候，猜出来了他很熟悉电脑，我听了熟悉电脑的人是本来很聪明，好像他也是一个很聪明的人。

2 阅读下列范例，然后描述一下你们班的一位同学，看看大家能不能猜出他是谁，接着讨论怎么描写一个人，可以从哪几个方面来描写

1. 她的脸虽然不是像明星那样光彩夺目，但却显得很富态。她的鼻子不高不低，看起来很自然。一张扁扁的嘴巴像鸭子嘴，嘴里有两排又白又齐的牙齿。一头长长的秀发下有一双丹凤眼，眼线是她化妆的重点，那复古的妆容看起来像女鬼，尤其是在我困的时候，看她一眼，马上就被吓得精神起来。

——韩国·安成宪

2. 这位帅的韩国同学的皮肤很白，身材很高，而且一点也不胖。他的脸圆圆的，也没有胡子，鼻子高高的。他的头发，像大部分的韩国男孩子一样，是短短的黑色的。他穿的衣服很好看，让他看起来很有特色。他给人的印象很好。

——英国·罗凯文

3. 她很可爱，说话很有意思。她的脸是圆圆的，好像眼睛也是圆圆的。有时候上课会带好吃的。经常说有思想的话。记得有一次上课，她和我的观点不一样，她说话自信而又有力，有独立的思想见解，比外貌看上去要成熟许多，很有个性特点。

——丹丹老师

4. 他是一个韩国男孩，大眼睛，白皮肤，爱说爱笑，爱打爱闹，看得出来身体健康，汉语水平不错。只是有时不来上课，可一旦来上课就认真听讲。上次听计算机课的时候，看得出他很熟悉电脑，一般来说，熟悉电脑的人比较聪明，我猜他也是一个很聪明的人。

——韩国·全玟宣

二、人物描写的方法

写人作文是以描写人物为主，通过一件事或几件事来形象地表现出人物的思想品德、精神面貌、性格特征等方面的文章。写人作文可以写一个人、也可以写几个人；可以通过一件事写人，也可以通过几件事来写人；可以写身边的人，也可以写回忆过去的人。怎么用汉语写人呢？

第一，要围绕中心来写。写某个人时，首先心里要明确主要是为表现这个人的什么特征和思想品质，然后围绕这个中心选取典型事例进行描写。比如范文 1《背影》这篇文章，主要是以“背影”为基点，通过描写父亲月台送“我”，并为“我”买桔子这样一件事来写父爱子怜，这个中心前后交代了几件事，如父亲一路上嘱咐茶房、和脚夫讨价还价，以及后来的父亲老了给我写信等等，这些事都是围绕着中心——给我留下难忘印象并使我真切领悟父爱的买桔子时的“背影”。

第二，要抓住人物的性格特征来描写。世界上没有两个完全一样的人，所以要写出人物的特点来，这些特点主要是通过人物的外貌、语言、行动和心理活动等方面来反映的。如《背影》里头有关于父亲的外貌、语言和行动的描写，都非常形象，让我们仿佛身临其境地看到一位父亲给孩子买桔子的情景。

第三，要运用多种技巧方法来描写。除了上面所说的通过外貌、语言、行动和心理活动等人物自身情况来描写以外，我们还需要通过与人物相关的环境、场景、气氛的描写来衬托人物，这样可以使人物形象更加清晰明朗。如《背影》一文，之前两三段的描写就是环境、场景和气氛的描写，让我们一步步走进父亲为孩子买桔子，同时给孩子留下难忘背影这样一个全文的核心，我们更能理解当时作者的切身感受，父亲买桔子这样一件小事也就成了大事了，父亲的形象更鲜明可敬。

现在，我们依次学习与人物描写有关的各个方面：

1. 外貌描写

外貌描写又叫肖像描写，主要包括长相、神态、习惯、表情、身材、穿着的描写。通过人物外貌描写能够反映人物的年龄、身份、职业、爱好和精神风貌，可以使人物形象更丰富，富有立体感，能够更好地表现人物的内心世界和精神状态，给人留下深刻的印象。

要抓住外貌特征来写。特征就是与众不同的特点，因为不同年龄、不同职业、不同爱好、不同教养、不同身份的人，他们的穿着、打扮、神态、精神等也会不同，所以，我们描写外貌的时候，不能什么都写到，而要找到该人物与众不同的地方来描写。如《背影》里对父亲外貌的描写“父亲是一个胖子……，……他戴着黑布小帽，穿着黑布大马褂，深青布棉袍”，很简略，但是很有作用，紧紧为下文父亲过月台、穿铁道买桔子服务，胖人很难爬高高的月台，穿着大马褂和棉袍使得抬脚更为不便，可是为了儿子，父亲不顾这些，这样父亲对儿子的爱就跃然纸上了。

描写要注意顺序。要考虑哪些先写，哪些后写，可以由整体到部分，或由上到下，或由远及近。不要写了头部，然后又写脚，又写身子，乱七八糟，让人看不太明白。人物外貌描写手法也是多种多样的。有静态、动态描写；有侧面、正面描写；有直接、间接描写；有细笔描写和粗笔勾勒等。

2. 语言描写

语言是人的思想感情的体现，人物语言在作文中就是人物的对话或独白。对话是两人或多人之间的谈话。独白，可以是一个人自言自语，也可以是演讲和表达。人物对话是表现人物的最好手法。我们应注意如下几点：

一是语言要与人物的身份、性格、地位、年龄、素养和职业等相符合。也就是什么人说什么话。要选择有代表性的语言来写。人物的语言要为表现人物的性格和思想感情服务。要让他们自己说话，切不可生搬硬套，让大人说小孩的话、小孩说大人的话，除非是特定的情景和特殊的情况。

二是人物说话要与神情、动作、声调结合起来，使人物更加生动多彩。一篇文章不可能都是某某说、某某回答，通过生活中细心地观察，其实可以发现，我们说话的时候，表情、动作和声调是灵活多变的，而且每个人都有自己说话时的特色，这样我们在描写语言的时候加以个人的神情、动作和声调，人物就会更生动，更符合实际情况，而不至于呆板。

三是人物对话要简练，避免啰嗦，要准确、生动、形象、口语化。一般来说，日常生活的对话总是口语化的语言，而不是生僻难懂的语言，除非描写对象是一个生活中比较特别的人。如《背影》中，分别前父亲说过三次话，“事已如此，不必难过，好在天无绝人之路！”、“不要紧，他们去不好！”、“我买几个桔子去。你就在此地，不要走动。”这些话都很符合一个父亲的身份，在祸不单行的日子，父亲鼓励和安慰孩子，稳定孩子的心情；孩子要去外地，父亲不放心外人送他、要自己送时说的话语，简短体贴实用；买桔子也是要亲自跑一趟。这三句话都简短利落，切情切景，朴实中饱含着父亲对孩子深深的爱。最后的告别主要用语言描写，写直到分手时，父亲又对儿子叮嘱："我走了；到那边来信！"最后又几步一回头，嘱咐我："进去吧，里边没人。"叮咛的话语，虽朴朴实实，但感情深沉。

3. 心理活动描写

心理活动描写其实就是写一个人心里所想的东西，通过人物的内心活动来表现他的精神世界、思想感情和品质性格。写心理活动的时候应注意描写的人物心理要符合人物生活实际和人物身份，要合情合理，切情切景，符合当时的环境和情景，让人看后觉得可信。

一般来说，人们常用的有关心理活动的描写方法有三种：

一是通过梦境、幻觉来寄托人物情思，表达感情和愿望。

二是用所描写人物的内心独白来表露自己的心迹，抒发感情。这种描写都是运用第一人称的手法来表现，如《阿Q正传》里，通过阿Q的内心独白，"我总算被儿子打了，现在的世界真不像样……"，将他的精神胜利法突显出来。再如《藤野先生》结尾一段："每当夜间疲倦，正想偷懒时，仰面在灯光中瞥见他黑瘦的面貌，似乎正要说出抑扬顿挫的话来，便使我忽又良心发现，而且增加勇气了，于是点上一枝烟，再继续写些为'正人君子'之流所深恶痛疾的文字。"作者的这段内心独白表露了藤野先生的形象对自己的激励和督促作用。

三是对所要描写的人物的心理活动进行实际客观的描述。一般来说，这种描写都是以第三人称的手法来表现，如《阿Q正传》里，也有通过旁人对阿Q的心理进行的描写。

4. 行动描写

人物行动的描写其实就是描写一个人是怎么做的，写好行动描写要注意如下几点：

一是写明行动的原因，这样让人更明白他为什么去做。如《背影》一文在写父亲为我买桔子前的几段，都是通过一些事情的叙述来交代的，即为后文做铺垫。

二是描写的行动要符合人物身份，要贴切。如《背影》里父亲为儿子做的每一件事情，都符合父亲这个人的身份，很多细节动作都是做父亲的人能体会到的。

三是锤炼语言，活用动词。动词运用得好，人物行动就能准确、生动、形象，并能增强文章的色彩。如《背影》一文中，最经典的描写就是写父亲给我买桔子时的情景，一系列动作，一些动词的活用，体现出了父亲买桔子不易但又乐于为儿子效力的心情。在写父亲去买桔子时，作者写到"他用两手攀着上面，两脚再向上缩；他肥胖的身子向左微倾，显出努力的样子"，"攀着"、"缩"、"微倾"等词，把身体肥胖的父亲过铁道、爬月台之不易体现出来，而不畏艰辛买桔子之爱也表现出来。在写父亲抱着朱红的桔子往回走，"过铁道时，他先将桔子散放在地下，自己慢慢爬下，再抱起桔子走。"他把桔子放下又抱起，一点儿也不怕麻烦。这样写使文章富于变化，避免了重复。

不过，要想更准确更深刻地描写一个人物，不能是单方面的描写，而应是外貌、语言、心理、行动四个方面结合在一起使用的，但要根据文章的内容有所侧重。

5. 怎样通过对比描写来衬托人物

我们都知道，如果要描写一个人的特点，可以通过另一个人或事物进行对比，在这种对比中就更能体现人物的特点，人物的形象就更加丰满立体。当然，我们运用对比描写的时候，前提是对象一定要有可比性，不要为了对比而胡编乱造，这样反而效果不好。

6. 怎样通过环境描写来衬托人物

环境描写包括自然环境、社会环境、生活环境等场面的描写。环境描写是为表现人物思想品质和个性特点服务的，是围绕人物活动场面展开的。运用环境描写衬托人物，这是通过侧面来描写的一种表现方法。这就像给人画像，单独画一个人就显得单调乏味，人物不容易突现出来，如果画些背景（即环境）或别的事物做衬托，不仅画面更美，人物也更突出，更好看。

但是我们要注意环境描写要有明确的目的性，必须是为表现人物的性格服务，使人物形象更鲜明、更突出，不能为了写景而写景。如《背影》一文中，作者先交代了这次分别时的家庭境况：祖母去世，父亲失业，变卖典质还旧债，又借新债办丧事，在这祸不单行的日子里，父亲出外谋事，儿子离家读书，真是一次悲伤的离别。这些交代讲明了这次父子分别的背景，为写“背影”，渲染了悲凉哀愁的气氛，对深化主题起到了成功的铺垫作用。

三、范文阅读

1. 背 影

朱自清

我与父亲不相见已二年余了，我最不能忘记的是他的背影。那年冬天，祖母死了，父亲的差使也交卸了，正是祸不单行的日子，我从北京到徐州，打算跟着父亲奔丧回家。到徐州见着父亲，看见满院狼藉的东西，又想起祖母，不禁簌簌地流下眼泪。父亲说，“事已如此，不必难过，好在天无绝人之路！”

回家变卖典质，父亲还了亏空；又借钱办了丧事。这些日子，家中光景很是惨淡，一半为了丧事，一半为了父亲赋闲。丧事完毕，父亲要到南京谋事，我也要回到北京念书，我们便同行。

到南京时，有朋友约去游逛，勾留了一日；第二日上午便须渡江到浦口，下午上车北去。父亲因为事忙，本已说定不送我，叫旅馆里一个熟识的茶房陪我同去。他再三嘱咐茶房，甚是仔细。但他终于不放心，怕茶房不妥帖；颇踌躇了一会。其实我那年已二十岁，北京已来往过两三次，是没有甚么要紧的了。他踌躇了一会，终于决定还是自己送我去。我两三回劝他不必去；他只说，“不要紧，他们去不好！”

我们过了江，进了车站。我买票，他忙着照看行李。行李太多了，得向脚夫行些小费，才可过去。他便又忙着和他们讲价钱。我那时真是聪明过分；总觉他说话不大漂亮，非自己插嘴不可。但他终于讲定了价钱；就送我上车。他给我拣定了靠车门的一张椅子；我将他给我做的紫毛大衣铺好坐位。他嘱咐我路上小心，夜里要警醒些，不要受凉。又嘱托茶房好好照应我。我心里暗笑他的迂：他们只认得钱，托他们直是白托！而且我这样大的人，难道还不能料理自己么？唉，我现在想想，那时真是太聪明了！

我说道，“爸爸，你走吧。”他望车外看了看，说，“我买几个桔子去。你就在此地，不要走动。”我看那边月台的栅栏外有几个卖东西的等着顾客。走到那边月台，须穿过铁道，须跳下去又爬上去。父亲是一个胖子，走过去自然要费事些。我本来要去的，他不肯，只好让他去。我看见他戴着黑布小帽，穿着黑布大马褂，深青布棉袍，蹒跚地走到铁道边，慢慢探身下去，尚不大难。可是他穿过铁道，要爬上那边月台，就不容易了。他用两手攀着上面，两脚再向上缩；他肥胖的身子向左微倾，显出努力的样子。这时我看见他的背影，我的泪很快地流下来了。我赶紧拭干了泪，怕他看见，也怕别人看见。我再向外看时，他已抱了朱红的桔子往回走了。过铁道时，他先将桔子散放在地上，自己慢慢爬下，再抱着桔子走。到这边时，我赶紧去搀他。他和我走到车上，将桔子一股脑儿放在我的皮大衣上。于是扑扑衣上的泥土，心里很轻松似的，过一会说，“我走了，到那边来信！”我望着他走出去。他走了几步，回过头看见我，说，“进去吧，里边没人。”等他的背影混入来来往往的人里，再找不着了，我便进来坐下，我的眼泪又来了。

近几年来，父亲和我都是东奔西走，家中光景是一日不如一日。他少年出外谋生，独立支持，做了许多大事。那知老境却如此颓唐！他触目伤怀，自然情不能自已。情郁于中，自然要发之于外；家庭琐屑便往往触他之怒。他待我渐渐不同往日。但最近两年的不见，他终于忘却我的不好，只是惦记着我，惦记着我的儿子。我北来后，他写了一信给我，信中说道，“我身体平安，惟膀子疼痛利害，举箸提笔，诸多不便，大约大去之期不远矣。”我读到此处，在晶莹的泪光中，又看见那肥胖的、青布棉袍黑布马褂的背影。唉！我不知何时再能与他相见！

（选自朱自清《背影》）

赏析：本文在特定的环境下，通过回忆对父亲爬月台为“我”买桔子这个细节（也是最动情的一瞬间）特意进行了描写，那一招一式的动作清晰明了，使人久久难忘，也使作者三次泪盈满眶，体现了父爱子怜。正是这样一个感动的情节，触动了他内心最柔软的地方，使他萌生了以“背影”这样一个动情点，从细节处反映人生的大道理，而写出了表达父爱的传世之作。本文语言平实，包含着丰富的感情。

借鉴：细节描写人物，详略得当处理事件，环境和其余事件紧紧围绕中心事件，逐层铺垫。

作者介绍：朱自清（1898—1948），原名朱自华，字佩弦，号秋实，原籍浙江绍兴。现代著名散文家、诗人、学者、民主战士。朱自清有著作27种，共约190万字，包括诗歌、散文、文艺批评、学术研究等。大多收入1953年开明书店出版的4卷《朱自清文集》。《背影》写于其1925年10月在清华大学任教时。

词语表 Vocabulary

1.	狼藉	【形】	lángjí	又写作“狼籍”，指多而散乱堆积。
2.	簌簌	【形】	sùsù	形容流泪时眼泪纷纷落下的样子。
3.	赋闲	【动】	fùxián	没有职业在家闲着。
4.	妥帖	【形】	tuǒtiē	恰当，十分合适。
5.	踌躇	【动】	chóuchú	犹豫不定，拿不定主意，走来走去。
6.	栅栏	【名】	zhàlan	用铁条、木条等做成的类似篱笆而较坚固的东西。
7.	蹒跚	【形】	pánshān	腿脚不灵便，走路缓慢摇摆的样子。
8.	颓唐	【形】	tuítáng	精神萎靡不振的样子。
9.	箸	【名】	zhù	（方言）筷子。

2. 藤野先生

鲁迅

……

从此就看见许多陌生的先生，听到许多新鲜的讲义。解剖学是两个教授分任的。最初是骨学。其时进来的是一个黑瘦的先生，八字须，戴着眼镜，挟着一叠大大小小的书。一将书放在讲台上，便用了缓慢而很有顿挫的声调，向学生介绍自己道：

“我就是叫作藤野严九郎的……。”

后面有几个人笑起来了。他接着便讲述解剖学在日本发达的历史，那些大大小小的书，便是从最初到现今关于这一门学问的著作。起初有几本是线装的；还有翻刻中国译本的，他们的翻译和研究新的医学，并不比中国早。

那坐在后面发笑的是上学年不及格的留级学生，在校已经一年，掌故颇为熟悉的了。他们便给新生讲演每个教授的历史。这藤野先生，据说是穿衣服太模糊了，有时竟会忘记带领结；冬天是一件旧外套，寒颤颤的，有一回上火车去，致使管车的疑心他是扒手，叫车里的客人大家小心些。

他们的话大概是真的，我就亲见他有一次上讲堂没有带领结。

过了一星期，大约是星期六，他使助手来叫我了。到得研究室，见他坐在人骨和许多单独的头骨中间，——他其时正在研究着头骨，后来有一篇论文在本校的杂志上发表出来。

“我的讲义，你能抄下来么？”他问。

“可以抄一点。”

“拿来我看！”

我交出所抄的讲义去，他收下了，第二三天便还我，并且说，此后每一星期要送给他看一回。我拿下来打开看时，很吃了一惊，同时也感到一种不安和感激。原来我的讲义已经从头到末，都用红笔添改过了，不但增加了许多脱漏的地方，连文法的错误，也都一一订正。这样一直继续到教完了他所担任的功课：骨学、血管学、神经学。

可惜我那时太不用功，有时也很任性。还记得有一回藤野先生将我叫到他的研究室里去，翻出我那讲义上的一个图来，是下臂的血管，指着，向我和蔼的说道：

“你看，你将这条血管移了一点位置了。——自然，这样一移，的确比较的好看些，然而解剖图不是美术，实物是那么样的，我们没法改换它。现在我给你改好了，以后你要全照着黑板上那样的画。”

但是我还不服气，口头答应着，心里却想道：

“图还是我画的不错；至于实在的情形，我心里自然记得的。”

学年试验完毕之后，我便到东京玩了一夏天，秋初再回学校，成绩早已发表了，同学 100 余人之中，我在中间，不过是没有落第。这回藤野先生所担任的功课，是解剖实习和局部解剖学。

解剖实习了大概一星期，他又叫我去了，很高兴地，仍用了极有抑扬的声调对我说道：

"我因为听说中国人是很敬重鬼的，所以很担心，怕你不肯解剖尸体。现在总算放心了，没有这回事。"

但他也偶有使我很为难的时候。他听说中国的女人是裹脚的，但不知道详细，所以要问我怎么裹法，足骨变成怎样的畸形，还叹息道，"总要看一看才知道。究竟是怎么一回事呢？"

……

到第二学年的终结，我便去寻藤野先生，告诉他我将不学医学，并且离开这仙台。他的脸色仿佛有些悲哀，似乎想说话，但竟没有说。

"我想去学生物学，先生教给我的学问，也还有用的。"其实我并没有决意要学生物学，因为看得他有些凄然，便说了一个慰安他的谎话。

"为医学而教的解剖学之类，怕于生物学也没有什么大帮助。"他叹息说。

将走的前几天，他叫我到他家里去，交给我一张照片，后面写着两个字道："惜别"，还说希望将我的也送他。但我这时适值没有照片了；他便叮嘱我将来照了寄给他，并且时时通信告诉他此后的状况。

我离开仙台之后，就多年没有照过相，又因为状况也无聊，说起来无非使他失望，便连信也怕敢写了。经过的年月一多，话更无从说起，所以虽然有时想写信，却又难以下笔，这样的一直到现在，竟没有寄过一封信和一张照片。从他那一面看起来，是一去之后，杳无消息了。

但不知怎地，我总还时时记起他，在我所认为我师之中，他是最使我感激，给我鼓励的一个。有时我常常想：他的对于我的热心的希望，不倦的教诲，小而言之，是为中国，就是希望中国有新的医学；大而言之，是为学术，就是希望新的医学传到中国去。他的性格，在我的眼里和心里是伟大的，虽然他的姓名并不为许多人所知道。

他所改正的讲义，我曾经订成三厚本，收藏着的，将作为永久的纪念。不幸 7 年前迁居的时候，中途毁坏了一口书箱，失去半箱书，恰巧这讲义也遗失在内了。责成运送局去找寻，寂无回信。只有他的照相至今还挂在我北京寓居的东墙上，书桌对面。每当夜间疲倦，正想偷懒时，仰面在灯光中瞥见他黑瘦的面貌，似乎正要说出抑扬顿挫的话来，便使我忽又良心发现，而且增加勇气了，于是点上一枝烟，再继续写些为“正人君子”之流所深恶痛疾的文字。

（节选自鲁迅《藤野先生》）

赏析：本文以作者与藤野先生的交往为叙事的线索，围绕表现藤野先生的学者品质这一中心组织材料。通过初见时藤野的相貌、穿着、声调，尤其是为“我”添改笔记、修正血管画图和鼓励“我”大胆解剖尸体等真切感人的细节描写，正面赞颂了藤野先生朴实厚道、待人以诚、忠于学术、潜心研究等优秀品质和个性特征，特别是对中国留学生的细心关照令鲁迅先生终身不忘。本文语言朴素，精练深刻，有浓厚感情。

借鉴：脉络分明，记叙有序；抓取典型，突出品质；语言质朴，包含感情。

作者介绍：鲁迅（1881—1936），原名周树人，字豫才。浙江绍兴人。代表作有：小说集《呐喊》、《彷徨》、《故事新编》等，散文集《朝花夕拾》（原名《旧事重提》），散文诗集《野草》，杂文集《坟》、《热风》、《华盖集》、《南腔北调集》、《三闲集》、《二心集》等16部。

词语表 Vocabulary

1. 挟	【动】	xié	用胳膊夹着。
2. 解剖	【动】	jiěpōu	剖开生物的躯体，以研究各器官的组织构造。
3. 掌故	【名】	zhǎnggù	历史上的制度、文化沿革以及人物事迹等。
4. 扒手	【名】	páshǒu	小偷。
5. 落第	【动】	luòdì	原指科举时代应试不中，又指考试不及格。
6. 裹脚	【动】	guǒ jiǎo	指旧时女子缠足。为使脚不会长大，把女孩子的脚用长布紧紧地缠住，会造成脚骨畸形。
7. 畸形	【形】	jīxíng	生物体某部分发育不正常。
8. 凄然	【形】	qīrán	凄凉悲伤的样子。
9. 叹息	【动】	tànxī	因忧郁悲痛而呼出的气息。

10. 叮嘱	【动】	dīngzhǔ	反复嘱咐。
11. 杳无消息		yǎo wú xiāoxi	没有一点儿音信。
12. 教诲	【动】	jiàohuì	教训；教导。
13. 瞥见	【动】	piējiàn	指很快地看了一下，有些许无意。
14. 抑扬顿挫	【成】	yìyáng dùncuò	指声音的高低起伏和停顿转折，节奏分明，和谐悦耳。
15. 深恶痛疾	【成】	shēnwù tòngjí	指对某人或某事物极端厌恶痛恨。

3. 妈妈喜欢吃鱼头

陈运松

在我依稀记事的时候，家中很穷，一个月难得吃上一次鱼肉。每次吃鱼，妈妈总是先把鱼头夹在自己碗里，将鱼肚子上的肉夹下，极仔细地捡去很少的几根大刺，放在我碗里，其余的便是父亲的了。当我也吵着要吃鱼头时，她总是说：

"妈妈喜欢吃鱼头。"

我想，鱼头一定很好吃的。有一次父亲不在家，我趁妈妈盛饭之际，夹了一个，吃来吃去，觉得没鱼肚子上的肉好吃。

那年外婆从江北到我家，妈妈买了家乡很金贵的鲑鱼。吃饭时，妈妈把本属于我的那块鱼肚子上的肉，夹进了外婆的碗里。外婆说："你忘了？妈妈最喜欢吃鱼头。"外婆眯缝着眼，慢慢地挑去那几根大刺，放进我的碗里，并说："孩子，你吃。"接着，外婆就夹起鱼头，用没牙的嘴，津津有味地嘲着，不时吐出一根根小刺。我一边吃着没刺的鱼肉，一边想："怎么妈妈的妈妈也喜欢吃鱼头？"

29岁上，我成了家，另立门户。生活好了，我俩经常买些鱼肉之类的好菜。每次吃鱼，最后剩下的，总是几个无人问津的鱼头。

而立之年，喜得千金。转眼女儿也能自己吃饭了。有一次午餐，妻子夹了一块鱼肚子上的肉，极麻利地捡去大刺，放在女儿的碗里，自己却夹起了鱼头。女儿见状也吵着要吃鱼头。妻说：

"乖孩子，妈妈喜欢吃鱼头。"

谁知女儿说什么也不答应，非要吃不可。妻无奈，好不容易从鱼肋边挑出点没刺的肉来，可女儿吃了马上吐出，连说不好吃，从此再不要吃鱼头了。

打那以后，每逢吃鱼，妻便将鱼肚子上的肉夹给女儿，女儿总是很艰难地用汤匙切下鱼头，放进妈妈的碗里，很孝顺地说：

“妈妈，您吃鱼头。”

打那以后，我悟出了一个道理：女人做了母亲，便喜欢吃鱼头了。

（选自陈运松《妈妈喜欢吃鱼头》，见《散文》1991 年第 5 期）

赏析：这篇散文以三位不同时代的女性都说着同样的话“妈妈爱吃鱼头”，来反映中国女性先人后己、吃苦耐劳、无私奉献的传统美德。作者通过这样一句朴实而简单的话语在三代女性身上类型化的体现，通过这句话语形成的行动，深深触动了每位读者内心对母爱的回味，也引发对中国女性生活状况和家庭地位的深刻思考。文章波澜不惊、娓娓道来，看似平淡无奇、不动声色，实则令人动容、发人深思。

借鉴：以典型的话语来刻画塑造人物。

词语表 Vocabulary

1.	依稀	【形】	yīxī	模模糊糊。
2.	鲑鱼	【名】	guīyú	鱼的一类，体大，略呈纺锤形，鳞细而圆，有些生活在海洋中，有些生活在淡水中，是重要的食用鱼类。
3.	眯缝	【动】	mīfeng	眼皮合拢而不全闭。
4.	津津有味	【成】	jīnjīn yǒu wèi	形容趣味很浓厚或很有滋味的样子。也指吃得很有味道或谈得很有兴趣、听得很尽兴。
5.	嗍	【动】	suō	吮吸。
6.	无人问津	【成】	wúrén wènjīn	无人过问。

四、习作欣赏

1. 泰山挑夫

【越南】阮氏琼娥

在雄伟的泰山景色和喧闹的人流中，有一些瘦削坚毅的面孔。他们来到这里不是为了欣赏美丽的自然风景和悠久的人文遗迹，而是为了谋生。那就是泰山胜地的挑山工。

他们都是来自泰安市附近，一般是农民或下岗职工。黄中带黑的脸庞充满了乡下人的神色，显出善良和慈祥来。不管是冬天还是夏日，不管是刮风还是下雪，他们都穿着那套劳动服，带上扁担把一些吃的用的东西从山脚挑到山顶上去。他们一般每次挑上和自己差不多重的货，每天从早干到晚，他们把青春的活力全部放在肩上，把坚强的毅力集中在自己的双腿上。一次次上山，一次次下山。似乎山上的每个景点都熟悉他们的身影，每个台阶都印着他们的脚步，山上旅馆商店的商品和旅客的行李大多数都是靠他们运上去的。他们赚的钱是由他们辛勤的汗水换取来的。这样的精神，这样的理智，他们以几百名的数目不知不觉地把“挑山工”三个字变成泰山这个旅游景点的一道风景。

挑山工，他们带给我一种陌生又熟悉的感觉。陌生，是因为他们的生活方式与工作环境和我们每天在学校念书的情况不同。熟悉是因为他们的形象使我想起我们国家的农民们一生面朝黄土背朝天，辛辛苦苦地生活。我们爬山时，旁边也走着几个挑山工。他们一边挑一边谈话。他们使空气更加热闹，有时还很热情地给旅客们指引旅游景观或上山路线。他们好像扮演了泰山主人的角色，热情地接待每一位客人。在瘦削的脸上汗不停地流，他们也不停地走。五个小时的体力活他们收到20块钱的报酬。我当时感到自己很脆弱、很虚伪，突然觉得自己也很陌生。他们挑山工这个行业并非是无滋无味的。每天他们都可以品尝大自然的气息，一放下扁担就回到一个无忧无虑的生活，那些为工作所困扰约束的人们是无法与之相比的。再加上他们常常与古代文物和来自四面八方的人士打交道，这不是一个得天独厚的条件吗？

（选自 1999 年 1 月 25 日《北京青年报》）

作者介绍：阮氏琼娥，北京语言大学 405 班越南学生，此文是毕业实习报告。

词语表 Vocabulary

1.	瘦削	【形】	shòuxuē	消瘦得像被削过一样。
2.	谋生	【动】	móushēng	设法寻求维持生活的门路。
3.	下岗	【动】	xià gǎng	职工因企业破产、裁减人员的原因失去工作岗位。
4.	脆弱	【形】	cuìruò	禁不起挫折，不坚强。
5.	得天独厚	【成】	détiāndúhòu	独具特别优越的天然条件。

2. 纪大嫂

【日本】藤井良子

我是和丈夫一起来中国的，在山东大学附近租了套房子。我很快就有了个好邻居，她住在楼下，我和别人一样叫她“纪大嫂”。

纪大嫂高高的个子，头发已有点花白，性格开朗，声音响亮。听说她年轻时多次被评为劳动模范，是位优秀的共产党员，如今已退休在家。但她仍像当年那样，整天忙里忙外，关心街坊邻居，四邻没有不夸她的。

纪大嫂是济南人，说一口地道的济南话，我顶多能听懂三分之一，可我们的交往十分密切。她非常能干，尤其是饭菜做得好吃。现在我不但会做小米粥、绿豆粥，还会蒸包子、包饺子、调麻汁面、烧红焖茄子。这都是纪大嫂手把手教给我的。

纪大嫂来我家串门，从不吃我为她备下的甜点，也不喝咖啡饮料，她只爱喝茉莉花茶。和我聊天时，只要一发现我杯中的茶水浅了，就立即给我斟得满满的，真是个处处为别人着想的人。

早春的一天，她听说我开学了，特地给我缝了一件红花棉袄。春寒料峭中，我穿着略显臃肿的红花棉袄，浑身暖洋洋的，觉得自己也像一个中国大嫂了。

有一次，我丈夫出差去上海，我却一时粗心，把房间钥匙忘在屋里了，放学后进不了屋。焦急无奈之中，只得求助于纪大嫂。她听后忍不住笑了起来，说：“你呀！没关系，今晚就住在我家吧！”话语那么朴实、真诚，感动得我没法推辞。于是在她家吃了晚饭，晚上和她全家——她丈夫、女儿、小外孙一起边看电视边聊天。第二天早晨起床，洗漱，吃早饭，纪大嫂的照料让我感到像在自己家里一样自然舒心。阳光照进了屋里，我穿着纪大嫂的上衣和鞋子，拿着她外孙的文具，出门上课去了。

纪大嫂家的饭菜，她缝的花棉袄，她爱喝的花茶，还有她的善良热心、乐于助人，这一切，都让我看到了中国北方家庭那充满温馨和亲情的生活习俗，看到中国人朴实善良的美德。我真心地喜欢中国，喜欢中国许许多多的“纪大嫂”。

（修改自《1997年外国学生汉语作文比赛获奖作品选》）

作者介绍：藤井良子，山东大学国际教育交流学院日本留学生。

词语表 Vocabulary

1.	焖	【动】	mèn	盖紧锅盖，用微火把饭菜煮熟。如：~饭，黄~鸡。
2.	春寒料峭		chūn hán liàoqiào	料峭：微寒。形容初春的寒冷。
3.	臃肿	【形】	yōngzhǒng	形容身体或衣着过分肥大，显得笨重、不灵活。

五、修辞知识——比拟

比拟就是把一个事物当作另外一个事物来描述、说明。比拟的辞格是将人比作物、将物比做人，或将甲物化为乙物。运用这种辞格能收到特有的修辞效果：或增添特有的情味，或把事物写得神形毕现，栩栩如生，抒发爱憎分明的感情。诗歌、小说、散文、寓言、童话等经常使用比拟的辞格。比拟可以分为拟人、拟物两类。

拟人是指把物（包括物体、动物、思想或抽象概念）当作人，写成和人一样的有感情、有语言、有动作的修辞手段。拟人可以通过形容词、动词或名词表现出来，使文章更加生动形象具体。

拟人手法又分为三种。

1. 把自然景物拟人化。

例如：波浪一边歌唱，一边冲向高空去迎接那雷声。（高尔基《海燕》）

2. 把生物拟人化。

例如：单是周围的短短的泥墙根一带，就有无限趣味。油蛉在这儿低唱，蟋蟀们在这里弹琴。(鲁迅《从百草园到三味书屋》)

3. 把抽象概念拟人化。

例如：玻璃窗上的冰花已给太阳晒化了，窗外的积雪还是厚厚地盖在地上，对面的屋顶也是白皑皑的。冬天全没有离开大地的意思，好像要长久赖下去似的。(艾鞠《屋里的春天》)

拟物是指把人或物比作物。常常在一定的言语环境中进行，可以给人以形象感、新奇感，收到生动的富有情趣的表达效果。

拟物手法分为两种。

1. 把人当作动物、植物或无生物来描写，赋予人以动物、植物或无生物的某些特征。例如：

维吾尔族姑娘插上金色的翅膀，在广阔的天地里飞翔。(阿不都热西提《女拖拉机手》)

2. 把物拟为物。包括以生物拟为无生物，以无生物拟为生物，以物拟为抽象事理，以抽象事理拟为物。例如：

她似乎衣袋里全装着天真，一掏出来就可以用。(韩少功《火宅》)

在这里的人们中间，我最不愿与之离别的就是海涅，我恨不得把您也装进我的行李袋中去。(马克思《给海涅的信》)

6 爱情故事

一、热身互动练习

1 学习描写“爱情”的成语和古诗

情窦初开　一见钟情　神魂颠倒　茶饭不思　鸿雁传情　红豆相思　脉脉含情
水性杨花　红颜知己　喜新厌旧　英雄气短　偷香窃玉　好事多磨　倩女离魂
才子佳人　碧海青天　山盟海誓　天涯海角

我欲与君相知，长命无绝衰。山无陵，江水为竭，冬雷震震，夏雨雪，天地合，乃敢与君绝！

［汉乐府］《上邪》

柔情似水，佳期如梦，忍顾鹊桥归路。两情若是久长时，又岂在朝朝暮暮。

［宋］秦观《鹊桥》

在天愿作比翼鸟，在地愿为连理枝。天长地久有时尽，此恨绵绵无绝期！

［唐］白居易《长恨歌》

衣带渐宽终不悔，为伊消得人憔悴。　［宋］柳永《蝶恋花》

众里寻他千百度，蓦然回首，那人却在，灯火阑珊处。

［宋］辛弃疾《青云案•元夕》

2 读下面关于爱情的名句，谈谈你对爱情的看法

初恋都让人难忘，觉得美好。为什么呢？不是因为他（她）漂亮或很帅，也不是因为得不到的就是好的，而是初涉爱河时心里异常纯真，绝无私心杂念，只知道倾己所有去爱对方，而以后的爱情都没有这么纯真无瑕了，纯真是人世间最为可贵的东西，我们渴求的就是她！

天长地久有没有？当然有。为什么大多数人不相信有？因为他们没有找到人生路途中最适合自己的那一个，也就是冥冥中注定的那一个。为什么找不到呢？茫茫人海，人生如雾，要找到最合适自己的那个谈何容易？！

正像和火药的亲吻，就在最得意的一刹那烟消云散。最甜的蜜糖可以使味觉麻木；不太热烈的爱情才会维持久远。

经过追求的爱是幸福的，然而不经过追求而被追求的爱则更是幸福。

二、故事的写作方法

当我们讲故事或者听故事的时候，我们都会比较关注这个故事里边有哪些人，是在什么时候、在哪儿发生的，为什么会发生这样的事情，最后结果怎么样，等等。这些也就是记叙文的六大基本要素，即人物、地点、时间、事件、原因和结果。一般来说，写故事的时候，这六个要素是要出现的，但是如果只是写一个事件的一个场景，六个要素不一定都要出现，即使写一个完整的故事，如果某个要素不说也能表达清楚，那么也是可以省略不说的，六个要素在文章的什么地方出现比较好呢？是在开头出现？在结尾出现？还是在中间出现？还是一边写一边出现？这就是我们记叙的方法不同了。

一般来说，故事在结构上的写作方法有如下几类：

1. 顺叙

顺叙就是按照故事发生、发展的时间先后顺序来写，使用这种方法来叙述一个故事，可以让人很容易明白故事发生的来龙去脉，清晰了解人物性格的发展过程。如范文 1《那你说我该怎么办》一文整体上就是按照顺叙的方式来写的，时间先后的线索非常清晰。范文 3《10 号球衣》也是顺叙的方式，从回忆读书时代作者的单恋故事到现在的人生感悟。

2. 倒叙

倒叙就是把故事发展的结局或者矛盾最激烈的部分先写出来，然后再来写故事发生的原因或者开始。这样写有什么好处呢？就是可以设置悬念，引人入胜，吸引读者一步一步看下去，看个究竟。如范文 2《幸福的跨国婚恋》一文，就采用倒叙方式，先写出好友结婚的喜讯，然后展开好友爱情故事的回忆，最后再回到现实。

3. 插叙

插叙就是写故事的主要情节时，插入一些相关的内容作为对主要情节的补充。有的是要对故事主人公的身份及背景来历做个说明，有的是要对事情发生的原因或者来由做个说明，这样的话，可以帮助读者更清楚地了解故事情节的发展，使故事更加的丰富多彩。

当然，一般来说，人们在写故事的时候，不是运用单一的一种叙述方法，而是综合运用多种叙述的方法，或者一种为主，另外几种为辅进行叙述。

除了在结构上要遵循上述一般故事的写作方法，还应该注意什么呢？

1. 从爱情发展的顺序来说，有初恋阶段和热恋阶段；有人说初恋是刻骨铭心的爱，是单纯的爱，初恋有如一朵含苞待放的花蕾，期待着美丽地盛开。如习作《我的初恋》中作者初中时的纯纯的初恋，是人生“最美好的回忆”；热恋仿佛一杯浓浓的烈酒，喝下去令人兴奋不已，忘却自我，如范文 2《幸福的跨国婚恋》中小静和李友浪漫温馨的爱情；还有一种默默无闻的属于一个人的单恋，单恋是一首婉转优美的歌，那歌声时刻回荡在一个人的心中，惆怅、哀怨。如范文 3《10 号球衣》中的女孩，单恋一个连名字都不知道的男孩，通过几件小事来体现女孩为男孩痴迷疯狂而对方却浑然不知的伤心和落寞。

2. 注重人物的心理描写。每个经历过爱情的人，内心都十分丰富，见到白马王子时的怦然心动，与恋人分别时的相思之苦，热恋中的忘却自我，单恋时的傻劲儿和孤独落寞等等，如果能细腻地刻画出人物的内心世界，用语言将其丰富多彩地表达出来，就能让人感同身受，留下深刻印象。如范文 1《那你说我该怎么办》一文中的心理描写就很成功。

3. 注重人物的肖像描写。你碰到的恋人是什么样子？你心目中的他是什么样子？用什么样的语言才能准确生动地描述出你的“他 / 她”来呢？人物的肖像描写就很重要了。几乎每篇范文里边都有对人物的肖像描写，有的描写得很不错。

4. 注重环境描写。爱情是浪漫的，分手是痛苦的，怎么体现浪漫？怎么表现痛苦？有时候环境描写能起到渲染烘托的作用，因为爱情当事人的心情很能影响他眼里的环境。

一般来说，一篇好的爱情故事，会融合各种方法来表现，同时又有侧重点。

三、范文阅读

1. 那你说我该怎么办

【韩国】金珍玉

我对他的感情是一见钟情式的。那时我在北京学习，他从美国来中国旅游，是我美国同屋的朋友。高高的个子、高高的鼻子、蓝色的眼睛、灿烂的笑容让人如沐春风。第一眼就让我怦然心动。接触后，他坦率的性格，幽默的谈吐，温文尔雅的举止，让我一步一步向爱的深渊里下落。我警告自己要现实点，他只是来中国旅游的，我们顶多有十天的时间，以后我们会天各一方，可能会没有进一步的关系，可是我还是无可救药地爱上了他。

在接下来的十天里，我在他面前表现出陷入爱情的女孩儿的可爱。我赢得了他的欣赏，也赢得了他的喜欢，后来我称他为大象，而他很甜蜜地叫我小美狐狸。在爱情上我一步一步走向胜利，但是这种胜利如他给我的喜悦一样给我带来了哀伤，越开心就越怕失去。我真的很怕，怕他只是把我当成旅行中遇见的人，怕自己陷入爱情后不能自拔。

十天是非常短暂的，很快就过去了。我含笑送他离开北京，转身后却已经泪流满面，我痛苦地想：爱情结束了，从此只剩下回忆。他没有马上离开中国，而又去了西安、上海、香港。每到一处，他都给我寄明信片，打电话，这又让我产生新的希望，但是又很不安，担心他离开中国后一切都化作轻烟随风飘散。我算着他在中国的日子，有点希望他赶紧回美国，希望早点检验他回去后是不是忘记了我，但又害怕他回去后就杳无音信。陷入爱情的可怜的女人啊，在矛盾中煎熬。

不久，他真的回美国了，我开始变得非常烦躁和不安。从他回美国的那天起不断地看有没有信，看有没有电子邮件，每次出门都很紧张，怕错过他的电话，朋友都觉得我变得有点神经质了，爱情本来就会让人神经不正常。可是，过了一周，过了一个月了，什么都没有。我无法形容自己的伤心和失望。

不久，北京发生“非典”，我也不得不离开中国了，这时，我的心里彻底绝望了，中国是我们爱情萌芽的地方，现在两个人都离开这里，那么这份爱情真的没法儿成长了。我带着告别的心情离开了中国。在飞机上，我在心里默念“再见！北京。再见！我的短暂的爱情。”

在汉城，我慢慢地整理自己的心情，努力去忘记他，但又舍不得忘记。两个月后的某一天，我突然收到了他的电子邮件，当时我心里百感交集，想笑又想哭。他解释说，因为他在FBI工作，回去后恰好遇到两个月的训练任务，其间不允许与外界联系，所以直到现在才跟我联系，并且说他没有一天忘记在北京的快乐时光，而且没有一天不想念他的可爱的小美狐狸……

之后，我们的相处是愉快的，我们都没有向对方表白，但是除了不能见面以外，所有的感情都跟恋人一样。他是一个浪漫而细心的男人，平时去哪儿都不忘记给我发明信片，有空就会给我发电子邮件，告诉我他最近做了什么，非常地想念我，还不时地给我打电话，我们一聊起来就没完没了，最长的记录是六个小时，从来不觉得太长。他还想方设法地给我惊喜。节日给我订玫瑰花，亲手为我制作耳环和卡片，上面有他为我写的诗，还写歌词，然后他自己谱曲，在电话里唱给我听；经常寄给我五花八门的礼物，有时还给我买他认为有特色的衣服，不过我的身材对西方人来说太小，虽然他总是挑最小号的，可我穿起来总是松松垮垮的……

后来我又回到了中国学习，而他因工作调到了夏威夷。空间的改变并没有影响到我们的感情，一转眼，我们这种感情已经维持三年了。三年，我开始害怕，我们之间会不会没有结果？……就像当初我认识他的时候一样，一旦想到这个问题，我就头疼。

我一面怪自己没有勇气面对，一面怪他不说清楚对我的感情——女人有时候就是这样矛盾。有一天，他终于向我表白了，对我说：“做我女朋友吧，我会像公主一样对待你。”虽然我无数次想象这个情景，想象他表白的时候我怎么回答，然而真正面对这个问题的时候，我的大脑变得一片空白，最后我选择了沉默。虽然在心里大声说，好的，我愿意。可是不敢说出来。真的要做他的女朋友吗？我们总共相处了十天，我们已经三年没有见面了，保持我们感情的方法只有现代化的通信工具。我们的母语不同，我们一个来自东方，一个来自西方，文化差异那么大，一旦面对现实，就有着很多的问题……，这些问题在我的脑子里盘旋。谁能告诉我该怎么办？

（编者修改自北京师范大学401年级韩国留学生习作）

赏析：文章成功地描写出了一个韩国女孩陷入爱情又担心失去爱情的幸福并痛苦着的矛盾心理。但令人欣慰的是，这对异国恋人在苦恋四年后，就在珍玉本科毕业之时，他们经父母认可终于喜结良缘，女方随后去美国读研究生了。

借鉴：出色的心理描写，让人感同身受。

词语表 Vocabulary

1.	如沐春风	【成】	rú mù chūnfēng	像坐在春风中间，比喻同品德高尚且有学识的人相处并受到熏陶。
2.	怦然心动	【成】	pēngrán xīndòng	心怦怦地跳动。指由于受某种事物的吸引，思想情感起了波动。
3.	温文尔雅	【成】	wēnwén ěryǎ	形容人态度温和，举止文雅。
4.	无可救药	【成】	wúkějiùyào	比喻差到了无法挽回的地步。
5.	狐狸	【名】	húli	狐的通称。狐；外形像狼，狡猾多疑。
6.	不能自拔	【成】	bù néng zì bá	不能主动地从痛苦、错误或罪恶中解脱出来。
7.	神经质	【名】	shénjīngzhì	指人的神经过敏、胆小怯懦、容易冲动的气质。
8.	萌芽	【动】	méngyá	植物生芽，比喻事物刚发生。
9.	百感交集	【成】	bǎigǎn jiāojí	各种情感交织在一起。形容感触很多，心情复杂。
10.	谱曲	【动】	pǔ qǔ	为歌词配曲。
11.	五花八门	【成】	wǔhuā bāmén	比喻变化多端或花样繁多。
12.	松松垮垮	【形】	sōngsōngkuǎkuǎ	懒散，松懈，不紧张。也指不稳固。
13.	盘旋	【动】	pánxuán	沿着螺旋轨道运动，旋绕飞行。

2. 幸福的跨国婚恋

徐棠

“亲爱的阿棠，谢谢你，我和李友能够相识正是因为你的介绍，现在我们步入了婚姻的殿堂，你就是名副其实的红娘！我们愿将幸福与你一起分享……”

打开邮箱看到小静从美国给我发过来的邮件，心情非常愉悦，思绪顿时飞扬，往事一幕幕浮现眼帘……

（一）相识于炎热的盛夏

2005年的暑假，那是一个极其炎热的夏天，我有幸担任美国加州大学在北京师范大学的暑期班的汉语老师，我教的是零起点的班级，一共有五位学生。其中有一位眼睛又大又亮，可爱迷人的男生，中文名字叫李友，每次下课以后总要一半英文一半中文地跟我聊天，他特别喜欢汉语和中国文化，希望我能帮他找一个中国人做语伴，很自然地，我就想到了我的室友——高挑美丽、善良友好的小静了，于是，经我的介绍，他们相识了，并且一起相互学习语言。

（二）相恋在美丽的师大

盛夏的师大，酷暑挡不住教九楼前青草郁郁葱葱、大树枝繁叶茂，难不住起早贪黑、辛勤苦读的莘莘学子，那片小园的藤椅上，总是坐满一起学习、一起讨论的学生，那也是小静和李友经常驻足的地方。因为彼此对对方的语言和文化有相当的了解并十分感兴趣，他们在一起练习外语，乐此不疲。主楼前的广场上，烈日当空下，依旧盛开着朵朵轻盈的荷花，粉粉的，

嫩嫩的，微风拂来，在翠绿的荷叶中摇曳多姿。每当夕阳西下，淡雅的荷花清香四溢之时，广场上总少不了小静和李友的身影，他们或高谈笑论，或追逐嬉闹，渐渐地，爱情的种子在他们心里萌芽了。李友曾写过一些英文诗歌让我帮他翻译，那些是一首首优美的爱情诗。在广场的时候，他深情款款地对着小静吟诵着诗歌：“……中国古代有四大美女，我追寻着她们而来到中国，可是，上帝让我遇见了你，比那四大美女还要美丽的女子，你的眼睛像星星，你的嘴唇像鲜花，你的头发像黑色的瀑布……”小静羞涩地看着这个认真吟诵却又有点傻傻的可爱的美国男孩，心里却不知道该怎么办：他是在表白对我的爱慕吗？

（三）老舍茶馆真情告白

小静和李友都很喜欢旅游，他们刚认识的那个暑假，每到周末总要去北京的各个名胜古迹游玩。时光飞逝，爱情的种子已经悄然在他们心里成长了。那天他们一起去老舍茶馆喝茶，听京剧，品味中国文化。位于前门的老舍茶馆，古香古色，京味十足，威严的石狮矗立于门的两侧，大红的灯笼高挂于门的两旁，小静和李友兴趣盎然地来喝茶了，在茶味飘香、幽雅宁静的茶馆里，他们欣赏着台上悠扬婉转的京剧，一时间仿佛远离尘嚣喧哗的都市，置身在古朴清幽的古代。恍惚间，京剧演出在一片叫好声中结束了，这时，但见李友快步地走上舞台，用他不太熟练的汉语激动地说："大家好，今天我要在这里向我深爱的女孩告白，请大家见证！"说完，变魔术般地从后面掏出了一束美丽的红玫瑰。台下的人们先是一惊，随后爆发出热烈的掌声。"下面请我的美丽的女孩——小静上台。"还蒙在鼓里的小静，又是惊喜又是害羞地不知所措地走上去，脸红得像个熟透了的苹果。李友当即单膝下跪，双手高举着玫瑰，真诚地说着："静，我爱你，答应我，做我的女朋友好吗？"小静一时不知道要怎么说要怎么做才好，李友可怜兮兮地眨着眼睛请求，"please，please"，台下的人们叫喊道："答应，答应……"小静左看看，右看看，羞涩地点了点头，接过了玫瑰花。在潮水般的掌声中，李友紧紧地拥抱着小静……

后来，他们毕业了，小静和李友一起去了美国。

如今小静和李友这棵中美爱情树开花结果了！联想至此，我马上给小静回了邮件：

"亲爱的小静，真是万分高兴听到你们结婚的好消息，你们可真是有情人终成眷属，谢谢你让我分享你们结婚的幸福和快乐，等你们回国以后，咱们一定要好好相聚，现在我只好遥祝你们：幸福美满，百年好合！"

赏析：文章采用倒叙的方式，先说喜讯，然后回忆他们的爱情故事，充分运用了环境描写，凸显出爱情故事的浪漫温馨。

借鉴：倒叙的方法，环境描写。

词语表 Vocabulary

1.	殿堂	【名】	diàntáng	高大建筑物。
2.	名副其实	【成】	míngfùqíshí	名声或名义和实际相符。
3.	浮现	【动】	fúxiàn	（过去经历的事情）再次在脑子里显现。
4.	莘莘学子	【成】	shēnshēn xuézǐ	众多的学生。
5.	乐此不疲	【成】	lècǐ bùpí	因酷爱干某事而不感觉厌烦。
6.	摇曳多姿	【成】	yáoyè duōzī	姿势多且优美，多用来形容风吹动下的树。
7.	嬉闹	【成】	xīnào	游戏，玩耍；嬉戏。
8.	羞涩	【形】	xiūsè	害羞，态度不自然。
9.	兴趣盎然		xìngqù àngrán	形容兴趣浓厚。
10.	远离尘嚣	【成】	yuǎnlí chénxiāo	指远远地离开人世间的烦扰、喧嚣。
11.	喧哗	【动】	xuānhuá	声音大而杂乱。
12.	可怜兮兮		kělián xīxī	形容非常可怜的样子。
13.	有情人终成眷属		yǒuqíngrén zhōng chéng juànshǔ	彼此有情爱的人终于结为夫妻。

3. 10号球衣

张卫平

每当夕阳西斜，从教室下了课回来，我都能看见一个熟悉的身影在窗下的篮球场上来回练球。他总是穿一身鲜红的10号运动服，因此爱开玩笑的宿舍姐妹们便给他起了个绰号叫“10号球衣”。

那时候，室友们都已经名花有主，而我却独自守候着自己的那片天空。每到周末，晚饭刚刚吃完，她们就忙着梳妆穿戴，等待各自的白马王子的敲门声。大学生活浪漫多姿，而公寓规定不允许男生进入女生宿舍，姐妹们早就想出了一条妙计，依年龄大小设定敲门的次数，敲一次，说明大姐的男友来了，敲两次，表示二姐的男友来了，依次类推，而我的敲门声则是一片空白。这种内部私订的联络方式一旦天机外泄，喜欢恶作剧的同学每到周末就在门外乱敲一气，闹得有男友的女同胞们常常寝食不安，而这时她们又都羡慕起我来。等到准确无误地敲过六次以后，室友们都陆续相伴着去跳舞或去图书馆了，这时宿舍里只剩下我一个人，看一会儿书又看一会儿窗外。有时班级间举行比赛，围观者甚众，而我却独自一人远远地为“10号球衣”鼓掌喝彩。有一次他到窗下来拣球，在走向我的一刹那，我终于情不自禁地对他说：“你的球打得真好！”他拣起球走了两步，又回过头来微笑着说了一声：“谢谢。”那时，心跳加剧的我热烈地感到了一种回报式的温暖。隔着雾气的窗，我随即淹没在潮湿的感情之中。

周末过去了，“10号球衣”依然每天在练球。那天，外面正刮着风，夏季的暴雨顷刻就要来临。大姐对我说：“‘10号球衣’还在练球，要不了多久，你的白马王子就要变成落汤鸡了。”室友们哈哈大笑，而我却一点儿也乐不起来。我两眼盯着窗外，心里却不愿让大姐的话变成现实。于是我立即取出雨伞向门外走去。

雨说下就下起来了，我禁不住加快脚步向球场走去。可当我一人在雨中努力向前，幻想着给他送伞时的情形和即将到来的幸福时，我却看见，一把红色的小伞，正缓缓罩住了“10号球衣”早已淋湿的全身。我不相信自己迷惑的双眼，而此时雨伞下的两个身影已经相拥着走出了我的视线。我怔怔地伫立在雨中，禁不住泪流满面。

可是，我还是抹干了泪水回到宿舍。那帮促狭鬼早透过窗户看见了刚才的一幕，见我神情沮丧地独自回来，先是互相挤眉弄眼，接着都忍不住笑出声来，而最后，则将那“10号球衣”骂得狗血喷头了。

当四年大学结束时，“10号球衣”早就参加工作了，而我也心如止水。我自己渐渐地明白，那些人生中不属于我的，就像枝头上的落叶，即使不枯，也会从我心里慢慢飘下去。

（选自《青年文摘》1997年8月）

赏析：文章用顺叙的方式，从回忆过去的事情写到现在的个人感悟，通过两件事情将一个女孩单恋的故事写得生动感人。

借鉴：简单明了的写作风格，典型的顺叙方式。

词语表 Vocabulary

1.	名花有主		mínghuā yǒuzhǔ	用来比喻一个漂亮的妙龄少女已经许配给某人了，或者已经有对象了。
2.	妙计	【名】	miàojì	构思新颖独特的计策。
3.	恶作剧	【名】	èzuòjù	故意与他人开玩笑、戏耍、互相捉弄的行为。
4.	寝食不安		qǐnshí bù'ān	睡不好觉，吃不好饭。十分忧虑担心的样子。
5.	情不自禁	【成】	qíngbúzìjīn	心情激动，控制不住自己。
6.	淹没	【动】	yānmò	被水覆盖或洪水泛滥没过了城镇。
7.	迷惑	【动】	míhuò	使人迷乱。
8.	伫立	【动】	zhùlì	长时间地站着。
9.	促狭鬼	【名】	cùxiáguǐ	爱捉弄人、搞恶作剧的人。
10.	沮丧	【形】	jǔsàng	灰心；失望。
11.	挤眉弄眼	【成】	jǐméi nòngyǎn	用眉眼传情与示意。
12.	狗血喷头	【成】	gǒuxuè pēntóu	原是迷信说法，把狗血喷在妖怪头上，使其妖法失灵。现形容骂得很厉害。

四、习作欣赏

1. 我的初恋

【韩国】韩润琼

我们在木莲花香气浓郁的校园里迎来了新的学期。每天单调而又重复的生活，让我期待着新的突破点。像白茫茫的木莲花一样芬芳而又纯洁的那个日子，我遇到了他，那段时间我像是患了爱的热病。听到这里，也许有人会说："这是谁都经历过的初恋，这么小的年纪怎么懂得真正的爱情。"但那时我对他的感情非常真挚，至今在我的心中仍镌刻着美好的回忆。

他是位数学老师，那时他的年龄差不多有三十岁，中等身材，大大的眼睛，高高的鼻子，圆圆的脸。他长得不那么帅，但在我的眼里，他就是我的白马王子。他像兰草一样，虽然离我很远，但我仍能闻到他的香气，他虽然外表显得温柔，但内心积聚着坚强的意志。他说的每句话，他走过的每条路，他接触过的每样东西，对我来说都具有了特殊的意义，两年的时间，仿佛是一场甜蜜的梦，不知不觉地就过去了。为了能看到他，我每天比别人早去学校，比别人晚回家。那时我怨恨白天太短，夜晚太长，盼着天天都能见到他。

我很想跟他共有所有的东西。所以我买了跟他一样的拖鞋，听他喜欢的音乐，看他喜欢的书和电影。我爱上他以后养成了一种习惯，每天早上上学的时候，买一朵玫瑰花，把它插在他桌子上的花瓶里。到周末我把他的拖鞋拿回家去洗干净，到他的生日或教师节我会为该给他买点什么礼物而大伤脑筋。有意思的是，我常常一见到他就像吃了蜂蜜的哑巴一样，嘴上说不出话来但却甜在心里。可能是正值青春期，我对他的态度，总是有违我的真心，不自觉地激起逆反心理。现在我估计这也是一种关心的表现。他十分理解我的心情，因此他对我也很热情、亲切。有时在学校的走廊里或者在校园里遇到他，他就有情有爱地叫我的名字。然后，要么跟我说有关学习方面的事，要么讲有关自己身边的一些事情，要么跟我开玩笑。我一天的心情都由他来决定，因他而变化。那时我觉得，如果我的人生中没有了他，那就意味着失去了存在的价值和意义。

那两年的时间中，我为他拍了一百多张照片，这都是他的。我每天把照相机带到学校来，有机会就拍。有时候是偷偷的，有时候被他发现，但他仍然保持着温柔的微笑。而且老师也常常跟我说："我也很喜欢你。"虽然这并不意味着男女之间的爱情，但我听到这句话心里就满足了。那时我非常希望，他眼里的我，不是学生，而是一个成熟的女人。现在回想起来，觉得有点幼稚。

初三那年，因为转学去了外地。那时我真舍不得离开学校，更舍不得离开他。我难过得几天不停地流泪。

又过了两年，这段时间里，我跟老师经常联系。有一天，不知道为什么，我突然从这沉沉的梦中醒了过来。我把他的照片放在相册里寄给老师，以后不再给他打电话了。我的初恋，就这样结束了。其实没有两厢情愿的开始，是我自愿开始又自己决定结束的。但我觉得他给了我很宝贵的礼物，任何东西都比不上它，这就是"美好的回忆"。

（亓华修改自北京师范大学401年级韩国留学生习作）

词语表 Vocabulary

1.	镌刻	【动】	juānkè	把铭文刻或画在某种坚硬物质上或石头上。
2.	逆反心理		nìfǎn xīnlǐ	一般指某种宣传（理论、规定等）的要求产生的相反的心理活动、心理反应。
3.	两厢情愿	【成】	liǎngxiāng qíngyuàn	两方面都愿意，互不勉强。

2. 驼子的爱情

【韩国】崔孝臣

您相信上天注定姻缘吗?

每个人都想找到自己心目中理想的恋人，而希望和他（她）幸福地度过一生。因我们三姐妹从小就相信上天注定姻缘，希望我们的另一半——理想的恋人，跟我们一样在某一个角落里渴望着和我们相逢。一次，我在问二姐怎样认出我们的另一半时，她给我讲了一个感人的爱情故事。

很久以前，德国有位著名的哲学家名叫墨西。一般来说，人的风度与职业有密切的关系，如老师有老师的风度，音乐家有音乐家的风度，哲学家肯定有哲学家特有的风度。但凡事皆有例外，墨西的外貌，除五短身材之外，还是个古怪可笑的驼子。无论怎么看，都看不出一点哲学家的风度来。因此，虽说他是个豪门之子，可没有一个女孩子看上他。

有一天，他去汉堡拜访一个商人。这位商人有个心爱的女儿，墨西无可救药地爱上了她，但她也跟其他女孩子一样，因他的畸形外貌而拒绝了他。爱情是一种极其复杂的情感，爱情会给人带来幸福和希望。反之，也会给人带来不幸和失望。每当看到她，他的心里感到无以言表的痛苦。

到了必须离开的时候，墨西鼓起了所有的勇气，上楼到她的房间，想把握住最后跟她说话的机会。她有着天使般的面孔，但让他十分沮丧的是，她始终拒绝正眼看他。经过多次尝试性的沟通，他害羞地问:“你相信姻缘天注定吗?”她眼睛盯着地板答了一句:“相信。”然后反问道:“你呢?相信吗?”他回答:“我听说，每个男孩出生之前，上帝便会告诉他，将来要娶的是哪一个女孩。我出生的时候，我未来的新娘就已经许配给我了。上帝还告诉我，我的新娘是个驼子。我当时向上帝恳求：'哦，上帝啊！一个驼背的女孩将是个悲剧，求你把驼背赐给我，还是把美貌留给我的新娘吧。'"

这时，她才扭过头来看着墨西的眼睛，并从他那孩子般纯洁的眼神里，仿佛回想起了内心深处的某些记忆似的，忽然脸上挂着微笑，慢慢地靠近他，并把手伸向他，之后成了他最挚爱的妻子。

（修改自北京师范大学401年级韩国留学生习作）

词语表 Vocabulary

1.	五短身材	【成】	wǔduǎn shēncái	指人的身材矮小。五短是指四肢和脖子短。
2.	驼子	【名】	tuózi	驼背的人（侮辱性称呼）。
3.	无以言表	【成】	wúyǐyánbiǎo	没有什么言语可以用来表达（常用于感受）。
4.	姻缘天注定	【俗】	yīnyuán tiān zhùdìng	婚姻的缘分是上天来决定的。
5.	挚爱	【形】	zhì'ài	指世间最真实和真诚的情感。

五、修辞知识——借代

借代是指说话或写文章时，不直接说出所要表达的人或事物，而借用与其有密切联系的人或事物来代替的一种修辞方法。如：但愿人长久，千里共婵娟。——用"婵娟"代替"月亮"。

借代的作用：恰当地运用借代可以引人联想，使语句拥有形象突出、特点鲜明、文笔精炼、具体生动的效果。借代的修辞效果可以用十六字概括：以简代繁，以实代虚，以奇代凡，以事代情。借代的方法很多，主要有以下几种：

1. 部分代整体：即用事物具有代表性的部分代本体事物。

例如：两岸青山相对出，孤帆一片日边来。(《望天门山》)——用船的一部分"帆"代替船。

2. 特征代本体：即用借体（人或事物）的特征、标志去代替本体事物。

例如：旌旗十万斩阎罗。(《梅岭三章》)——标志代本体，借"旌旗"代替军队或武装力量。

3. 具体代抽象

例如：南国烽烟正十年。(《梅岭三章》)——"烽烟"，原是古代边境用以报警的烟火，这里代指战争，把战争这个抽象的概念具体化、形象化了。

4. 工具代本体

例如：等到惊蛰——犁土的季节，十家已有八户亮了囤底，揭不开锅。(《榆钱饭》)——“囤”是装粮食的工具，用“亮了囤底”代指缺了粮;“锅”是做饭的工具，用“揭不开锅”代指没饭吃。

5. 专用名称代泛称：用具有典型性的人或事物的专用名称代替本体事物的名称。

例如：你们杀死一个李公朴，会有千百万个李公朴站起来！（《最后一次讲演》）——第二个“李公朴”，代指不怕流血牺牲，为争取民主和平而战斗的人们。

6. 以结果代原因

例如：令人捧腹——“捧腹”是捧着肚子，捧腹的原因是出现笑话或令人发笑的东西。以“捧腹”的结果代指“笑话”等令人发笑的原因。

7. 形象代本体

例如：上面坐着两个老爷，东边的一个是马褂，西边的一个是西装。——用身上穿的“马褂”和“西装”来指代两个形象完全不一样的人。

7 中国见闻

一、热身互动练习

1 读网上两则笑话，请写出你对各国人的固有看法

1. 一般来说一个事物（比如说某款汽车）的发展是这样的：

德国人发明的；

意大利人对其进行外形上的艺术设计；

美国人将其工业化；

法国人将其时尚化；

日本人对其进行小型化，以降低其生产成本；

中国人看到了说：我们来生产吧！

韩国人看到了说：这东西起源于韩国。

……

2. 目前，对于不同国家的人存在这样一些定型观念：保守的英国人，进取的日本人，工具型的美国人，感情型的中国人，严谨的德国人，自由浪漫的意大利人，精明的犹太人。

……

2 读下面一段文字，谈谈来中国前你对中国的印象如何？来中国以后发生了哪些改变？亲眼所见的中国给你最深刻的印象是什么？

中国印象

现在我能看到的北京和来这儿之前我想象的北京很不一样。没想到有这么多外国人，没想到这么现代化。以前我想象的北京是到处有很多胡同，老人在外边下象棋、打麻将，大家在茶馆一边喝茶一边欣赏戏剧的景象。我盼着看许多四合院和家家户户把红灯挂在门口的样子。不过，从首都机场到学校的途中，只能看到鳞次栉比的高楼大厦。在路上挤满了很多汽车，看起来水泄不通。啊……是不是我看了太多电影呢？这里已经跟首尔没什么两样了呀！

（韩国留学生）

二、中国见闻的写法

中国见闻，即在中国看到的事情和现象（所见），听到的事情和现象（所闻），以及自己对这些事情和现象的感想和看法（所感），在本书中，指外国人在中国的所见、所闻、所感。在中国的游记也是一种中国见闻，前面的课文我们介绍过，本课将不再做介绍。本课所要讲的是外国人在中国所看到的、所听到的富有特色的事情和现象，以及自己对这些事情和现象的看法。由于是一种跨文化的解读现象，很难不受先前认知经验和定型观念的影响，往往对同一种事物会有各种不同的解读。

见闻的写法，也属于记叙文的范围，可以是随笔，也可以是散文，或者是日记的形式。在叙述方法以及描写方法上和前一章记叙文的写法都差不多，只是选取的角度不同，会产生不一样的效果，当然选材不同，也会有自己的一些特色。

中国人和其他国家的人在宗教信仰、风俗习惯、思维习惯、价值观、人生观、世界观等方面存在着差异，因而外国人如果以自己国家的文化背景去看待中国，可能会造成对中国文化的误读。有的人从一开始就已经产生了“文化定型”，即人们在跨文化交际研究或跨文化实际交往中对不同文化背景的民族和国家成员的笼统的、简单的看法。交际中会因为文化定型而带来负面影响。如习作《开裆裤》一文中，小作者看到中国小孩穿着开裆裤时，以为是中国人穷，以至于小孩都穿着“破”裤子，很显然，这是作者文化定型所带来的文化误读。文化的复杂性使得从事跨文化交际的人们考虑该如何在不同文化之间寻求共识，以便彼此相互理解不同的文化价值与世界观。也有对中国文化和社会现象了解得颇为深刻的人，如范文1《我生活中的中国》一文，作者在中国住了十几年，已然成为一个“中国通”了，他笔下记录的中国社会和中国人们生活、思想的变化，比较真实地展现了中国社会。甚至他本人也愿意长期生活在中国，达到了文化适应的目标。

当你来到中国的时候，其实你已经在进行着一种跨文化的交际了，也许你会发现中国的美，也许你也会感受到中国的丑；当你来到中国以后，你可能会消除以前对中国的误解，并更深入地了解这个国家以及它的人们和文化；当你来到中国的时候，或许你会一时不适应这里的环境、气候和生活，甚而焦虑和忧郁，产生“文化休克（culture shock）”的现象；或许你很快就适应了这里，并且深深地爱上了这里，以至想长期生活在这里。

三、范文阅读

1. 我生活的中国

1985年，我作为一名旅游者来到中国。此后的十几年里，我到过中国最边远的城市。1991年我在北京第二外国语学院担任法文、意大利文教师；1993年到中央电视台任中国报道的法文专家。可以说我对中国的改革开放进程和中国人的生存状况有着切身的感受。

80年代，我第一次到北京。当飞机降落时，我如同到了一片沙漠上。这就是泱泱大国的首都？晚上十点过后，公共汽车停运，商店关门，酒吧、剧场更是屈指可数，只有极少数人有电视。中国人习惯早起在公园里打太极拳、练气功，然后到单位开始一天的工作，一周工作六天。

除了工作，人们没有时间，也没有其他事情可做，中国文化中没有旅游的概念。唯一外出的机会是“出差”或“开会”。但是到1994年的3月，每周的工作时间从48小时降到44小时，到1995年，降到40小时，许多中国人尤其是青年人和学生，喜欢在假日出国旅行。

单位是个很重要的部分，每个人都是生活在一个大门里的“社员”，公共浴室、会议厅、每周五晚上的免费电影、单位诊所、邮局、公共电话一应俱全。单位为人们提供了工作、食物和住房，人们也属于单位；从结婚到离婚，从学习到出国等等，单位都要“操心”。

1989年我来到北京语言大学留学。但我不是为学中文，而是为完成我的小说。付完学费、住宿费，我的钱所剩无几，经过计算，我发现如果我每天花钱不超过3元，我还可以住三个月。我是这样计算的：在学校餐厅吃早餐8角，午饭和晚饭共1.5元。与中国师生相比，这个价格还是高，他们有自己的食堂。

有一天，我病了，一位男教授来看我，当他走的时候，他仔细地向我解释如何吃药，但他忘了找还我的 1 角 3 分的零钱。他回到家里要吃饭的时候记起了这件事，他立即回来并且不停地向我道歉，生怕我认为中国人不诚实。其实我知道中国人有着高尚的道德。

那时，我渴望在这个国家里至少待上一年，尽管我有许多事情搞不清，没有人习惯给个肯定答案，即使是个简单的事情也要征询上司的意见。但这里也有许多有意思的事情：红灯亮时成百的自行车停在线上，绿灯一亮，几百辆车又一同启动；这里的婴儿很少哭泣；这里的人们总是送他们的客人至少到公共汽车站；遇到他们总是说："吃了吗？"或者"部长"、"主任"。

时间流逝，在这里，我知道了怎样在上打儿的同样型号的自行车里找到我的那辆，我学会了从军大衣和白口罩的包裹里找到朋友。但渐渐地我发现，一切都在变。

生活里出现的许多新鲜的词汇，如"BP 机"、"手机"、"英特网"、"分期付款"、"堵车"、"高峰期"、"无铅汽油"挂到了人们的嘴上；"铁饭碗"、"分配"、"从一而终"消失了。生活在变，时尚也不断更新：以前刚到北京时，普通百姓还没有手表，他们借问时间和外国人交朋友，而我也曾用此办法学习中文。现在拥有手机也不再时髦，最好有车。以前区别中国人和日本人很容易，中国人很少有相机，他们会请外国人帮他们拍照寄给他们，而今他们带着各式各样的相机到世界各地旅游。

尽管人们还是将我当作一个"特殊的目标"，但他们对我的态度也在变。当我去市场，小贩和买主们议论：外国人都吃卷心菜，老外也喜欢红辣椒？差不多每次他们都给我洋葱，但可惜的是，我要百叶，而他们则热心地向我一遍遍地解释这是动物的内脏，是被外国人认为不能吃的脏东西。中国老百姓对外国人、外国的饮食习惯都有了更多的了解。

时间转眼即逝，中国人的生活变得越来越好，他们的梦想也在不断变化。我也在不断"收集"着他们的梦想：1985 年大家渴望上大学，它意味着铁饭碗；1989 年，青年们热情地念英语，盼着出国挣大钱；1991 年，无数人拼命下海捞钱，准备移民海外过"幸福生活"，而今，他们想到国外走一走，了解世界，但最终还是回到中国，生活在他们的祖国。我想说，中国的改革开放达到了预期的目的。

（亓华修改自《北京青年报》刊登的留学生习作）

赏析： 文章时间跨度大，涉及方面广，作者的笔仿佛摄像头，记录下了中国从20世纪80年代、90年代一直到现在，中国普通老百姓的工作、生活、社会交通以及老百姓思想的巨大变化，反映了中国改革开放三十年来的发展变化，让读者跟随他的镜头，回忆那岁月年轮留下的生活的印记。

借鉴： 以时间为纵线，用简练的笔法概括了二十世纪九十年代前后中国人的生存状态，为后人留下一份品读过去的生动可感的历史资料。

词语表 Vocabulary

1.	泱泱大国	【成】	yāngyāng dàguó	指气魄宏大的国家。
2.	屈指可数	【成】	qūzhǐ kě shǔ	扳着手指就可以数清楚。
3.	所剩无几	【成】	suǒshèng wújǐ	剩下的没有多少了。
4.	铁饭碗	【名】	tiě fànwǎn	比喻稳定而待遇有保障的职业、职位。
5.	卷心菜	【名】	juǎnxīncài	由一种野生的欧洲植物衍生而来的多叶的栽培植物，其特点是茎短，其上簇生着许多通常是绿色的叶片形成的紧密的球形头结构，用作蔬菜。
6.	洋葱	【名】	yángcōng	二年生或多年生草本植物，花茎细长、中空，鳞茎扁球形，味道强烈，用作蔬菜。
7.	移民	【动】	yímín	往他地迁移居住。

2. 早安北京

【印尼】朱嘉杰

天凉了。窗外的梧桐树叶，纷纷扬扬。阳光懒散地透过树叶间隙洒落在我的桌上，早安北京，这是四年帝都生活的第二个月。

对于一个之前长期生活在上海的留学生，北国之秋来的着实有些悄无声息，这倒让我想起以前每次来京，哪次不是寒风凛冽？却也挡不住一颗火热的心。对北京的所有感情，曾经也都只停留在记忆中。

“山河千里国，城阙九重门。不睹皇居壮，安知天子尊？”我也曾拥挤在人群中移步皇城，记得她的檐牙高啄，惊于其华美，撼于其壮阔，感慨其浩荡虚华六百载，皇权幻化数千年；我也记得“长城高际天，三十万人‘游’”。踏上烽火台的瞬间，燃烧的是那“八百里分麾下炙”般的豪情，而当手抚摸在那已被磨光的城砖上时，隐约传来的是历史的低语，仿佛祖先自强不息的训诫，又仿佛一个老人对承前启后的期盼。人潮人海中，我在众人的脚下看到的是一条民族振兴的长路等待国人去征服。我在众人的面孔上看到的是一份独一无二的民族自豪感，以及高涨的民族热情——那股秉承了千百年的铮铮傲骨，那股实现理想的勇气。

我所记得的北京，不单单是雨后屋檐挂着水珠的宫殿，更是胡同里留着胡须捏面人的老者，是带着十足京味儿的出租车师傅，是从郁达夫笔下那铺满长街的槐树叶，到扬着雪花洁白静美的后海，再到阳光下泡着香片茶温暖的宅院。这些汇聚到一起，是我收到北大通知书那一霎那从脑海里迸发出的一切画面。我当然喜欢上海，但是想到这古城每个角落的美好，便也不由得有些许憧憬，于是我风尘仆仆地来了。

在一个阳光温暖的早晨，我再次来到这熟悉的、空气干燥的古城，我却也是第一次踏上这崭新的、陌生的城市的土地。我不习惯尘土飞扬的路面，即使我早有耳闻；我不习惯含糖量太低的饮食，即使我曾对此置若罔闻……但我终究喜欢上了与同学漫步在燕园的感觉，一种无法言说的，掺杂着骄傲、温馨与理想的喜悦之情。我喜欢上了在这儿的教室里听学识渊博的教授讲课，我喜欢与才高八斗的同学讨论问题或是互开玩笑。虽还没提着相机逛遍这城市的每个角落，但我悄悄拍下了这古城的清静。我也看见它现代生活的张力：有摇滚乐，有生活态度。我想我喜欢上的，是在这城市的生活。

我突然意识到自己已经身处首都，曾经只觉遥远的记忆如今可以再次寻回；曾经只觉遥远的最高学府如今我已信步其中；曾经只觉遥远的科学梦想如今早已扬帆起航。我憧憬在这城市遇到更多挚友，收获更多美好的情感，记下更多绚丽的画面；我憧憬在这城市博晓古今、学贯中西；我憧憬在这城市实现我的梦想，“会当凌绝顶，一览众山小”。

早安北京！虽然透着深秋的凉意，但温暖的阳光已照亮我的书桌。这城市不再是年少的我憧憬的旅游目的地，我把青春的梦想交付给你，连同那年少的、美好的记忆一起，冀望几年后，一个青年的我、一个有为的我，收获的是一份无与伦比的回忆。届时，我将记得你的阳光，那是我的青春。

（亓华选自2012年北京对外友协“我与北京”留学生征文比赛稿）

赏析：作者以“早安北京”这一亲切的问候语开篇，用诗情画意的笔墨表达了自己在收到北大录取通知书以后对曾经到过的北京，以及印象中的北京的回忆与联想。文章采用倒叙的手法，全篇采用了意识流，用对偶、排比和多重复句等书面表现力较强的句式，表达了对北京的名胜古迹、胡同生活和高等学府的憧憬和向往之情。本文行文流畅、才思敏捷、浮想联翩，在语言和内容表达上都跟母语者一样地道。

借鉴：用多种修辞手法为表达流畅的思绪服务，对古诗词的熟练与活用。

词语表 Vocabulary

1.	洒落	【动】	sǎluò	分散地落下。
2.	悄无声息	【成】	qiǎowúshēngxī	没有声音。
3.	凛冽	【形】	lǐnliè	寒冷刺骨。
4.	城阙	【名】	chéngquè	城门两旁的瞭望用的楼。
5.	檐牙高啄		yán yá gāo zhuó	（突起的）屋檐（像鸟嘴）向上噘起。檐牙：屋檐突起，犹如牙齿。
6.	八百里分麾下炙		bābǎilǐ fēn huīxiàzhì	八百里：指牛；麾下：指将帅；炙：烤熟的肉。将帅分食熟牛肉。
7.	自强不息	【成】	zìqiáng bùxī	形容人努力向上，永不松懈。
8.	秉承	【动】	bǐngchéng	接受；承接。
9.	铮铮傲骨	【成】	zhēngzhēng àogǔ	指高傲不屈的性格。
10.	迸发	【动】	bèngfā	由内而外地突然发出。
11.	憧憬	【动】	chōngjǐng	对未来的美好期待与向往。

12.	风尘仆仆	【成】	fēngchén púpú	风尘：指行旅，含有辛苦之意；仆仆：行路劳累的样子。形容旅途奔波，忙碌劳累。
13.	置若罔闻	【成】	zhìruòwǎngwén	放在一边，好像没有听见一样；形容听见了而不加理睬。
14.	才高八斗	【成】	cáigāobādǒu	才：指文才、才华；斗：器具名。形容人的文才高，知识丰富。
15.	博晓古今		bóxiǎo gǔjīn	博：广博；晓：通晓。知道得多。对古代的事知道得很多，并且通晓现代的事情。形容知识渊博。
16.	学贯中西	【成】	xuéguànzhōngxī	形容学问贯通了中国和西方的种种知识。

3. 牵手

【韩国】李禹草

"也许牵了手的手，今生不一定好走，也许有了伴的路，今生还要更忙碌，所以牵了手的手，来生还要一起走，所以有了伴的路，没有岁月可回头……"

这是苏芮演唱的歌曲，名字叫《牵手》。每每听到这首歌曲，我总是情不自禁地被感动……

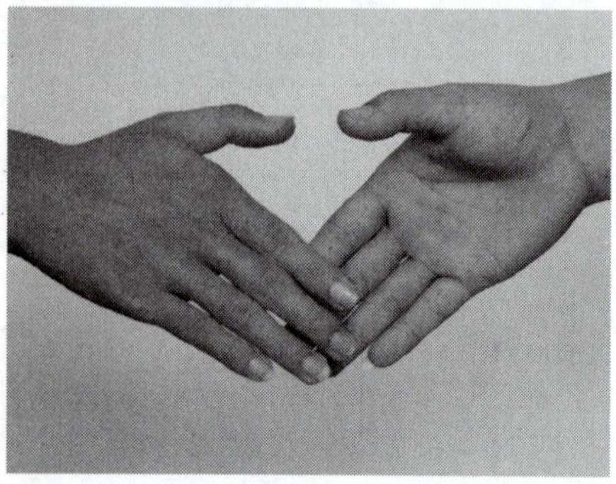

我在生活里，天天都能看到牵手，有大手牵小手——那是亲情；有情侣之间的牵手——那是爱情；有朋友的牵手——那是友情。然而，最最让我感动的是一对白发苍苍的耄耋老人，他们手牵手，相互扶持着走在夕阳中……

我出生在韩国的一个小农村里，从小跟祖父母、父母和哥哥生活在一起。

在韩国悠久的历史里面存在着深深的男尊女卑的思想，我的祖父母跟别的同代人一样很保守。比如说男主外女主内，女人要尊敬男人，长辈说话时晚辈不能插嘴等等。每次我的祖父母出门的时候，都是爷爷走在前面，奶奶跟在后面，保持着两步左右的距离，奶奶一定要跟在爷爷后面，这样才能体现出奶奶对爷爷的尊重。从来也没见过他们并排走路，更没见过他们手牵手了。生长在这样的一个家庭里，我也有着很多保守的思想是理所当然的吧。我一直认为中老年人在大街上不能太招摇。

所以当我在中国第一次看到一对老夫妻在大街上手牵手走过去的时候，我所感觉到的惊讶和困惑应该不是很奇怪的事。我觉得那是不合规矩、很丢脸的事情。我想，如果在韩国尤其在农村，看到两个中老年人在大街上这样牵手还拥抱的，也许会有很多人指责他们不知羞耻；也许会有人很不满他们的行为。

随着时间的流逝，我见多了在路上牵手的老夫妻，或者骑三轮自行车拉着自己老伴的老爷爷们，慢慢我习惯了这些场面——因为在中国，这是再普通不过的事情，我习以为常了，我逐渐理解了，爱人，就是应该相互牵手，相互扶持的。我不再指责他们了，我甚至反思是不是我们的民族过于保守了呢？

有一次我和朋友在公园里散步，突然刮起一阵狂风，我们都想着去哪儿避一避风，这时我看到在路上手牵手的一对老夫妻，老爷爷顺手就把老伴拉进怀里用自己的身躯为老伴挡风。虽然他们牵手拥抱的动作不像年轻人那样敏捷，可是那场面却无比感人。看，他们的一举一动是多么自然，多么温馨呀！

这一刹那，最初我感觉到的惊讶和排斥突然变成了满心的温暖。自那时候开始，每次见到街上牵手走过去的一对对老夫妻的时候，我的脸上也不知不觉现出温馨的微笑，心里想这样才叫幸福。

我想能够跟心爱的人在一起享受生活的点点滴滴，能够牵着对方的手不放，一起白头偕老是一件美好的事情。我希望，等我老的时候，能够和我的爱人一起手挽手，享受美好幸福的生活。

（亓华选自2012年北京对外友协“我与北京”留学生征文比赛稿）

赏析：文章开头引用一段《牵手》的歌词，不仅能在开头点题，和题目呼应，也使文章首尾连贯，一气呵成。文章在叙述见闻之前，先对生活中三种牵手作了准确的分析概括，可谓画龙点睛。作者以简约细致的笔调，把初见中国老人牵手的惊讶和排斥，到反思审视韩国的情况，再到由衷产生认同感和会心地微笑这一复杂而微妙的心理变化过程展现了出来。其可贵之处在于，通过“牵手”这一生活事例，传达出身处异域文化的留学生从不习惯到理解认同的潜移默化的适应过程。

借鉴：开头引用歌词点题，并作归纳概括。善于观察生活，细致地描写内心的情感变化。以小见大，寓意深刻。

词语表 Vocabulary

1.	耄耋	【形】	màodié	耄：八九十岁；耋：七八十岁。指年纪很大的人。
2.	男尊女卑	【成】	nánzūn nǚbēi	男人人权全面优于女人，生来高于女人。
3.	插嘴	【动】	chā zuǐ	在他人说话未终时突然说话。
4.	招摇	【形】	zhāoyáo	炫耀；张扬。
5.	羞耻	【形】	xiūchǐ	羞愧耻辱。
6.	温馨	【形】	wēnxīn	温和芬芳令人舒适。
7.	刹那	【名】	shànà	外来词，来自梵文。关于刹那的长度，佛经中有多种解释：(1)一弹指顷有六十刹那；(2)一念中有九十刹那，一刹那又有九百生灭；仅用来说明短暂时间，犹“一瞬间”。
8.	白头偕老	【成】	báitóu xiélǎo	白头：头发白；偕：共同。夫妻共同生活到老。指夫妻恩爱终生。

四、习作欣赏

1. 开裆裤

【韩国】金美奈

2000年2月15号我到中国来学习汉语。这是我第一次来中国，所以对中国的风景名胜、风俗民情等一切事物都感到新奇惊异。不过，最引起我注意的不是故宫、天坛之类的名胜古迹，也不是满街的自行车，而是中国的小孩子。

我本来就喜欢孩子，到中国以后也是如此。最近天气非常好，学校的图书馆前边有很多小孩子在玩耍。他们不但长得有模有样，而且有一个共同的特征，就是都穿着露屁股的裤子。

说起这裤子，还真让我们闹过笑话。记得来中国才几日，我的韩国朋友们从学校附近的华泰商场火急火燎地赶回来，一进门就对我说：“今天我们终于亲眼看到了中国的贫穷状况！”原来她们看到的“贫穷状况”是一个孩子露着屁股的“破”裤子。当时还是寒冬，所以我的朋友以为孩子家里非常贫困，家长没有钱给孩子买新裤子。

几天后，我跟朋友们又去那个商场，那时我看见穿着“屁股裤子”（我们给那种裤子起的名字）的孩子。我们以为还是上次见到的那个，于是感叹道：“他的父母对自己的孩子真是冷酷无情！怎么还没给儿子买新的？！”

可是开学以后，我去英东楼上课时，才发现所有的二、三岁的小孩子都穿着那种裤子！原来，那叫“开裆裤”，孩子们穿着它大小便比较方便。他们的父母并不是对孩子漠不关心，也不是没钱买新的，而是故意把新买来的不开裆的裤子拆开。

起初，我看到孩子们穿那种“开裆裤”不免有些担心：如果他们玩着玩着一屁股坐到地上怎么办？会不会有卫生问题？屁股会不会冻坏了？……不过，孩子们个个都活蹦乱跳的，好像我的担心是多余的。

中国的孩子们很是可爱！他们那淡红色的脸颊、生龙活虎的样子真令我开心。特别是他们一点儿也不怕生人，一见我就大声叫“阿姨”，嘎嘎地笑，让我感到十分亲切。我非常喜欢中国的小孩子，喜欢他们纯朴的样子、胖嘟嘟的手指，同时也特别喜欢他们的“开裆裤”！我觉得这种裤子恰恰反映了中国小孩子活泼开朗的性格。每当碰到一屁股坐到地上的困难的时候，他们不哭也不闹，没有失望和不满，站起来就行了，照样嘎嘎地笑。

今天我又在图书馆前边看见穿“开裆裤”的孩子们了，时值春暖花开、暖风拂面的四月底，我不再担心孩子们会冻屁股了。每当看到他们的时候我都会不由得微笑起来。

（亓华修改自北京师范大学201年级留学生习作）

赏析：文章选取了“开裆裤”这样一个点切入，深入探究这一富有中国特色的裤子的文化背景。文章有如剥蒜，先设置悬念，抛出误解，然后层层撕开，慢慢剖析，最后挖掘出真相，并谈到自己的感想和看法，引人入胜。

借鉴：从某一个特别的点切入，深入挖掘现象的文化背景和原因；设置悬念，层层深入。

词语表 Vocabulary

1.	玩耍	【动】	wánshuǎ	做轻松愉快的活动，游戏。
2.	有模有样		yǒumú yǒuyàng	形容模仿得很像。
3.	屁股	【名】	pìgu	泛指动物身体近肛门的部分或末端。
4.	火急火燎	【成】	huǒjí huǒliǎo	形容心情像火烧一样急迫。
5.	冷酷无情	【成】	lěngkù wúqíng	冷漠苛刻，没有感情。
6.	开裆裤	【名】	kāidāngkù	幼儿穿的裤裆开口的裤子。
7.	活蹦乱跳		huóbèng luàntiào	形容活泼、欢乐，生气勃勃的样子。
8.	脸颊	【名】	liǎnjiá	脸的两旁部分。
9.	生龙活虎	【成】	shēnglóng huóhǔ	形容活泼矫健，富有生气。
10.	嘎嘎	【拟声】	gāgā	形容鸭子、大雁的叫声，形容小孩的笑声。
11.	胖嘟嘟	【形】	pàngdūdū	形容人非常胖。

2. 我眼里的中国人的生活——“随便”

【韩国】苏容焕

我因为喜欢“随便”这个词表达的意思而喜欢汉语的这个词。有时候它有“马马虎虎”的意思，有时候又有“不拘小节、大方”的意思。总的来说，我听到这个词的时候，心里是分外舒服的。

在北京留学的十个月里，我经常听到“随便”这个词，也经常遇到很多“随便”的中国人。比如，当某个人问对方想吃什么，想看什么，喜欢什么等等时，对方随即回答：“随便。”再比如，我去蔬菜摊、水果摊买东西，有的摊主给我们称菜、水果时，总是很便宜地卖给我们，或者称好以后又多给一两个。其实我们留学生并不知道准确的重量，况且也没有价牌，我们无法知道它们真正的价格。我自己想了想，这也许就是中国人的“随便”所表现出的人情味。

在吃饭方面也有“随便”的表现。中国人在餐馆吃饭的时候，很“随便”地就把不吃的东西扔在桌子上。没有烟灰缸的话，他们就很“随便”地往地下弹烟灰。大概他们想：反正以后有人打扫，这样“随便”也没什么。我以前也一直抽烟，这种行为让我很舒服。吃完饭后结账的时候，我觉得中国人也很“随便”，不管是几个人吃饭，哪怕是两个人，他们都要竭力抢着付钱。要是在现在的韩国，很多人非要采取AA制不可，有的人甚至连一两块的小钱也分得清清楚楚。

中国人的“随便”还表现在用别人的东西或借别人的东西上。比如，坐火车时，某一位旅客把看完的杂志、书报放在桌子上的时候，另一位旅客不需要说什么，随手拿起来就可以看，不用分彼此。不管是谁买的，谁想看就看。这表明人们之间的关系很“随便”。听说中国人分外重视“关系”，从这种行为就能看到中国人的心理。我很喜欢中国人的这种人际关系，这种生活态度。如果在韩国，要想借或用别人的东西时，要很客气地问：“我能不能用这个……”，有的时候还要说很多客气的话。

我在韩国生活时总感到压力很大，心里觉得很累，很辛苦。来中国以后，我觉得心里很舒服。我想这可能与中国人的“随便”有关系。“随便”所体现出的中国人的特点吸引住了我，虽说我也想学习中国人的“随便”，但是我不知道是否真的能入乡随俗。

（亓华修改自北京师范大学201年级韩国留学生习作）

五、修辞知识——夸张

夸张是运用丰富的想象力，在客观现实的基础上有目的地放大或缩小事物的形象特征，以增强表达效果的修辞手法，也叫夸饰或铺张。如：蜀道之难，难于上青天。（李白《蜀道难》）

夸张有如放大镜，使人们能够更直接、更清楚地看到事物的本质和特性，获得鲜明的印象和具体深刻的感受。夸张的作用是用言过其实的方法，突出事物的本质，或加强作者的某种感情，烘托气氛，引起读者的联想。

夸张可分三类，即扩大夸张，缩小夸张，超前夸张。

1. 扩大夸张：故意把客观事物说得“大、多、高、强、深……”的夸张形式。例如：蜀道之难，难于上青天。

2. 缩小夸张：故意把客观事物说得“小、少、低、弱、浅……”的夸张形式。例如：这块地方没有巴掌大，怎么能盖房子呢？

3. 超前夸张：在时间上把后出现的事物提前一步的夸张形式。例如：农民们都说：“看见这样鲜绿的麦苗，就嗅出白面包子的香味来了。”

运用夸张要注意以下三点：

1. 夸张不是浮夸，而是合理的夸大，所以不能失去生活的基础和生活的根据。

2. 夸张不能和事实距离过近，否则会分不清是在说事实还是在夸张。

3. 夸张要注意文体特征，如科技说明文、说理文章就很少用甚至不用夸张，以免歪曲事实。

（亓华修改自网络）

8 跨文化随笔

一、热身互动练习

1 读下面的童话，谈谈这则童话故事说明了什么样的道理

德国有这样一则关于鱼牛的童话：在一个小池塘里住着鱼和青蛙，他们是一对好朋友。他们听说外面的世界好精彩，都想出去看看。鱼由于自己不能离开水而生活，只好让青蛙一个人走了。这天，青蛙回来了，鱼迫不急待地向他询问外面的情况。青蛙告诉鱼，外面有很多新奇有趣的东西。“比如说牛吧，”青蛙说，“这真是一种奇怪的动物，它的身体很大，头上长着两个犄角，吃青草为生，身上有着黑白相间的斑点，长着四只粗壮的腿，还有大大的乳房。”鱼惊叫道：“哇，好怪哟！”同时脑海里即刻勾画出她心目中的“牛”的形象：一个大大的鱼身子，头上长着两个犄角，嘴里吃着青草，……

2 读下段文字，谈谈你对两位日本留学生适应中国社会情况的看法

同屋“失踪”了？！

9月2日晚上8点，Q久入住留学生宿舍，晚上11点，I贝也住了进来。I贝给Q久的第一印象是性格内向、不善言谈。这天晚上因为时间不早，两个人简单地做个自我介绍（名字、大学）就休息了。第二天他们又进行自我介绍，但两个人之间的距离感没有缩小。

以后的Q久和I贝之间一直存在距离感。I贝的口头禅是：“不喜欢中国人！”两个人保持着距离感生活了3个月。12月初某日，Q久回寝室时看到了I贝，他把自己的东西收拾得一干二净，跟Q久说声“拜”就走了，没再回来。

Q久不知道I贝为什么离开房间、去哪里了。有可能他换宿舍了，或在校外租房。但Q久认为：“他一直不适应中国，肯定回日本了。”

日本留学生

二、跨文化随笔的写法

“随笔”一词借自日语，它译自英语“essay”，词源是法语的“essai”，本义为“尝试”、“试验”等。在汉语中把现代意义上的、狭义的散文看成是“随笔”。

随笔，犹言随手下笔，它是一种灵活随便的笔记或文体，属于散文体裁的一种。它的特点是篇幅短小，表现形式灵活自由，可以抒情、叙事或评论。有文就录，有感就发，有事就记，有理就说，率性而为，不必拘泥！它的写作方法比较随意，一般来说，没有固定的写作模式。写随笔就像与邻家谈心般轻松，没有任何的负担，没有华丽的辞藻，严密的结构。随笔的形式可以不受体裁的限制，灵活多样，不拘一格，可以观景抒情；可以睹物谈看法；可以读书谈感想；可以一事一议，也可以对同类事进行综合议论。随笔也不受字数的限制，短的几十字，长的几百字，篇幅长短皆由内容而定。

常见的现代随笔有记叙性随笔、议论性随笔、说明性随笔，等等。

1. 记叙性随笔

记叙性随笔大多取材于日常生活中的片段或作者的偶然经历，基本内容是叙事或写人。随笔的主旨是写情见性，它的抒写往往融入作者的主观感受，有时直截了当说出，有时是隐藏在文字背后；它描写的往往是人人类似经历的平凡小事，但经过你仔细体味后，会察觉世俗风情、感悟人生道理。如范文1《留学北京》一文，作者记述了自己在阿富汗的经历，亲身体会了少儿失学的痛苦、复学的奋进和留学机会的宝贵，作者详细记叙了留学中的故事，最后抒发了自己的主观感受。

2. 议论性随笔

这类随笔又叫“随感”或“杂感”。所谓“随”，有随手记下而非刻意为文之义；所谓“杂”，是指内容广泛，包罗万象，大至社会问题、人生哲理，小至身边琐事，风花雪月，鸟虫宠物，校园风情，学习心得，书籍品评，亲人友人，无可不写。但随笔的重点还是个“感”字，作者要有感而发，哪怕是一点思考、一点感受、一点闪光的意念都可带到文章中去，保持一种随意漫谈的风格。如范文2《“加州牛肉面”？“日本豆腐”？》一文，就是作者对生活中所看到的在中国流行的“加州牛肉面”、“日本豆腐”现象，深入分析这一现象背后的真实原因，发表自己的看法——某些中国人为了谋求利益而进行的“自我殖民化”，这就是作者对生活的思考，对饮食文化现象的思考。

3. 说明性随笔

说明性随笔不同于纯粹的说明文，它看重的是事物中的意趣，带有鉴赏的性质，有时则借物抒怀，另有寄托。或者对某一现象进行说明，说明其产生原因、情况及其影响等等。练习这类随笔，要有精细而敏锐的观察力，要有独到的分析和判断能力。如习作2《我眼中的德国和中国》一文就针对德中两国的文化差异现象，对其产生的原因、情况及其利弊影响进行说明介绍，让人明白这是一种什么文化现象。

我们所要说的“跨文化随笔”，不是从文体上来看待的，而是由随笔所要涉及的相关内容来定的。当我们来到国外或异地的时候，跨文化现象就产生了。“跨文化交际”的英语名称是“cross-cultural communication”。是指具有不同文化背景的人们之间的交际行为或交互作用。那么当一个人去往国外的时候，必然要接触到当地的社会文化，有的甚至会产生“文化休克”。所谓

"跨文化随笔"就是来华留学生在接触和适应当地社会文化的同时随手写下的所思所感。当你用笔记叙一件在外国碰到的事情或者人物的时候，"跨文化随笔"可以是记叙性随笔；当你用笔评论外国文化或者情况，并发表自己的看法的时候，"跨文化随笔"就是议论性随笔了；当你用笔说明某一外国文化时，"跨文化随笔"就是说明性随笔了。当然，"跨文化随笔"的重点是对"跨文化"现象的记叙或者议论。

不同文化背景的人们在交际的过程中，由于文化差异，交流双方很容易产生文化障碍。要获得跨文化交际的最佳效果，我们不仅要掌握语言本身的规律，更要了解语言所承载的深刻文化内涵。

三、范文阅读

1. 留学北京

【阿富汗】白勇胜

我是一名北京语言大学国际政治专业的研究生，来自阿富汗。我想对于很多中国人来说，一听到"阿富汗"这三个字，马上就会想到"战争"这个词，要不就是"本•拉登"这个名字。而除此之外，我想恐怕了解的并不多。现在我想讲一个阿富汗家庭的故事，也许听完后，你们会对阿富汗有更多的了解。

从前，在阿富汗有一个小男孩，他出生在一个条件比较优越的家庭，至少他对生活是很满意的。然而好景不长，突然一天，一阵风刮走了他所有的玩具——是的，小孩儿的快乐童年。那阵风实在太大，连那个小孩儿和他的家人，都一同吹去了异国他乡，漂泊在外。那个风的名字，就是"战争"。

他们就这样来到了一个陌生的环境。没有家、没有生活必需品，父母没有了工作。他们吃不饱、穿不暖，从前的生活完全改变了模样。"屋漏偏逢连夜雨"，小孩的母亲忽然患了重病，需要很多钱做手术，父亲需要照顾妻子没有办法工作，家里唯一的经济来源断绝了。当时小男孩没办法像其他小朋友一样上学，他常常静静地一个人看着其他小孩去上学、放学，心里非常怀念过去上学的时光，渴望以后也能有那样的机会。终于，几年之后，家里的条件慢慢好了起来，妈妈又当了老师，那个孩子终于可以上学了。他珍惜上学的机会，每天都非常努力地学习，用 8 年的时间完成了一般学生需要 12 年才能完成的课程。这时国家也稳定了下来。高中毕业后，因为他成绩特别优异而获得了国家奖学金，来到了中国留学。到中国之后，汉语老师给他起了个中文名字，叫"白勇胜"，那个小男孩就是我。

记得当初刚刚得知自己可以来中国学习的时候，我心里既高兴，又有一些紧张。高兴的是，我终于可以去一个向往已久的国度学习它灿烂的文化；紧张的是，我连一句中文都不会说呢！我能学好中文吗？我能在中国独立生活吗？对此，我一无所知、忐忑不安。

可这种疑虑很快就被打消了。让我没有想到的是，这里的老师们已经把我们的学习生活都安排好了。从体检到注册，从宿舍到教室，老师考虑得又周到又细致，而且我还遇到了那么多来自异国他乡的朋友们。在这种环境下，我觉得很放松、很舒畅，乡愁很快就淡去了。

刚开始学中文的时候，觉得它真的很难。怎么有那么多看起来很像的文字呢？语法怎么那么麻烦呢？在我感到痛苦和颓丧的时候，老师们给了我鼓励和支持。她们告诉我，学汉语一开始觉得难是很正常的，但是只要你坚持，这个阶段会很快过去，以后你会觉得越学越有意思的！记得我在学习中文的过程中也闹出过小笑话：刚来中国的时候，有一次我的汉语老师请我们在她家吃她自己做的饭，我们刚一开始吃饭，老师就对我们说“慢慢吃”，那时我还没有学过“慢慢吃”的意思，所以我以为可能老师觉得我吃的速度太快了，我应该要少吃一点……我自己都觉得没有面子了。那时候我特别难过，真的不想再继续吃东西了。但后来我学习了“慢慢吃”这个短语，才知道，原来是我理解错了。就这样，我从当初连最简单的中文都听不懂，到现在我已经能和中国朋友自如地交流了！中文水平有了很大的进步！我报名参加了北京汉语之星大赛，期间我付出了很多努力，克服了很多困难。俗话说：“一份耕耘，一份收获”，我的辛勤耕耘也有了累累硕果，由于我表现出色，汉语成绩优异，我多次获得外国留学生一等奖学金，这对我是莫大的鼓励。

因为自己曾经历过缺少上学机会的童年，所以在课余时间，我常常会去给小朋友们上课，和他们一起玩。看着他们那么天真可爱的笑容，我心里升起一种温暖，我爱这种感觉！它无法用语言来形容。看着他们，开心地学习和玩耍，我觉得他们是多么的幸福和幸运！我真心希望，世界上每个小朋友都能快乐！

写到这里，现在你们对阿富汗，对白勇胜，有了更多的了解了吗？希望世界上永远不再有战争，大家都能生活得幸福和快乐！

（选自 2012 年北京对外友协“我与北京”留学生征文比赛稿）

赏析：作者用自己的人生经历来讲述即使深陷战争的泥泞，即使来到异国他乡，即使要学习一门从未接触过的语言，只要坚持不懈地努力，也一定能成功！

借鉴：学会坚强，在逆境中成才！

词语表 Vocabulary

1.	屋漏偏逢连夜雨		wūlòu piān féng liányèyǔ	屋子漏了，可是偏偏又赶上连夜下雨。这就是常说的祸不单行。引申为本来已经够倒霉的了，但还有火上浇油的更大的打击。
2.	忐忑不安	【成】	tǎntè bù'ān	忐忑：心神不定。表示心神极为不安。
3.	颓丧	【形】	tuísàng	表示精神萎靡不振，情绪消沉。
4.	一份耕耘，一份收获		yí fèn gēngyún，yí fèn shōuhuò	比喻付出一份劳力就得到一份收益。

2. “加州牛肉面”？“日本豆腐”？

亓华

在中国的传统文化当中，至今仍彪炳于世界、为外国人伸大拇指的恐怕要算是历千年而不衰的饮食文化了。伦敦大学的一位植物学博士兼美食家曾心悦诚服地对我说：“比起中国的饮食文化来，英国在吃的方面是‘野蛮落后’的。”也许他的用词太过夸张，不过，中国菜闻名世界、中国餐馆遍及世界应该是一个不争的事实。

然而，自从北京的街头陆续出现了美国“肯德基”和“麦当劳”快餐店后，美国文化也随其“快餐”在中国的普及而传播开来。“肯德基”、“汉堡包”、“炸薯条”成为许多中国人、尤其是少年儿童们倾心向往的“美味佳肴”，吃“肯德基”或“麦当劳”成了父母们对孩子的一种物质奖励，六·一儿童节更是孩子们“开洋荤”的好日子。由于互相攀比，有的孩子甚至因父母很少带自己去美国快餐店去吃饭而心怀怨恨、没脸见人。殊不知，麦当劳在美国是最大众化的速食店，许多美国人觉得，麦当劳到了世界各国却成了美国文化的代表实在是一件不幸的事。而中国人把它当成了高级享受，宁肯花跟在美国差不多的价钱去吃美国最一般、最便宜的东西，这倒令美国人十分开心。美国普林斯顿大学的教授不无得意地在其汉语读本里写道：“中国人一向认为自己吃的文化世界第一，但是北京麦当劳的生意这么好，正可以说明美国速食有很吸引人的地方。如果把中国的牛肉面、水饺拿到美国去卖，生意一定不会有麦当劳在北京这么好。”（见周质平教授的《华夏行》）不仅如此，美国人不只为自视甚高的中国人爱吃美国快餐感到骄傲和自豪，还对流行在北京的所谓“美国加州牛肉面”感到滑稽可笑。至少“美国加州牛肉面”早已成为在京外国留学生们的笑柄，因为美国从来没有什么“牛肉面”，加州作为旅美华人最大的聚居地，那里的华人仍保留着传统的饮食习惯，吃的是祖宗发明的面条。但令美国人不解的是，为什么明明是中国人自己发明的面条，却被中国人自己冠之以“美国加州”的“头衔”，也居然能大挂招牌、门庭若市了这么多年。外国留学生们常常问及的问题是：“为什么中国人不喜欢自己的国家，自己的传统”？他们说：“其实北京的小吃好得很。真不懂为什么那么多中国人愿意花那么多钱吃美国最便宜的东西。”（引文同上）这样的问题常常让我感到无言以对，甚至感到无地自容。

前不久，跟日本留学生一起在中国的餐馆吃了所谓的“日本豆腐”。我颇为好奇地说：没想到“日本豆腐”是用鸡蛋做的。旁边的日本学生哂笑道：“哪来的什么‘日本豆腐’！豆腐是中国人发明的，日本人爱中国的传统文化，也喜欢吃中国的豆腐，日本从来没有这样的‘豆腐’，连日本的豆腐也是跟中国‘老师’学来的呐！”听后我不禁愕然，心里像是打翻了五味瓶不是个滋味。中国人的“洋相儿”闹得也实在是无法无天了。为了赚钱居然变着法儿地“出卖”老祖宗的“知识产权”来蒙骗国人，招惹外国人的讥笑。从前几年火爆的“美国加州牛肉面”到最近的“日本豆腐”，尽管中国的社会经济已发生了很大的变化，但是一些人的精神面貌、社会的文化心理以及大众消费心态却仍是病态畸形的。热衷于起“洋”名号的恶习竟发展到了自轻自贱、丧“权”辱国的境地。它暴露了当代中国一些人在西风东渐过程中失掉自信、失去理智、盲目崇外、盲目趋同甚至是数典忘祖、自暴自弃等不健康心理。当我们恬然挂出“加州牛肉面”、“日本豆腐”之类的招牌，甚至说不定还真的从中“品”出“加州味”、“日本味”来的时候，我们是不是不自觉地做了人家的“文化殖民主义”者了呢？更可悲的是，不是人家扛着枪炮来“殖民”，而是我国一些人的“自我殖民化”。

俗话说，以小见大，见微知著，一碗“加州牛肉面”，一盘“日本豆腐”，决不只是饱肚果腹的小事。在当今，“吃”是一种文化行为，就这样浑然地吃下去，你吃下了什么？又吃掉了什么呢？！

（节选自《语文建设》1999 年增刊）

赏析：文章通过对当下中国流行的“加州牛肉面”和“日本豆腐”进行深入分析，探求这一饮食文化现象背后的真实原因，针砭时弊，指出这是某些中国人为了谋求利益而进行的“自我殖民化”。文章笔法犀利，意味深长，发人深思。

借鉴：透过现象看本质，针砭时弊。

词语表 Vocabulary

1. 彪炳	【动】	biāobǐng	文采焕发；照耀。
2. 心悦诚服	【成】	xīnyuè chéngfú	由衷地高兴，真心地服气。指愉快地接受某种观点、事实等，诚心诚意地信服或服从。
3. 攀比	【动】	pānbǐ	指不顾自己的具体情况和条件，盲目与高标准相比。

4.	殊不知		shūbùzhī	竟不知道。
5.	滑稽	【形】	huájī	形容一个人语言、动作等幽默诙谐，引人发笑。
6.	笑柄	【名】	xiàobǐng	让人用来取笑的把柄；嘲笑的理由。
7.	头衔	【名】	tóuxián	指人的所任官职或所得的名誉。
8.	门庭若市	【成】	méntíng ruòshì	门前像市场一样。形容来的人多热闹。
9.	哂笑	【动】	shěnxiào	微笑。
10.	愕然	【形】	èrán	形容吃惊。
11.	数典忘祖	【成】	shǔdiǎn wàngzǔ	谈论历来的制度、事迹时，把自己祖先的职守都忘了。比喻忘本。
12.	自暴自弃	【成】	zìbào zìqì	指不求上进，甘心落后。
13.	恬然	【形】	tiánrán	满不在乎的样子。
14.	见微知著	【成】	jiànwēi zhīzhù	见到一点苗头就能知道它的发展趋向与问题的实质,或从细小的事物中发现问题。

3. 美国丈夫中国妻的婚恋变奏曲

小静

多年前北京一个炎热的夏天，面容憨厚的美国男孩站在兰蕙公寓前，用奇怪的中文说“嗨！你好，我叫李友。”我的同学兼同屋告诉我：“这就是我给你说的那个找中文语伴的学生，你们一起好好学习吧！”三年后这个男孩变成了我的丈夫，他对我的称呼也由“语伴”变成“老伴”。

恋爱中的人很容易理想化地看对方，其实真正的生活中还是免不了磕磕碰碰。我们两个的性格差异很大，我有些急性子，爱闲操心，“先天下之忧而忧”，我的丈夫是个慢性子，豁达乐观，火烧眉毛也不用急；经济上，我继承了中国人的传统美德，小心谨慎，以省钱存钱为乐事，而他出手大方，有钱顶着，人不能受委屈，能享受优质的生活就抓紧时间享受；交朋友上，我的朋友大都来自同学或同事，不理陌生人，就连博客也不对陌生人开放，他交朋友是不拘一格，老少咸宜，三六九等，雅俗共赏；饮食上，我挑肥拣瘦，任何事物都可能刺激我的胃，他中餐西餐都喜欢吃，多难以下咽的饭他都能吃。我喜欢星巴克，他喜欢大碗茶和青岛啤酒，他还喜欢在马路边和修车的老头儿下象棋，然后再买几串羊肉串吃吃，觉得这样的生活才有意思，在我看来这简直是俗不可耐。

说他好听点是单纯，不好听就是没头脑。在北京的时候有一次叫他去买菜，卖菜的就在楼下很近的地方，他买了两个小时也没有回来，我到楼下一看，他正和买菜的人在下象棋！还说："等一下，快下完了！"还有一次我们去天津旅游，在闹市区坐了一个当地的三轮车，车上有个有点像黄包车那样的棚子，他对那个蹬三轮的大爷说："你下来，让我蹬一会行吗？"人家就让他蹬，还给他指路，那老头儿和我坐在后面，李友在前面蹬得满头大汗，还给老头儿买啤酒喝，还给他五块钱车费。我说："你认识他吗？为什么买啤酒给他？"他说："不认识，但是那个人一定很高兴。"

他的傻事真是一时半会说不完，还有一条重要的就是交友不善。他的朋友大部分还是不错的，但是有一个人非常惹我讨厌，这个人是北京某名牌大学的高才生，英文很好，人也聪明，就是爱吹牛，他的话都没什么谱儿，大都是些令人震惊的用来骗骗外国人的假话，比如他告诉我的老公"我们大学也有裸奔，像美国的哈佛大学一样"，还说他和他的同学都参加过裸奔，还被警察抓住过关了几天，因为中国的警察觉得这有伤风化。还说北京的监狱怎么怎么样。我对这个所谓的朋友没有好印象，让我老公别理这个人。但是他说这个人知道很多有意思的事情，不是书呆子，不能和他断交。

关于经济，他也惹我愤怒过好几回。我习惯勤俭持家，对他的所谓"意外惊喜"很是心疼。他在我的生日、我们结婚纪念日之类的特殊日子里经常自作主张，花钱大手大脚，他觉得自己用心良苦，还要被我说一顿，觉得很委屈；我觉得他不会存钱，为没有货比三家选到最经济实惠的东西感到遗憾。但是毕竟双方都要忍让一下，想一想怎么说才不伤害对方的爱心而且又能提出好的建议。

其实男人和女人就好像一个来自火星，一个来自金星，本来就容易很多不同的角度看问题，一定会有矛盾出现。我们——一个美国男人和一个中国女人——也难以逃脱这种宿命。我们的婚恋经历了从浪漫到磨合再回到平静和珍惜的过程，好像一曲跌宕起伏的乐曲。只有时间才能体会爱的幸福，也只有平平淡淡的日子才感觉到细水长流的温馨和美好。其实我们的共同点也很多，比如勤奋上进，爱旅行，爱开玩笑，温柔顾家，最重要的一条，我们都愿意和彼此组成一个温暖的家庭。毕竟，家不是讲理的地方，谁对谁错都无所谓，家应该是爱的港湾。

（亓华特约跨国婚姻亲历者撰写此稿）

赏析：文章介绍了中国妻子和美国丈夫在性格、思想、生活等方面存在的差异和冲突，结语讲明了解决这种冲突和差异的关键。

借鉴：怎样解决婚姻关系中的文化冲突。

词语表 Vocabulary

1.	憨厚	【形】	hānhòu	形容人憨态可掬，忠厚老实。
2.	磕磕碰碰	【形】	kēkēpèngpèng	比喻冲突。
3.	豁达	【形】	huòdá	心胸开阔，性格开朗。
4.	不拘一格	【成】	bùjū yìgé	不局限于一种规格或一个格局。
5.	挑肥拣瘦		tiāoféi jiǎnshòu	比喻挑挑拣拣，光要对自己有利的。
6.	俗不可耐	【成】	súbùkěnài	庸俗得使人受不了。
7.	吹牛	【动】	chuī niú	说大话，夸口。
8.	裸奔	【动】	luǒbēn	一丝不挂地奔跑。
9.	监狱	【名】	jiānyù	用以监禁犯人的建筑物。
10.	勤俭持家		qínjiǎn chíjiā	以勤劳节约的精神操持家务之意。
11.	宿命	【名】	sùmìng	生来注定的命运。
12.	磨合	【动】	móhé	新组装的机器，经过一定时期的运转，把摩擦面上的加工痕迹磨光而变得更加吻合。
13.	跌宕起伏	【成】	diēdàng qǐfú	形容事物多变，不稳定。跌宕：富于变化，有顿挫波折。也比喻音乐忽高忽低，很好听。
14.	港湾	【名】	gǎngwān	人工修建或天然形成的用于泊船的海湾、河港。

四、习作欣赏

1. 花椒

【美国】宋大福

刚嚼了一口菜，我的嘴唇就像发电报似的滴答滴答跳个不停，我的舌头好像从一个带着刺棒的小敌人那儿受到袭击。同时，一种怪味将我的味觉弄糊涂了。奇怪得很！我向桌上的那盘宫保鸡丁盯来盯去。啊！怎么在鸡丁、辣椒和花生米之间藏着一些小地雷呢？我的朋友们哈哈大笑起来：“好好接受这生命中的新的挑战吧！”

1992 年年底，我在寒风刺骨的冬季来到中国成都的西南民族学院留学。因为川菜是中国的四大名菜之一，我早就盼望与它建立紧密的友谊。没想到那些小间谍悄悄穿越了学校附近的那些小馆，使我扫兴。没办法，如果要享受四川的烹饪，我不能不接受这个与我摩擦的小东西。

春风温柔地飘过来了。娇嫩淡绿的新叶开始点缀着那暗淡的灰色大道。我懒懒散散地踩着自行车的踏板一路滑行着观察街边的那些餐馆。好兆头，有个顾客盈门的、牌子上写着“成都豆花店”的馆子。进去尝一尝，陪伴那淡淡软软的豆花的是一碗迷人的蘸水。我仔细品味，这诱人的蘸水的成分之一就是花椒面。啊！我承认了：它不完全坏，它有一定的好处。

炎热的夏天来了，路旁的小摊子上摆满了四川那硕大多汁的桃子。这时，我搬到了科技大学的外国专家楼。这儿的招待所没有比较好的餐厅。一位能干的厨师常常让我进厨房看他的手艺，最杰出的是宫保虾仁。他的诀窍是加一点儿啤酒。啊！吃起来真可口！当然盘上也撒了不少花椒。我想，世界上如果真的有美味佳肴的话，那么“宫保虾仁”一定数得上一个。人们都说：“我朋友的朋友也是我的朋友。”我想，我既然同“宫保虾仁”——这位有高尚修养的贵族交上了朋友，那么我为什么不可以容忍“花椒佬”呢？

1993 年初冬的寒风呼呼地吹来，我因病回到故乡得克萨斯州的圣安东尼奥市。在身体慢慢恢复健康的过程中，我又想念起川味。我迫不及待地去到故乡的中国饭馆，点了宫保鸡丁。一进口，我大吃一惊：没有味道，简直没有味道！为什么呢？开馆子的中国老板多是中国广东、福建人，他们的宫保鸡丁中只有一丁点辣椒，没有花椒。这时，我才发觉花椒已经成为我不能分离的朋友了。

怎么办？回到家我翻来找去，终于找到了那本《正宗川菜一百六十种》和从中国带回的一小包花椒，而且那位成都厨师的手艺我还记忆犹新。于是，我试着做起“橙皮鸡”、“麻婆豆腐”、“宫保鸡丁”等。我的家人赞不绝口地享受了这独特的麻辣风味。近年来，我甚至请我的这位花椒哥们参与一同做西餐，“发明”了一种我和妻子都乐意品尝的新口味！

这件事给了我一种提醒：不要轻易摆脱、疏远与我发生过摩擦的人，不要太快地论断别人是好是坏。否则，我们将像那井底之蛙，接触的人和事太少，思想太旧太窄，影响我们的前进。

（选自《'97外国留学生汉语作文比赛——获奖作品选》，华语出版社1998年版）

词语表 Vocabulary

1.	间谍	【名】	jiàndié	密探。被派遣或收买来从事刺探机密、情报或进行破坏活动的人员。
2.	烹饪	【动】	pēngrèn	做饭做菜。
3.	摩擦	【动】	mócā	用力在一物体表面上摩动，也指观点相反者之间的冲突。
4.	蘸	【动】	zhàn	在汁液或粉末里沾一下就拿出来。
5.	诀窍	【名】	juéqiào	关键性的好办法。

2. 我眼中的德国和中国

周围

我4岁来德国，之后有幸几乎每年能回一次中国。每次回中国都有一种特殊的心情。随着年龄的增长，对两国之间的差别也有了越来越多的感触。

中国与德国两国之间最大的区别是人口。不管在中国的哪个城市，总会有许许多多人在马路上走，热闹得很。但是德国就不一样，无论在哪个城市，马路上都是空荡荡的。只有在有特殊活动的时候，人们才从屋子里走出来，把马路塞得满满的。

走在人群中，区分中国人和德国人也不难：黑头发与黄头发；黄皮肤与白皮肤；小鼻子与大鼻子。再仔细观察，会发现服装也有一些差别，一般年轻中国女孩子穿的衣服不大也不小，正合身。而德国少女穿的要么又肥又大，好像要把自己藏在一个口袋里似的，要么穿着像加一层皮似的紧身衣。

两个国家在传统上也有区别，比如中国古人有句话："父母在，不远游，游必有方。"传统中国人认为，只要父母还在世，做儿女的就应该待在他们身边，照顾他们。而德国传统是用相反的方式来孝敬父母。他们认为孩子长大后，应该发展自己的事业，过自己的生活，不受父母的影响。德式的想法比较适合我。因为我认为，当父母看到我生活得好，他们会很满足，很高兴。

在对于假期和周末的利用上，中国人比较喜欢利用假期到人多的城市去观光、购物或者就是单纯地凑热闹。而德国人则比较喜欢往僻静的地方跑，或者躺在草地上晒太阳、休息，享受大自然。KTV、保龄球、羽毛球等都是中国年轻人喜爱的周末消遣。有时他们也出去大吃一顿，到那些各种口味的饭馆里去，也可以去吃小吃。光北京的小吃就有好几百种，像驴打滚、艾窝窝、茯苓饼、果脯、糖耳朵等。这方面德国人最讲究的一种食品是蛋糕，而且最好是自己做的。

总而言之，中国与德国不管从哪方面看都有很大区别，各有各的特色。如果我能在中国的饭馆吃饱饭，热闹够了，再享受德国的阳光和空气，那该是多么美妙的生活啊！

（摘自《人民日报·海外版》，2004 年 10 月 25 日）

五、修辞知识——排比

排比是人们常用的一种修辞手法，利用三个或三个以上意义相关或相近，结构相同或相似和语气相同的词组或句子并排，达到一种加强语势的效果。排比句读起来朗朗上口，有一股强大的力量，能增强文章的表达效果。如：

漓江的水真静啊，静得让你感觉不到它在流动；漓江的水真清啊，清得可以看见江底的沙石；漓江的水真绿，绿得仿佛那是一块完整无瑕的翡翠。（陈淼《桂林山水》）

按照排比组成的方式可以分为以下四类：

一是成分排比，即一个句子中的一些成分组成排比。如：

1. 延安的歌声，它是黑夜的火把，雪天的煤炭，大旱的甘霖。
2. 这个城市值得注意，值得感兴趣，也值得热爱。

二是分句排比，即一个复句的各个分句构成排比。如：

他们的品质是那样的纯洁和高尚，他们的意志是那样的坚韧和刚强，他们的气质是那样的淳朴和谦逊，他们的胸怀是那样的美丽和宽广。

三是单句排比，如：

我喜欢北京。为什么呢？说实话，是因为我的胃爱上了北京烤鸭，是因为北京的儿化音好听，是因为在这儿很难感到孤单，是因为北京人彼此相顾，是因为北京的气氛无可比拟，是因为我爱北京人。

四是复句排比，例如：

万物生生不息。一朵花从盛开到凋零，一片雪从飘落到融化，一只蝶从翩跹到成蛹。有时候，一生的努力，似乎都只是一瞬间的故事。再美丽的鲜花，也会凋谢；再绚丽的烟火，也会消失；再璀璨的流星，也终会陨落。（摘自川口興有《我的校园，我的家》，北京友协2012年“我与北京”征文比赛稿）

9 议论文

一、热身思考题

1 阅读下列事例，发表自己的感想，并拟一个议论文的题目

有一次，美国一位部长问比尔•盖茨："我在微软参观时，看到每一个员工都非常努力，非常快乐。你们是如何创造这样的企业文化的？"比尔·盖茨回答："我们雇用员工的前提是，这个员工对软件开发是有激情的。"可见，对成功而言，激情是必不可少的。

2 阅读下列事例，发表自己的感想，并拟一个议论文的题目

刚开始分到201年级班，周围都是老同学。刚来的Q久感觉自己和老同学的汉语水平差距大。班里除了Q久以外还有一个日本人，不久那人调到别的班去了。"我在日本学了3年的汉语，但是什么也听不懂，说不出来，再说班里没有别的日本人了，这时我心理受到了极大的打击。"被迫调到了102年级3班后，"这时我感到巨大的压力，产生了对失败的恐惧心理。但是我不想再调到101年级了。"第三个星期泰国人跟Q久搭讪。同学跟他说话，Q久只回答，但不会主动地说话。上面已提过，这时日本同学之间也没有交流。"因为听不懂对方说什么，我不想主动说话出洋相。说错就是耻辱、屈辱。我以为我一说错，别人是会笑话我的。"

这样，Q久坐在教室的最后一排，上课很少说话，也很少抬头。

二、议论文的写法

议论文是以议论为主要表达方式的文体，也叫说论文、说理文。就是讲道理、论是非。作者通过事实材料和逻辑推理来阐明自己的观点，表明赞成什么或反对什么。

1 议论文的三要素

一篇议论文少不了三个要素，即论点、论据和论证。

1. 论点

论点就是作者所要表达的观点和看法，也是全文所要运用各种方法证明的观点和结论。议论文的论点必须做到明确、正确，有一定的针对性。

一篇文章的中心论点可以在文章的开头、中间或结尾明确地表达出来，也可以渗透在全篇论述之中，由读者概括、提炼出来。如范文1《谈骨气》，中心论点很明确，一开头就开门见山提出论点“我们中国人是有骨气的”。

一篇文章的论点，可以是一个，也可以不止一个。如果论点不止一个，那就需要明确中心论点。这几个论点可以是并列的，也可以是递进的，但它们都应该服从全文的中心论点。

2. 论据

论据就是要用来确立论点并证明论点的真实理由和根据。论据要求真实、确凿、充分、典型，还要与论点有内在的联系。论据可以分为两种：一是事实论据。包括历史、事实、经验和统计的数字等等；如范文1《谈骨气》引用了三个事实：文天祥英勇就义、穷人宁饿死而不食嗟来之食、闻一多英勇对敌。二是理论论据，包括各门学科的科学原理、格言、谚语等等。

3. 论证

论证就是运用明确的概念、进行恰当的判断以及合乎逻辑的推理，使论点和论据统一起来的过程，也就是用论据来论证论点的过程。论证必须安排得逻辑严格，讲究顺序，使论据和论点紧密相连，构成一个完整的论证过程。如范文1《谈骨气》一文，先提出中心论点“我们中国人是有骨气的”，然后用三个实例从正面论证中心论点，最后得出结论，点出中心论点，文章论证严谨，说服力很强。

2 议论文的结构

一般来说，议论文的结构就是提出问题、分析问题、解决问题的过程，表现在文章中就是序论、本论和结论三个部分。序论，也叫引论，它要把议论的论题或要论证的中心论点介绍给读者，一般要求要开门见山，要有新鲜感，不落俗套。如范文1《谈骨气》，文章一开始就提出自己的论点“中国人是有骨气的”。本论是议论的主体部分，要求运用多种论证方法深入分析中心论点，组织论据证明论点的正确性，或反驳谬论揭示其错误的实质。

3 议论文的论证方法

议论文的论证方法主要有比喻论证、归纳论证、引用论证、举例论证、类比论证、对比论证、因果论证等等。

1. 比喻论证

比喻论证往往是用形象的比喻来论证论点的方法，即用形象的、具体的、简单的事物来深入浅出地证明抽象的、深奥的事物和原理。如范文3《幸福是什么？》里，有几处用了比喻论证，如“生命就是一列单程火车，幸福和伤悲就是那两条铁轨，少一个生命就不完整”，非常形象鲜明，浅显易懂。

2. 归纳论证

也叫归纳推理论证，即从分析典型、分析个别事物入手，找出事物的共同特点，然后得出结论或从一般原理出发，对个别事物进行说明、分析，而后得出结论。如范文3《幸福是什么？》就是运用归纳法，从不同角度来分析幸福的含义，最后归纳总结出自己对幸福的理解，水到渠成，让人信服。

3. 引用论证

引用论证，即用经典作家的言论、科学上的公理、生活中的常理做论据来论证论点的方法。如范文 1《谈骨气》中，引用了孟子的话来进一步阐释自己的论点，引用毛主席的文章来支撑论据，很有说服力。

4. 举例论证

举例论证就是以事例为论据证明论点的方法。一般来说，所举事例要简明、概括、真实可信、具有典型性、代表性和说服力。如范文 1《谈骨气》主要的论证方法就是举例论证，全篇举了三个事例来论证中心论点，说服力强。

5. 类比论证

类比论证即根据两个或两类事物在某些属性上相同，而推出它们在别的属性上也可能相同的论证方法。如范文 3《幸福是什么？》里，就运用了类比法，“对一个深处沙漠腹地的人，幸福就是一碗水；对于那位住在山顶的一个大木桶里的古希腊哲学家狄欧根尼来说，清贫而能自得其乐就是幸福。”说明幸福对于每个人而言是不一样的。

6. 对比论证

对比论证就是把两种对立的事物或同一事物的两个对立面进行比较、对照的论证方法。类比是同类事物的相比，对比是不同事物的相比。如范文 2《中国女人嫁老外是时髦还是自卑》一文中，文章从对家庭的看重程度、对待爱情和婚姻的看法上，对比了国外男人和国内男人的不同，很有说服力。

7. 因果论证

因果论证就是从事物的因果关系上进行论证的方法，由原因来证明结果，或由结果来推断原因，或者由一个结果推断另一结果。

当然，一般来说，一篇文章不只使用一种论证方法，而是各种方法相互结合使用，这样使文章更有说服力。

4 议论文的种类

议论文的种类有两种，即立论和驳论。

1. 立论

立论，顾名思义，就是作者要树立一个自己的论点，即从正面论证自己所坚持的论点的正确性。论述时，作者要把自己的基本观点明确地提出来，然后以此为指导，选择论据，运用各种论证方法进行论证。如范文 1《谈骨气》，就是典型的立论式的议论文，文章一开头就立出自己的中心论点“中国人是有骨气的”。

2. 驳论

驳论，就是要反驳与自己观点不同的论点，与立论相反，驳论不做正面的论证和阐述，而是通过反驳相对立的、错误的论点间接证明作者的见解和主张的正确性。进行反驳时，要找出对方的错误所在，对准目标，有的放矢，击中要害，这样才能阐明自己的观点。

对同一件事情，仁者见仁智者见智，每个人都有自己的看法，如果有自己的观点，应该找理由找事例论证它，使其更有说服力；如果不同意他人的观点，那么应该要找出充分的理由反驳他，以此来树立自己的观点。

课堂练习

请把七种论证方法填入表格中，并举例说明

论证方法	举例说明
1.	
2.	
3.	
4.	
5.	
6.	
7.	

三、范文阅读

1. 谈骨气

吴晗

我们中国人是有骨气的。

战国时代的孟子，有几句很好的话："富贵不能淫，贫贱不能移，威武不能屈，此之谓大丈夫。"意思是说，高官厚禄收买不了，贫穷困苦折磨不了，强暴武力威胁不了，这就是所谓大丈夫。大丈夫的这种种行为，表现出了英雄气概，我们今天就叫做有骨气。

我国经过了奴隶社会、封建社会的漫长时期，每个时代都有很多这样有骨气的人，我们就是这些有骨气的人的子孙，我们是有着优良革命传统的民族。

当然，社会不同，阶级不同，骨气的具体含义也不同。这一点必须认识清楚。但是，就坚定不移地为当时的进步事业服务这一原则来说，我们祖先的许多有骨气的动人事迹，还有它积极的教育意义，是值得我们学习的。

南宋末年，首都临安被元军攻入，丞相文天祥组织武装力量坚决抵抗，失败被俘后，元朝劝他投降，他写了一首诗，其中有两句是："人生自古谁无死，留取丹心照汗青。"意思是人总是要死的，就看怎样死法，是屈辱而死呢，还是为民族利益而死？他选取了后者，要把这片忠心记录在历史上。文天祥被拘囚在北京一个阴湿的地牢里，受尽了折磨，元朝多次派人劝他，只要投降，便可以做大官，但他坚决拒绝，终于在公元1282年被杀害了。

孟子说的几句话，在文天祥身上都表现出来了。他写的有名的《正气歌》，歌颂了古代有骨气的人的英雄气概，并且以自己的生命来抗拒压迫，号召人民继续起来反抗。

另一个故事是古代有一个穷人，饿得快死了，有人丢给他一碗饭，说："嗟，来食！"（喂，来吃！）饿人拒绝了"嗟来"的施舍，不吃这碗饭，后来就饿死了。不食嗟来之食这个故事很有名，传说了千百年，也是有积极意义的。那人摆着一副慈善家的面孔，吆喝一声："喂，来吃！"这个味道是不好受的。吃了这碗饭，第二步怎样呢？显然，他不会白白施舍，吃他的饭就要替他办事。那位穷人是有骨气的：看你那副脸孔、那个神气，宁可饿死，也不吃你羞辱人的饭。

不食嗟来之食，表现了中国人民的骨气。

还有个例子。民主战士闻一多是在1946年7月15日被国民党枪杀的。在这之前，朋友们得到要暗杀他的消息，劝告他暂时隐蔽，他毫不在乎，照常工作，而且更加努力。明知敌人要杀他，在被害前几分钟还大声疾呼，痛斥国民党特务，指出他们的日子不会很长了，人民民主一定得到胜利。毛主席在《别了，司徒雷登》一文中指出："许多曾经是自由主义者或民主个人主义者的人们，在美国帝国主义者及其走狗国民党反动派面前站起来了。闻一多拍案而起，横眉怒对国民党的手枪，宁可倒下去，不愿屈服。"高度赞扬他表现了我们民族的英雄气概。

孟子的这些话，虽然是在2000多年以前说的，但直到现在，还有它积极的意义。当然我们无产阶级有自己的英雄气概，有自己的骨气，这就是绝不向任何困难低头，压不扁，折不弯，顶得住，吓不倒，为了祖国建设的胜利，我们一定能够克服任何困难，奋勇前进。

（选自吴晗《谈骨气》）

赏析：这是一篇典型的立论议论文，文章开门见山提出自己的中心论点“中国人是有骨气的”，然后综合运用了举例论证、引用论证、归纳论证来证明自己的观点，最后总结归纳，再次点出中心论点。文章以举例论证为主，所举事例很有典型性，很有说服力。

借鉴：开门见山，开宗明义提论点；举例论证和引用论证巧结合。

作者介绍：吴晗（1909—1969），中国历史学家，教授、现代作家。原名吴春晗，主要著作有:《胡应麟年谱》，传记《朱元璋传》，新编历史剧剧本《海瑞罢官》，《吴晗文集》等。

词语表 Vocabulary

1.	骨气	【名】	gǔqì	体貌气质。后多指刚强不屈的人格及操守。
2.	富贵不能淫	【成】	fùguì bù néng yín	富贵：指有钱财、有地位；淫：使动用法，使……迷惑。指金钱和地位不能使之迷惑。
3.	贫贱不能移	【成】	pínjiàn bù néng yí	贫贱：贫穷卑贱；移：使动用法，使……改变。贫穷卑贱不能使之改变。常用来形容人品性质，以及生活价值观等。
4.	威武不能屈	【成】	wēiwǔ bù néng qū	威武：威胁暴力。屈：使动用法，使……屈服。威胁暴力不能使之屈服。形容不畏强暴。
5.	高官厚禄	【成】	gāoguān hòulù	高的官位，优厚的俸禄。
6.	威胁	【动】	wēixié	胁迫，逼迫，用某样东西来强迫。
7.	汗青	【名】	hànqīng	古代在竹简上书写，先以火烤竹去湿，再刮去竹青部分，以便于书写和防蛀，称为汗青，因此后世把著作完成叫作汗青。

8.	屈辱	【形】	qūrǔ	委屈和耻辱。
9.	拘囚	【动】	jūqiú	拘禁，囚禁，关押。
10.	施舍	【动】	shīshě	以财物救济穷人或出家人。
11.	嗟来之食	【成】	jiēláizhīshí	指带有侮辱性的或不怀好意的施舍。嗟：不礼貌的招呼声，相当于现在的“喂”。贬义词。
12.	吆喝	【动】	yāohe	大声喊叫。
13.	隐蔽	【动】	yǐnbì	借助别的东西遮盖掩藏。
14.	拍案而起	【成】	pāi'àn érqǐ	一拍桌子愤然站起来。形容非常愤慨。
15.	横眉怒对	【成】	héngméi nùduì	怒目而视且冷静对待。

2. 中国女人嫁老外是时髦还是自卑

马君

前些天跟几个日本的朋友聊天，说到当前国内的一些新的动向，他们不约而同地说到了“外嫁潮”，从身边的一些例子看得出来，越来越多的中国女孩向往嫁给老外。我回想了一下，这些年里见到的和听到的这样的事情还真的不在少数。嫁到国外去的女性朋友越来越多了，很多人对她们的这种选择感到难以理解，不远万里嫁到一个人生地不熟的地方，这样的日子想必不容易。所以很多人都揣测着，这些女人嫁给老外，不过是因为崇洋媚外的扭曲心理，她们贪图虚荣，爱慕名利，所以才出卖感情来换取这份婚姻。

提出这些观点的人，往往还有很多的佐证。比如，他们认为来到中国的外国人，一般都不是国外的顶尖人物，大部分都是一些在本国混不下去的人才到了中国，又或者很多中国女人嫁到国外之后生活悲惨，成为国外男人的“性奴”，过着苦不堪言的生活。由此看来，中国女人嫁给老外，纯属自作自受，有的旁观者看了甚至幸灾乐祸。对于这样的一些观点，我只能说它很荒谬。

我接触过的几桩中外联姻，大多数人都过得很幸福，只要其中一方不是为了绿卡而嫁，两个人的婚姻完全可以稳定甜蜜。因为很多的中国女性选择嫁到异国，其实更多的还是出自对未来生活的考虑以及对下一代孩子的未来考虑。

比如美国，美国的国家文化是一种独特的吸引力，他们的整体富裕和社会文明，以及公民所秉持的社会道德、秩序，享受的社会福利，都是我们国家所不能比拟的。很多人奋斗多年就为了这一张绿卡，不得不说，婚姻为这张绿卡的到来提供了更大的便捷。有了这张绿卡，自己的孩子就能享受到美国的教育和美国社会文化的熏染，收获和他在国内受到的教育截然不同的效果，并且在他长大之后，也不用担心留学问题，考取美国名校的可能性也就更大了。所以很多中国女性选择嫁到国外，更多的是看重当地的精神文化，而非物质文化。当然了，这样的推论仅仅是建立在双方结婚是因为感情，而不是因为绿卡。单纯因为绿卡而结婚的人，有时候连对方的真实身份都搞不清楚，就更谈不上幸福了。

有时候很多人觉得老外都是有钱人，嫁给老外就等于嫁入了豪门，嫁给他们就等于衣食无忧，锦衣玉食，可是这些因为贪慕虚荣而嫁给老外的人，我们谁都无法说他们一定会幸福。不管在国内还是国外，婚姻幸福的第一要义还是彼此相爱，这条原则在哪里都是通行的。

另外还有一点就是中外文化的差异，导致很多女性不得不选择嫁到国外去。外国人在选择自己的妻子的时候，他们更注重对方的品质，而非对方的容貌、身材、年龄，所以很多四十岁左右离异的中年女性更希望能嫁到国外，而不是委屈自己在国内嫁给一个比自己条件更差的人。

外国人对家庭的看重程度要远比国内的男人高，其实对于女人而言，更重要的还是家庭，即便有再多的金钱，也不如家庭和谐和美满，所以这一点对很多中国女性来说是非常有吸引力的。因为国内很多的离婚案件都是因为男方过于专注自己的事业而忽视了自己的家庭，导致家庭破裂。而在国外，男人休息的时候一般都是和家人在一起，带小孩，煮饭，修剪花园，这两种丈夫文化，哪一种更吸引人就不言而喻了。

在对待爱情和婚姻的看法上，国外男人和国内男人也有不同。我们常看到国内很多男人带着自己新娶的年轻漂亮的妻子对朋友炫耀，大家也在这一点上互相攀比，而国外的男人却很少注意这些，他们更注重他们的伴侣是不是适合自己，至于外貌和身材，不在他们考虑的范围之首，这也是对女性的一种尊重，而对于寻求幸福的女性而言，这样的尊重非常重要。

另外，国外的一些细节文化也非常具有吸引力，比如不随地吐痰，不在公众场合吸烟，有绅士风度，秉持“ladies first”的观念，推崇浪漫等，这些细节看上去简单，贯彻起来却很难，尤其是对中国这样有着千百年文化传统和教育的国家而言，改变更是难上加难，所以中国女性选择嫁给老外，其实并不难理解，不过是对一种更适合自己生活方式的追求而已。

中国女人嫁给老外，或者外籍女嫁给中国男人，并不是什么奇特的现象，更不需要被谴责和怀疑，只要自己能过得幸福快乐，这就是对的选择。作为旁观者，我们不是他们，不懂得他们这样的选择背后的千万种理由，所以我们不能妄加评论，更不能任意诋毁。嫁给谁并不重要，重要的是嫁人之后能拥有一段完美的婚姻。中国女人嫁老外，不是时尚，也不是媚外，就是一个自己对未来生活的选择，无关他人。

（选自新浪网文章）

赏析：文章先摆出他人的观点：中国女人嫁给外国人是贪图虚荣，爱慕名利，并举出其论据；作者从几个方面来反驳这一看法，从而树立自己的观点：中国女人嫁老外，不是时尚，也不是媚外，就是一个自己对未来生活的选择，无关他人。论证严谨，比较有说服力。

借鉴：有力的驳论形式。

词语表 Vocabulary

1.	揣测	【动】	chuǎicè	推想；估计。
2.	崇洋媚外	【成】	chóngyáng mèiwài	含贬义，形容人没有民族自尊心。
3.	扭曲	【动】	niǔqū	把事实、形象等弄歪曲。
4.	贪图虚荣		tāntú xūróng	喜欢和追求表面上的荣耀、虚假的荣名。
5.	佐证	【名】	zuǒzhèng	证据。
6.	顶尖	【形】	dǐngjiān	尖状物的最前端部分，喻指出众。
7.	苦不堪言	【成】	kǔ bù kān yán	堪：能。痛苦或困苦到了极点，已经不能用言语来表达。
8.	自作自受	【成】	zìzuò zìshòu	自己做了某件事，自己承受事件的后果。

9.	荒谬	【形】	huāngmiù	非常不合情理。
10.	绿卡	【名】	lùkǎ	一种给外国公民的永久居住许可证。
11.	秉持	【动】	bǐngchí	持有，具有。
12.	熏染	【动】	xūnrǎn	人的思想和生活习惯逐渐受到影响（多指不良的）。
13.	不言而喻	【成】	bùyán'éryù	不用说就可以明白。
14.	炫耀	【动】	xuànyào	夸耀。
15.	攀比	【动】	pānbǐ	指不顾自己的具体情况和条件，盲目与高标准相比。
16.	难上加难		nán shàng jiā nán	难：不容易。形容十分困难。
17.	诋毁	【动】	dǐhuǐ	恶意毁谤、破坏。

3. 幸福是什么？

刘一

有一个故事说：一只小狗问它的妈妈："妈妈，幸福是什么？"妈妈说："幸福是你的尾巴尖。"于是小狗每天都试图咬到它的尾巴尖，以得到幸福。可无论它怎么努力，还是不能成功。于是小狗又去问它的妈妈："妈妈，为什么我追不到幸福？"妈妈说："宝贝，你只要抬起头往前走，幸福就会一直跟着你。"幸福就是前进，就是前方，就是一个过程。

俄国的大文豪托尔斯泰在他的名作《安娜·卡列尼娜》中写下了这么一句话："幸福的家庭都是相似的，不幸的家庭各有各的不幸。"我看并非如此，其实幸福也是各不相同的。有人说每天看看庭前花开花落、天上云卷云舒就是幸福；有人说生活放浪形骸、无拘无束就是幸福；有人说身体的无痛苦与精神的无纷扰才是幸福；也有人说修持理性而保持心灵的宁静最幸福；也有人怕穷，韩愈说："家贫不足以自活"，他要学问也要钱；对一个深处沙漠腹地的人，幸福就是一碗水；对于那位住在山顶的一个大木桶里的古希腊哲学家狄欧根尼来说，清贫而能自得其乐就是幸福。当慕名前去拜访的亚历山大大帝问他是否需要什么帮助时，狄欧根尼只是简单地回答说："是的，站到一边去，你挡住了阳光。"这让亚历山大惊愕不已，羡慕地说出了："假如我不是亚历山大，我一定做狄欧根尼。"因为他领悟了幸福的真谛——自由。其实，与一个清贫却有寄托的穷人相比，一个有钱却百无聊赖的富人未必就更加幸福。

幸福其实是不可计算的，英国心理学家科恩偏想用一个方程式来计算它，他说：幸福 = P +（5×E）+（3×H）。"P"代表个性，包括人的世界观、适应能力和应变能力。"E"代表健康、财务、交友等生存状况。"H"则代表雄心、自尊心、期望值、幽默感。事实上，所有的心理和能力体验都不可量化。在我看来，幸福就是个体化的体验，古代人吃到一块半焦的烤肉和现代人吃到一顿满汉全席的满足感或许是一样的。在流光溢彩的购物中心用信用卡购买珠宝首饰是幸福，沿着幽静的小巷寻求仅值 1 元钱的旅游纪念品也同样有快感。

生活中我们就是要在幸福和不幸福之间交错。不同的仅仅是有些人快乐多一些，有些人痛苦多一些。有人说：这一辈子，怎么都是过；与其皱着眉头，不如偷着乐；冬天别嫌冷，夏天也别怨热；有钱别装穷，没钱也别摆阔；与其寻烦恼，不如找快乐；苦辣酸甜都尝尝，才算没白活。其实，适度的痛苦也是生活的一个向度，因为人要思考，一思考就会分泌出忧伤、痛苦的因子。那能不能不思考呢？可以啊！那就像猪一样快乐得整天哼哼。

其实，生命就是一列单程火车，幸福和伤悲就是那两条铁轨，少一个生命就不完整。所以快乐和痛苦都是相对的，痛苦也是一种生命的体验，快乐是有色彩的，痛苦也是有色彩的。普通人面对的是穿衣、吃饭、养家糊口；政治家面对的是政治生活、竞选、演说，还有种种丑闻的烦扰；我们则要面对考试、学位、交往、就业。谁都有谁的问题系列，快乐不快乐与问题的大小无关。关键在于你要有生活的激情，激情是幸福的冲动和源泉，丧失激情意味着你的人生游戏即将失败，你会想尽办法让自己出局。生活的本来意义就是：苦苦的追求，甜甜的享受，既轻盈又如梦似幻。

（亓华改写自刘一《幸福的承诺》，原文载《北京师范大学校报》，2004 年 3 月 5 日）

赏析：文章通过一个小故事引出议题，通过反驳别人的观点，得出自己的看法，逐层深入，最后得出自己对“幸福是什么？”的结论。让读者跟着作者的思路进行思考，逐步被作者说服。文章综合运用了归纳论证、举例论证、类比论证等等。

借鉴：归纳论证、类比论证的结合。

词语表 Vocabulary

1.	尾巴	【名】	wěiba	指鸟、兽、虫、鱼等动物身体末端的突出部分。
2.	放浪形骸	【成】	fànglàng xínghái	指行动不受世俗礼节的束缚。
3.	无拘无束	【成】	wújū wúshù	拘束：限制约束。形容自由自在，没有约束。
4.	纷扰	【形】	fēnrǎo	动乱；混乱；纷乱骚扰。
5.	腹地	【名】	fùdì	中心一带的地区，内地。
6.	自得其乐	【成】	zìdé qílè	自己能从中得到乐趣。
7.	慕名	【动】	mùmíng	指仰慕他人的名气。
8.	惊愕	【形】	jīng'è	吃惊而发愣；非常震惊。
9.	真谛	【名】	zhēndì	真实的道理或意义。
10.	寄托	【动】	jìtuō	寄理想、情感于某人或某事物上。
11.	满汉全席	【专名】	Mǎnhàn Quánxí	满清宫廷盛宴。既有宫廷菜肴之特色，又有地方风味之精华。
12.	流光溢彩	【成】	liúguāng yìcǎi	形容光影流动闪烁，光彩照人。
13.	摆阔	【动】	bǎi kuò	讲究排场，显示阔气。
14.	激情	【名】	jīqíng	激动的感情。
15.	源泉	【名】	yuánquán	比喻事物发生的根源。
16.	轻盈	【形】	qīngyíng	形容女子动作、姿态轻柔优美。

四、习作欣赏

中国人的定型思维

【法国】海基斯

我在中国待了一段时间，对中国的许多事情已有一定的了解并逐渐习惯，但是我想只有通过一段更长的时间与炎黄子孙相处，才能对他们有相当深入的了解。无论我来自世界的哪里，我的文化、思维、生活习惯、交往之道，都跟中国人有着不同之处。这非但不是一种障碍，反而让生活更加妙趣横生。每一种文化都是一种对世界的探索、对生命的追寻和对人生的理解，故有其精妙之处，也不乏局限性。以快乐的心态进入不同文化，以一种多元文化的视角观望我们置身其中的大千世界，使我能更加平静地面对人世万物的变迁。同时，在我的文化体系中难以满足的一些潜藏已久的心理渴求，在世界的另一处却有可能找到无数的共鸣。

“定型思维”这一说法让我不觉而联想到电视节目中向老外所常问的一个问题，同样也是老外参加中文比赛的不变的话题：“你爱不爱中国？”——“我爱中国。”我认为这里有问题，这样泛泛的提问不禁让人感到答者的虚伪。问题在于中国的本质是什么。一个国家首先是其人民。我曾经遇上过喜欢住在中国却不那么喜欢中国人的老外。或许更为妥当的问法应该是：“你喜不喜欢跟中国人生活在一起？你觉得你真正能融入中国人的生活中吗？”

我发现有的老外对中国文化的一些方面热衷得不亦乐乎，但却居然满足于从跟他人的泛泛之交中所得出的好恶之感。其实他们往往忽略了一个最重要的因素，即生活在这片土地上的人们。我认为要了解一种文化却不和这一文化中的人们打交道，很难想象你了解到的是何等模样的文化。有的老外，其中不乏在中国居住很久的老外，用不变的定型观念定格地描述着处于飞速发展的中国、日新月异的中国社会。于是他们在定型模式下拒绝了解中国的任何机会。同样的问题，换位看看，中国人又何尝不是如此。我常觉得从有些中国人口中描述出来的老外像是来自于外太空。中国人往往将住在西方的人看成一体，将欧美国家混为一谈，将欧洲国家看成一块儿完整的、毫无区别的“肉”。西方到底是什么？西方国家虽然因为彼此接触交流较频繁而在文化历史上有着不少相同之处，但西方的国家有几十个，他们之间存在着巨大的思想文化差异、风俗习惯差别，还有历史遗留的分歧。西方国家之间的所谓“相同”最多有如一层膜那样薄，而这层薄膜实际上也是隔膜。联合国成员国有191个，他们人口总数有几十个亿。倘若你忽略老外之间的巨大差别，怎能跟他们竞争并长期位居优势？！而如果不懂他人，就更难了解自己。你的进步因此会遭限制，同时你也更难与他人相处，而让定型性思维更顽固地困扰着你。这可能也是一些中国留学生刚到国外时缺乏开放意识，固守封闭心态，而最后总以批评对方来慰藉自己不快的原因之一吧。

所以我想指出的是，在中国普遍存在的对外定型，尤其是广为流传的东西方比较的观念。了解另一种文化并非易事，要将自己的一切搁在一旁，保持纯洁无虑之心。否则其后果是你的过去不可避免地会对你理解从未见过的新人新事造成干扰而让你所做出的判断和结论含有致命的过错。要记住，你对他人、对自己的了解总是片面的。要逐步进入他人的思维，从对方角度来了解他们的一切。你就会慢慢发现，你所认识的世界变了，因为你对它的了解已经变了，你的思维方式也变了。

封闭最终导致死亡，只有开放才能增强生命力。将从小深深扎根于你的脑子里的定型观念除掉异常艰难，但是灵活的思想状态通过努力应该是能做到的。我上文所提到的在世界各国都存在着这种毛病，但是在一定程度上已将中国看成老家的我，看到同胞们偏激的一面倍感伤心。在世界上能拥有两个故乡可真是奇妙！祝他们同样得到繁荣。

（亓华修改自北京师范大学402年级法国留学生习作）

2. 老外小议

【英】查理·布朗

我们高鼻子、蓝眼睛的外国人从到中国的第一天起就记住了“老外”这个词。每天外出的时候，都会没完没了地听到“老外、老外”的喊声。第一次听到，觉得挺有意思，可是听得多了就不那么高兴了。我在日本住的时候，有时也会碰到这种事。小孩子会大声喊：“外人！外人！”

在英国这已是五十年前的事了，那时如果有黑人走在大街上，大家常常会边跟着他边喊：“黑人！黑人！”这是非常不礼貌的冒犯行为，可是在现代社会还发生这样的事，我们不能接受和容许。因为我们没有不礼貌也没有招惹谁。

对于长期住在中国的外国人来说，如果到哪儿都会听到“老外！老外！”，就会觉得不满、感到生气和无聊。

有人也许不同意我的说法，甚至说“老外”是一种简便而又亲切的称呼。可我们外国人却不这么看，我们认为它含有歧视。中国是一个大国，在世界上占有重要的地位，中国又是个礼仪之邦，有着悠久的历史和文化。在国际大家庭中，中国越来越显示出强大的实力，来中国的外国人大都对这个古老的文明之国抱有好感，对中国的传统文化和现代经济发展有着极大的兴趣。可我不明白这样一个走向国际化大国的国民为什么还有这么陈旧落后的观念和做法。

我想告诉我们的中国朋友，尤其是青年朋友，21世纪中国是极富魅力和吸引力的大国，更多的外国人会慕名而来。而“老外”这一称呼就像日本人喊中国人“支那人”、美国人叫非洲人“黑鬼”那样刺伤外国人的心。我觉得，重要的是中国人应放下主人的架子，倾听我们外国人的感受和意见，并改变与时代格格不入或早已被时代所抛弃的落后观念和不文明行为，在世界大地球村里才不至于有意无意伤害外国人的感情。我想请朋友们记住这样一个事实：无论我们外表上有何种差异，我们都同是人类的一员，有着共同的人性和人类共享的文明与道德行为规范。尽管有不同的语言、不同的习惯和不同的文化传统，可我们的心都是红的，我们的血都是热的，我们都有健康的体格、健全的心智，都受过现代文明的教育又同享着现代的物质生活。我们相信，性情温良、热情好客而又富有包容心的中国人，不仅能在经济建设上，也会在观念言行上赶上世界发达国家的步伐，与世界各国人民友好和睦地相处下去。

（改自北京师范大学201年级英国留学生习作）

词语表 Vocabulary

1.	招惹	【动】	zhāorě	言语行为引起是非、麻烦。
2.	歧视	【动】	qíshì	不平等地看待。

五、修辞知识——设问与反问

1 设问

为了引起别人注意，故意先提出问题，自问自答，叫作设问。运用设问，能引人注意，启发思考；有助于层次分明，结构紧凑；可以更好地描写人物的思想活动。在演说、演讲中，“设问”修辞手法的运用也很普遍。例如：“这人是谁？不是别人，原来是某某。”“什么是合作？合作是互相配合。”“汉语真的很难吗？我看未必”。

2 反问

反问是用疑问的形式表达确定的意思，以加重语气的一种修辞手法。

反问只问不答，答案暗含在反问句中。人们可以从反问句中领会到表达者的真意。反问可以加强语气，发人深思，激发读者感情，加深读者印象，增强文中的气势和说服力，为文章奠定一种激昂的感情基调。

如：为什么要打要杀，而且又不敢光明正大的来打来杀，而偷偷摸摸地来暗杀！这成什么话？（闻一多《最后一次演讲》）通过反问，说明特务们这样做不像话，很卑劣，同时让读者感受到了作者的义愤填膺之情。

通常反问句是陈述句的改版，是为了强调语气。如：那怎么是一样的呢？这个反问句改为陈述句就是：那是不一样的。相比之下，句子语气就强烈多了。

除此之外，一些反问句还要有反问词，如：难道、怎么、何尝、岂…… 除了反问词，还要在最后加上语气词。如：呢、吗…… 而且为了表示与陈述句的区别，还要在最后加上问号（？），且通常都要把句子（判断句）的意思倒过来后，即肯定变成否定，否定变成肯定，再加上反问词。

如：1. 我知道这件事。——难道我不知道这件事吗？ / 我怎么不知道这件事呢？ / 我何尝不知道这件事呢？

2. 我不知道这件事。——难道我知道这件事吗？ / 我怎么知道这件事呢？ / 我何尝知道这件事呢？

3 反问与设问的区别

1. 设问不表示肯定什么或否定什么；反问则明确表示肯定和否定的内容。

2. 反问的作用主要是加强语气，设问的作用主要是提出问题，引起注意，启发思考。

10 读（观）后感

一、热身思考题

1 阅读下面的故事，谈谈你的感想，思考读后感该怎么写

一对非常恩爱的老夫妻坐在窗前，追忆往事，老头突然问："老伴啊，结婚几十年了，我怎么从来没有吃到过我最爱吃的鱼头和鱼尾呢？"老伴一听眼泪哗地落了下来，伤心地说："唉，我做姑娘的时候就知道鱼的中段肉多最好吃，所以我每次都把我认为最好吃的中段留给你吃。自己则草草地把鱼头和鱼尾吃掉了。"

2 阅读施蒂夫·乔布斯的名言，谈谈你的感想

"成就一番伟业的唯一途径就是热爱自己的事业。如果你还没能找到让自己热爱的事业，继续寻找，不要放弃。跟随自己的心，总有一天你会找到的。"

"去寻找一个能给你的生命带来意义、价值和让你感觉充实的事业。拥有使命感和目标感才能给生命带来意义、价值和充实。这不仅对你的健康和寿命有益处，而且即使在你处于困境的时候你也会感觉良好。在每周一的早上，你能不能利索地爬起来并且对工作日充满期待？如果不能，那么你得重新去寻找。你会感觉得到你是不是真的找到了。"（选自乔布斯2005年6月在斯坦福大学毕业典礼上的讲话稿）

二、读后感的写法

读后感，是指看了某篇文章或某部作品后，根据自己的感想所写的文章（如果是看了某部影片或戏剧后所写的感想，叫"观后感"，与"读后感"的写法类似）。

读后感属于议论文的范畴，但又不同于一般的议论文。

一般议论文，要求观点明确，论据典型，论证严密；而读后感最突出的特点是"读"和"感"的紧密结合。"读"，指读了谁的文章，说了什么事儿；"感"，是指读后有何感受。"读"是"感"的基础，"感"是"读"的升华。就所读作品而言，"读"是对所读内容和感发点做必要的交代；"感"是根据感发点进行联想，谈感受。"感"和"读"互相作用，不可脱节。

读后感的一般结构模式就是四个步骤：

述读（前提）——感点（桥梁）——发感（论证）——结感（升华）

在这个结构模式中，“感点”是关键，没有了感点，读后感也就失去了灵魂，也就无所谓“读后感”。在整篇文章中，感点在“述读”与“发感”之间起着桥梁的作用，是结构全文的纽带。“感点”承接“述读”。读后感的写作，必须是先“读”而后“感”。发感必须围绕感点展开论述，对感点发表自己的看法、感受，以议论为主，突出一个“感”字。“结感”收束全篇，升华感点，是感的归宿。

写读后感的基本步骤如下：

1. 简述原文有关内容。如所读书、文的篇名，作者，写作年代，以及原书或原文的内容概要。写这部分内容是为了交代感想从何而来，并为后文的议论做好铺垫。这部分一定要突出一个“简”字，即要简述与感想有直接关系的部分，略去与感想无关的东西。如范文3《〈谁动了我的奶酪〉读后感》一文，故事情节的简介就处理得很好。

2. 确定基本观点。一定是选择感受最深的一点，用一个简洁的句子明确表述出来。这样的句子可称为“观点句”。这个观点句表述的，就是这篇文章的中心论点。如范文2《从〈鸟的评说〉想到的》中，在简介故事情节的基础上，提出了自己的感受最深的一点：“每个人眼中看到的都是别人的不好，嘴上说的都是别人的不是，可就是没有一个人看看自己的不对，想想自己的不足。”

3. 论证基本观点。这部分就是议论文的本论部分，是对基本观点（即中心论点）的阐述，通过摆事实讲道理证明观点的正确性，使论点更加突出、更有说服力。这个过程应注意的是，所摆事实、所讲道理都必须紧紧围绕基本观点，为基本观点服务。如范文2《从〈鸟的评说〉想到的》在提出作者的感想，提炼中心论点之后，文章通过讲道理，联系实际，紧紧围绕这个观点进行论证和说明。

4. 联系实际。一篇好的读后感应当有时代气息，有真情实感。要做到这一点，必须善于联系实际。这“实际”可以是个人的思想、言行、经历，也可以是某种社会现象。联系实际时也应当注意紧紧围绕基本观点，为观点服务，而不能盲目联系、前后脱节。如范文3《〈谁动了我的奶酪〉读后感》一文，在论证过程中，联系实际情况来论证作者的观点。

当然这是基本的思路，写读后感也可以不完全按照这个顺序去写，可以根据自己的需要改动。有时也不一定要联系实际。

一般来说，初学写读后感易犯如下毛病：

1. 文章大部分引用原文，到后面小部分抒发一下自己的感情。

2. 完全脱离原文，只说自己的想法。

3. 内容混乱，一会儿原文，一会儿感想，不知所云。

三、范文阅读

1.《活着》读后感

【法国】海基斯

余华写道："《活着》讲述了一个人和他的命运之间的友情……仇恨；他们谁也无法抛弃对方，同时谁也没有理由抱怨对方。"

一直以来我认为，在中国人的思想里，人的命运是遵循善恶因果循环的。所以只要多积德行善则必有好报，作恶多端则必会自食恶果，仿佛人是可以主宰自身改变运势的。于是中国有很多人多多行善，以求好报，也将一些解释不清的事儿统统归于因果善恶的轮回。而对于古希腊人而言则不同，他们认为一个人的命运是由一种冥冥之中的力量决定了的，很多时候人是不能自已的，在命运的面前人永远是渺小的。这么说并非软弱，也绝不是宿命，却是让他们更现实，从而更勇敢。他们可能不想为一些悲哀勉为其难地寻找"解决宽慰"的方式，人们更多地是坦然地承认它，但不是跪在地上输给它，他们是在明白现实之后积极地面对它。他们也会如中国人一样做出明知不可为而为之的事，但他们的心态也许会比中国人更平静，因为他们接受生命的事实。也许这也只是我一个法国人曾经的一段所思所想罢了。

余华以从容的笔墨坦言生命的不可预知性，诚然人生就像美国电影《阿甘正传》中的那根羽毛那样，永远不知道风会将它吹到哪里，一切都是不可预知、不可掌控的，正如福贵当初并未曾想到输掉家业竟然为自己日后换回了一条性命，同样他也想不到自己战场上共生死的战友却最终要了自己儿子的命……用中国的一句老话说就是"塞翁失马，焉知非福"，让人感叹生命的不可思议和人的渺小。但对我而言这句俗语却让我活得更平静：任何事情都有利有弊，你就明确了解其弊，多多看看其利，活得乐观一点。祸福如阴阳是不可分离的，它们不断地转换。福贵生命越坎坷，他对家人的爱却越深切。

我也记得一部法国电影说的是第二次世界大战时期，凶狠的德军占领了法国的土地，杀了又杀。老百姓的日子过得很苦。片中有位热心的院长积极地帮助反抗者们抵抗侵略，他有着一个幸福的家庭，美丽善良的妻子，活泼可爱的两个女儿。为了家人的安全，他依依不舍地将她们送到了他认为最安全的地方——农村，离别的那天他们都很难受，但是农村应该安全一点，这样院长还是放心多了。他天天都思念她们，想想四口人在一起的情景。尽管每天都是在紧张的工作与被捕的危险中度过的，但他仍满怀希望的活着，因为家人的微笑始终浮现在眼前。他每天都在与家人重聚的期盼中坚持着。那一天终于到来了，带着鲜花和礼物，院长一路唱着歌开车来到家人躲藏的山清水秀的小村庄，而出乎意料的是本该像别处一样热热闹闹欢庆德军溃败的镇上却安静得可怕，他大声地喊叫，没人回答，他疯了似的在小镇奔跑着寻找着。最终在教堂里发现一村人被德军全杀了。家人将来只能在院长的心中断断续续地重现，只能回忆过去的日子了。我想他既如给苦根煮豆子的福贵这样迷茫与痛苦……又痛恨自己。

人们常常为苦短的人生找到一根精神支柱，自欺欺人，有沉迷于短暂的感官享乐中麻木自己的，有信奉宗教以企盼来世之福的。我自己绝不能这样做。我认为面对现实会比活在谎言中更轻松，更平静。法国有句俗话翻译过来大概是“困难没有击倒你，你就被锤炼得更坚强”。《活着》这部佳作能让人们在艺术欣赏中读懂人生，“削减”痛苦，好好把握今生，坦然承担起生命沉重的力量。它教会人们在承认并担起生命的沉重的同时，更有一份坚韧的心态欣赏人生这一路上的美丽风景。因为人虽然渺小但却具有着极强的坚韧性。福贵这一在小说中从头走到尾的人物正鲜明地体现了这一特点。他一生坎坷，年轻时输光了家产，经历了战争，又承受着家人一个个离他而去的痛苦。他被命运操纵着在人生的舞台上扮演着永远不知道剧情的角色，所以他常常念着那句“谁料到”。我很佩服福贵在他生命这场注定的悲剧中可以如此扮演自己的角色。

书里没有轰轰烈烈的口号、刻意的鼓动，有的只是对一个平凡的人一生平平淡淡的描写，可这里却蕴涵着不凡的意蕴。于是我越发觉得一个骑着大马、手执军刀、口中激昂地喊着“生命的精彩不在于永不失败，而在于屡扑屡起”的拿破仑，倒不如一个浑身尘土、坐在牛背上、嘴里念叨着几个人名的福贵更让人深思和感动。

福贵才是最伟大的英雄。

（亓华修改自北京师范大学402年级法国留学生习作）

赏析：当代作者余华的《活着》讲述了一个人和他的命运之间的友情，这是最为感人的友情，因为他们互相感激，同时也互相仇恨；他们谁也无法抛弃对方，同时谁也没有理由抱怨对方。他们活着时一起走在尘土飞扬的道路上，死去时又一起化作雨水和泥土。与此同时，《活着》还讲述了人如何去承受巨大的苦难，就像那句老话：千钧一发。让一根头发去承受三万斤的重压，它没有断。

借鉴：深度挖掘小说含义，引出独到见解。

词语表 Vocabulary

1.	遵循	【动】	zūnxún	遵从，依照。
2.	循环	【动】	xúnhuán	一个周期现象或函数在重复出现之前，所经过的历程的状态或数值的全部变化范围。
3.	积德行善	【成】	jīdé xíngshàn	德：高尚的品德，善：善行，好事。多做好事，积累德行。
4.	轮回	【动】	lúnhuí	佛学词语，认为人永远处于生死循环状态，循环的线路有六条，在哪条道上循环取决于活着时所做的善事和恶事。
5.	冥冥之中		míngmíng zhī zhōng	意为命中注定。也指潜意识里，不知不觉中（便发生了某事）。
6.	渺小	【形】	miǎoxiǎo	非常微小或无关紧要，常指同类事物中相比时较卑贱。
7.	宽慰	【动】	kuānwèi	宽解安慰。
8.	塞翁失马，焉知非福	【成】	sàiwēng shīmǎ, yān zhī fēi fú	比喻一时虽然受到损失，但是反而因此能得到好处。也指坏事在一定条件下可变为好事。
9.	坎坷	【形】	kǎnkě	比喻人生道路很艰难。
10.	溃败	【动】	kuìbài	失败；被打垮。
11.	自欺欺人	【成】	zìqī qīrén	欺骗自己，也欺骗别人。
12.	企盼	【动】	qǐpàn	盼望，希望。

13. 锤炼	【动】	chuíliàn	刻苦钻研，反复琢磨，使艺术等精练、纯熟。
14. 操纵	【动】	cāozòng	控制；支配。
15. 轰轰烈烈	【成】	hōnghōnglièliè	轰轰：象声词，形容巨大的声响；烈烈：火焰炽盛的样子。形容事业的兴旺。也形容声势浩大，气魄宏伟。
16. 蕴涵	【动】	yùnhán	包含。
17. 意蕴	【名】	yìyùn	内在的意义；含义。
18. 念叨	【动】	niàndao	因惦记或想念而在谈话中提到。

2. 从《鸟的评说》想到的

麻雀说燕子是怕冷的懦夫，燕子说黄鹂徒有一身美丽的装束，黄鹂又数说百灵，百灵又数说鹦鹉……最后苍鹰说麻雀目光短浅。鸟儿们你说我，我说他，形成了一个怪圈。

在我们的实际生活中，有些事与这《鸟的评说》又何其相似啊！王说李胆小怕事，李说陈媚上欺下，陈说丁心怀叵测，丁说王胆大妄为。每个人眼中看到的都是别人的不好，嘴上说的都是别人的不是，可就是没有一个人看看自己的不对，想想自己的不足。

有这样一个传说，说的是每个人都背着两个口袋，一个在前，装着自己的优点；一个在后，装着自己的缺点，却很难看到自己背后的口袋里装着什么。所以每个人都在别人背后指指点点，评评说说，却不知道自己背后也有人在议论着。

俗话说："人非圣贤，孰能无过？"即使是圣贤，也有他不足的地方。作为一个普通人，我们应当正视自己的缺点，把自己背后的那个口袋挂到胸前来，自己先看个一清二楚，方有弥补不足的机会。一个人如果连自己都无法正确对待，又怎么能正确对待别人呢？那只能是像那群只知评说别人的鸟儿一样，被怪圈圈住无法解脱了。

我想，我们每个人都不愿意成为那种只知在背后戳脊梁骨的人，那么我们就必须勇敢地把背后的口袋翻到前面来，改正自己的缺点，弥补自己的不足。当然，也不妨看看别人的缺点，并引以为鉴，那样，我们就不会陷入你说我，我说他，可谁也不说自己的怪圈了！

（编者改写自 1995 年全国高考作文一类试卷）

赏析：文章先简介《鸟的评说》一文，然后从中引发作者的感想："每个人眼中看到的都是别人的不好，嘴上说的都是别人的不是，可就是没有一个人看看自己的不对，想想自己的不足。"然后联系实际，讲道理深入浅出地论证作者的看法。

借鉴：由此及彼，以小见大。

文章简介：本文出自 1995 年全国高考一类试卷，作文题目是"阅读寓言诗《鸟的评说》，并联系实际展开议论"。编者改写自黄玉峰编《怎样写好高考作文》（复旦大学出版社 2011 年版）。

附：《鸟的评说》

麻雀说燕子／是怕冷的懦夫／燕子说黄鹂／徒有一身美丽的装束／黄鹂说百灵／声音悦耳动机不纯／百灵说最无原则的／要算是鹦鹉／鹦鹉说喜鹊／生就一副奴颜媚骨／喜鹊说苍鹰好高骛远／苍鹰说麻雀寸光鼠目……

词语表 Vocabulary

1.	懦夫	【名】	nuòfū	软弱无能的人（贬义词）。
2.	怪圈	【名】	guàiquān	比喻难以摆脱的某种怪现象（多指恶性循环的）。
3.	媚上欺下	【成】	mèishàng qīxià	讨好上司，欺侮下属。
4.	心怀叵测	【成】	xīnhuái pǒcè	指存心险恶，不可推测。
5.	胆大妄为	【成】	dǎndà wàngwéi	毫无顾忌地干坏事，大胆地乱做事。

6. 孰能无过 【成】	shú néng wú guò	全句："人非圣贤，孰能无过。"意思是指一般人犯错误是难免的。
7. 戳脊梁骨	chuō jǐliánggǔ	背后揭他人的伤疤，说他人的短处。通常被人戳脊梁骨也不是好事。
8. 引以为鉴 【成】	yǐnyǐwéijiàn	鉴：借鉴。是指把过去犯错误的教训拿来作为借鉴，避免重犯。

3.《谁动了我的奶酪》读后感

最近朋友送给我一本书，名字叫作《谁动了我的奶酪》，是美国作家斯宾塞•约翰逊的畅销作品。写的是个可爱的寓言故事，书中每页都配有主人公滑稽可爱、个性鲜明的漫画形象，因而吸引了我的视线，没想到一看竟被这本书深深吸引住了。别看这本不起眼的小书，在欧美创造了出版业的奇迹，两年中销售了2000万册，雄踞亚马逊网上书店第一名约80周。2002年"奶酪"一度成为中国大陆高频率的流行词。报刊文章中出现了"各家都在争夺这份奶酪"、"移动PC，动了谁的奶酪"一类的说法。

小说的情节大体是这样的：两只小老鼠"嗅嗅"、"匆匆"和两个小矮人

"哼哼"、"唧唧"，生活在一个迷宫里追寻他们的奶酪。他们先后发现了一个储藏丰富的奶酪C站，便各自决定在其周围构筑起自己幸福生活。很久之后的某一天，他们才发现这里已经没有奶酪了，这突如其来的变化使他们的心态发生了巨大的变化，"嗅嗅"、"匆匆"随变化而动，立刻穿上始终挂在脖子上的跑鞋，开始去别的地方寻找新的奶酪，并很快找到了；而"哼哼"和"唧唧"面对变化却犹豫不决，始终固守在已经消失的美好幻觉中，叹息、抱怨，无法接受奶酪消失的现实。经过激烈的思想斗争，"唧唧"终于冲破了思想束缚，穿上久置不用的运动衣和跑鞋，重新进入漆黑的迷宫中，并也最终找到了更多更好的奶酪，而"哼哼"却徘徊在原地，在对上帝的追问中度日。

显然，故事里的"奶酪"是一种比喻，它代表着我们在现实生活中最想得到的东西——可能是金钱，也可能是地位或权利，还可能是一份工作、一种人

际关系或社会的认可等等。我们每个人的内心都有自己想要的“奶酪”，因为它能给我们带来莫大的幸福和快乐。然而我们一旦得到了自己的“奶酪”，便会感到平平凡凡，无足轻重，渐渐忘却由它产生而曾经享受过的幸福和快乐。反之，当我们忽然间发现它被别人拿走了或已经失去了的时候，才会明白过来它对我们的存在意义，而感到失去的痛苦与不幸。这一点，恐怕每个人都深有体会。正所谓“只有失去了才懂得珍惜”。

我喜欢这本书，因为它轻松愉快地把生活的现实状况呈现在人们的眼前。在这样一个竞争激烈、发展迅速的社会，每个人都可能面临着与过去完全不同的情况，人们常常会感到自己的“奶酪”在变化。如果你在各种变化中总担心失去某些重要的东西而感到痛苦，那么你的生活就会成为一种障碍，你就不是在享受生活。如果你因失去了某种东西或是受到极大的伤害而陷于痛苦、无以自拔，那么它可能成为窒息你生命的毒药。作者想要告诉我们的是：此时伤害已经不再重要了，重要的是被伤害以后的生活态度。我们应该怎样去面对这样的变化，犹豫、退缩，还是勇敢地迎接变化，这就是本书的立意所在。

作者正是通过这个小小的寓言故事告诉我们：事情总是变化无常的，我们应该把跑鞋挂在脖子上，时刻准备穿上它，在千变万化的世界里奔跑追寻，换句话说，当灾难降临时，我们要及时做好应急准备，勇敢地去迎接各种挑战。

（亓华改写自北京师范大学 401 年级留学生习作）

赏析：文章在简单介绍《谁动了我的奶酪》这本书的情况以及故事情节后，得出最深的感受：“奶酪代表我们在现实生活中最想得到的东西”。得到它，会给我们带来幸福和快乐，而失去它，会给我们带来痛苦和不幸，接着联系实际，进一步升华主题，给予人生启迪。

借鉴：小故事大道理。

词语表 Vocabulary

1.	奶酪	【名】	nǎilào	用牛、羊乳脂发酵制成的食品。
2.	不起眼	【形】	bùqǐyǎn	不突出或不显著的，不引人注目的。

3.	雄踞	【动】	xióngjù	有力地占有。
4.	构筑	【动】	gòuzhù	构造建筑。
5.	突如其来	【成】	tūrúqílái	事情出乎意料地突然发生，出现。
6.	犹豫不决		yóuyù bù jué	犹豫：迟疑。拿不定主意。
7.	束缚	【动】	shùfù	约束，限制。
8.	徘徊	【动】	páihuái	在一个地方来回地走，比喻犹豫不决。
9.	无足轻重	【成】	wúzúqīngzhòng	足：够得上，配，值得。没有它并不轻些，有它也并不重些。指无关紧要。
10.	窒息	【动】	zhìxī	因外界氧气不足或其他气体过多或者呼吸系统发生障碍而呼吸困难甚至停止呼吸。

四、习作欣赏

《差不多先生传》读后感

【法国】海基斯

胡适1924年6月28日于《申报》发表了《差不多先生传》。胡适引用一个因做事总不认真而最后与世长辞并被荣誉为“圆通大师”的中国人来批判中国人的马虎和惰性，呼吁他们努力，为国而毅然奋起。

身处二十一世纪的我，一个法国人，实在难以想象中国二十世纪初期的国情。我也不太了解胡适这个人，不知道他撰写这篇散文时到底在想什么。他为了警醒当时的国民而加以批评和夸张的手段，以一句“然而中国从此就成为一个懒人国了”而震撼式结束文章的方式。我也不知道当时此文引起了怎样的反应，不知道胡适是否达到了其目的，但是我强烈反对中国人懒惰这一说法。华侨在世界诸多国家获得的成功最能说明这一事实。但是个人的努力也并不等于效率高，国家领先。

我想在任何国家都有与差不多先生格外相似的人，中国也不例外，但是此一“差不多”并不等于彼一“差不多”。各个国家，各个民族有着自己独特的

"差不多"。你来批评我的"差不多"的时候，应该先了解到我的过去、思维、需要、缺点、优点，深入地了解我的一切才能避免根据你自己的不同来误解我另一种不同。这可不容易。在我看来中国产生"差不多"行为现象的原因有以下几个：

第一，是中国父母对孩子的溺爱。你代我着想，他替我做事，我怎能认真呢？虽然有些父母对儿女要求苛刻，但是相反也有老怕孩子累着的父母，或替他做事，或劝他休息。在这种父母过分照顾的环境中，孩子怎能积极做事、努力奋斗？反正一旦发生问题一定会有人来替他完成他没办好的事。长此以往，想不差不多也都差不多了。

第二，是中国的教育体制。一个中国朋友曾经对我说他上小学时在一次考试中因为将六乘三等于十八写成了三乘六等于十八，而没能得分！这是什么教育方式。无论老师当时有何想法，这样做只会压抑学生的创造力，扼杀学生的独立思考能力。一个令学生不断地模仿、死记硬背的教育体制到最后只会让国家失去最基本的多元化，而产生潜在人才的浪费。悠久而优秀的华夏文化是每一个中国人、每一个世人的财富，但是其最大的危险就是因其自我封闭而导致的僵化与死板。中华民族聪慧能干，为何不充分利用智慧反而自我拘束、扼杀其能力呢？知识不如智慧，闻一知十的才能到底是靠什么发展的呢？当一个人没有任何创新追求而每天过着依葫芦画瓢的平淡乏味生活的时候，他能不马虎吗？一个成功的教育能让人找到生活之中让人为之满怀激情的事业，执着而全心全意地去做，对于一个已不再有创造能力的人，你又如何能苛求他从得过且过的差不多状态中走出来呢？国家兴亡，匹夫有责。但是匹夫幸福，国家亦有责。

第三，是中国的"人情社会"，它决定了人际关系的重要地位。有时工作质量和能力不如人际关系重要。你做的再好但没有足够的关系也无济于事，倒不如你我皆差不多，乐得个和平共处相安无事的划算。况且在这一泱泱大国里凡事如果太叫劲儿不懂得"差不多"的哲学，枪打出头鸟的滋味儿可是不好受的。

二十世纪初期的中国处于内忧外患、生死存亡的危机关头。社会最需要的是以革新国家的政体，改造国民的思想、精神来救亡图存、发奋自强。我想以倡导"五四"文学革命而闻名于世的胡适先生，为了中国的发展做出了很大的贡献，但这也不意味着他的每一句话或想法都是对的。《差不多先生传》的作者是位因祖国衰落而感到无比痛楚的中国人，这是他最值得佩服的，《差不多先生传》也算得上是一篇爱国主义的呼吁性的文章。

（亓华修改自北京师范大学402年级法国留学生习作）

词语表 Vocabulary

1.	呼吁	【动】	hūyù	向个人或社会申述，请求援助或主持公道。
2.	溺爱	【动】	nì'ài	过分爱护。
3.	苛刻	【形】	kēkè	形容某人的行为怪异，故意刁难，要求过高。
4.	扼杀	【动】	èshā	掐住脖子，使窒息而死。比喻摧残、压制发展中的事物。
5.	僵化	【形】	jiānghuà	变得僵硬。形容凝滞不动。指思想凝固不变。
6.	枪打出头鸟		qiāng dǎ chūtóuniǎo	猎人的枪会打露出头的那只鸟。也指凡事好出风头的人会被打压打击。
7.	内忧外患	【成】	nèiyōu wàihuàn	忧：忧虑；患：祸患。指国内的变乱和外来的祸患；也指内部的纠纷和外部的压力。

五、修辞知识——谐音双关

谐音就是利用汉字同音或近音的条件，用同音或近音字来代替本字，产生辞趣的修辞格。利用词的多义及同音（或音近）条件，有意使语句有双重意义，言在此而意在彼，就是双关。如："道是无晴却有晴" 中的 "晴" 表面上是晴天的晴，内含感情的 "情"。谐音双关的作用：可使语言表达得含蓄、幽默，而且能加深语意，给人以深刻印象。

1. 歇后语中的谐音双关：歇后语是中国人民在生活实践中创造的一种特殊语言形式，是一种短小、风趣、形象的语句。它由前后两部分组成：前一部分起 "引子" 作用，像谜语，后一部分起 "后衬" 的作用，像谜底，十分自然贴切。在一定的语言环境中，通常说出前半截，"歇" 去后半截，就可以领会和猜想出它的本意，所以就称为歇后语。歇后语中有很多运用谐音来表达意思的。如：1）孔夫子搬家——尽是输（书）。"输" 和 "书" 同音，字面意思是孔夫子搬家，都是书，暗指的意思是做事情不成功，没有赢，总是输。2）腊月天气——动手动脚（冻手冻脚）。"动手动脚" 和 "冻手冻脚" 同音，字面意思是腊月天气很冷，使手和脚感觉很冷，冻手冻脚。暗指的意思一般泛指男性对女性的不尊重行为，没经过一定同意，而对异性进行身体方面的接触。

2. 网络数字谐音：随着网络的普及，人们常常相互网聊，这种聊天方式和传统的见面或者写信交流很不同，人们可以随意使用各种图片或表情或数字来表达自己的看法和感情。如：5201314：我爱你一生一世；246：饿死了；530：我想你。

3. 广告中的谐音双关：谐音双关可以使广告意味深长，同时又妙趣横生，利用谐音，所传达的广告信息更多，更生动。如：香港某化妆品公司：趁早下 "斑"，请勿 "痘" 留。"下 '斑' "

和“下班”同音，“‘痘’留”和“逗留”同音，在意思第一层上是说这家店生意好，早点卖完化妆品，员工早点下班，第二层则是针对消费者，暗指本店的化妆品质量好，只要用了，脸上的雀斑、青春痘之类的很快就会消失。

读下列使用谐音双关的句子，并讨论其含义和效果。

1. 和尚打伞—— 无法无天（无发无天）。
2. 和尚的房子—— 妙（庙）。
3. 猴子学走路—— 假惺惺（假猩猩）。
4. 小葱拌豆腐—— 一清（青）二白。
5. 葡萄糖酸锌口服液广告词：聪明的妈妈会用锌（心）。
6. 格力空调广告词：格力空调，创造“凉”机（良）。

11 演讲报告

一、热身思考题

1 **新学期开始了，班上要进行班长选举，请写一篇班长竞职演讲稿。思考：应该怎么写演讲稿**

2 **下面这段话出自乔布斯 2005 年斯坦福大学毕业典礼的演讲，分析那句箴言对人生的价值和意义**

当我十七岁的时候，我读到了一句话："如果你把每一天都当作生命中最后一天去生活的话，

那么总有一天你会发现自己是正确的。"(笑）这句话给我留下了深刻的印象。从那时开始，在 33 年中，每天早晨我都会对着镜子问自己："如果今天是我生命中的最后一天，你会不会完成你今天想做的事情呢？"当答案连续很多次被给予"不是"的时候，我知道自己需要改变某些事情了。

"记住你即将死去"是我一生中遇到的最重要箴言。它帮我指明了生命中重要的选择。因为几乎所有的事情，包括所有的荣誉、所有的骄傲、所有对难堪和失败的恐惧，这些在死亡面前都会消失。我看到的是留下的真正重要的东西。

你有时候会思考你将会失去某些东西，"记住你即将死去"是我知道的避免这些想法的最好办法。你已经赤身裸体了，你没有理由不去跟随自己的心一起跳动。

二、演讲稿的写法

演讲稿也叫演说辞，它是在较为隆重的仪式上和某些公众场所发表的讲话文稿。演讲稿就是事前为演讲准备提供的文稿。它可以用来交流思想、感情，表达主张、见解，也可以用来介绍自己的学习、工作情况和经验。演讲稿具有宣传、鼓动、教育和欣赏等作用，它可以把演讲者的观点、主张与思想感情传达给听众以及读者，使他们信服并在思想感情上产生共鸣。

1 演讲稿的特点

一般来说，演讲稿具有以下三个特点：

第一，针对性。演讲是一种社会活动，是用于公众场合的宣传形式。它为了以思想、感情、事例和理论来晓喻听众，打动听众，“征服”听众，必须要有现实的针对性。所谓针对性，首先是作者提出的问题是听众所关心的问题，针对问题的分析要有雄辩的逻辑力量，要能为听众所接受并心悦诚服，这样才能起到应有的社会效果；其次是要懂得听众有不同的对象和不同的层次，而公众场合也有不同的类型，如党团集会、专业性会议、服务性俱乐部、学校、社会团体、宗教团体、各类竞赛场合，写作时要根据不同场合和不同对象，为听众设计不同的演讲内容。

第二，可讲性。演讲的本质在于“讲”，而不在于“演”，它以“讲”为主、以“演”为辅。由于演讲要诉诸口头，拟稿时必须以易说能讲为前提。如果说有些文章和作品主要通过阅读欣赏，领略其中意义和情味，那么，演讲稿的要求则是“上口入耳”。一篇好的演讲稿对演讲者来说要可讲；对听讲者来说应好听。因此，演讲稿写成之后，作者最好能通过试讲或默念加以检查，凡是讲不顺口或听不清楚之处（如句子过长），均应修改与调整。

第三，鼓动性。演讲是一门艺术。好的演讲自有一种激发听众情绪、赢得好感的鼓动性。要做到这一点，首先要依靠演讲稿思想内容的丰富、深刻，见解精辟，有独到之处，发人深思，语言表达要形象、生动，富有感染力。

如果演讲稿写得平淡无味，毫无新意，即使在现场“演”得再卖力，效果也不会好，甚至相反。

2 演讲稿的种类

演讲稿一般分为五种：

一是政治演讲稿，包括竞选演说、就职演说、述职演说、政治动员、开（闭）幕词、祝酒辞等。如 2008 年奥运会的开（闭）幕词等。

二是学术演讲稿，包括科研报告、学术讲座等。如大学教授就某个专题进行的学术讲座或者科研报告等。

三是社会生活问题演讲稿，包括演讲赛、巡回报告等。如某些单位或集体针对某个生活问题举办的演讲比赛，中小学生“五讲四美”演讲比赛、“迎奥运”演讲比赛等。

四是教学演讲稿，教师用的有开场白、收束语、介绍作家作品以及进行思想教育的讲稿；学生用的有读书报告、问题辩论、专题演讲、论文答辩等。

五是法律演讲稿，律师常用。

3 演讲稿的基本结构

演讲稿由标题、称呼和正文三部分组成。

1. 标题

演讲稿的标题无固定格式。一般根据演讲的类型和目的来定。有揭示主题型的，如“践行八荣八耻”、“五讲四美演讲”、“最后一次演讲”等；有表现内容型的，如“奥巴马就职演讲”；有提出问题型的，如“当代大学生应该具备什么素质？”；有引发思考型的，如“另一只眼睛”。写标题要注意的是：既要表现主题和内容，又要新颖，与众不同，富有吸引力。

2. 称呼

根据听众对象和演讲内容需要决定，常用“女士们，先生们”、“朋友们”、“同志们”、“同学们”、“各位领导，各位来宾”等等，也可以为了拉近与听众的距离或活跃气氛，在称呼前加上定语，如“亲爱的朋友们”。

3. 正文

演讲稿的结构有自己的特殊之处。

演讲稿的结构分开头、主体、结尾三个部分，其结构原则与一般文章的结构原则大致一样。但是，由于演讲是具有时间性和空间性的活动，因而演讲稿的结构还具有其自身的特点，尤其是它的开头和结尾有特殊的要求。

开头要抓住听众，引人入胜。

演讲稿的开头，也叫开场白。它在演讲稿的结构中处于显要的地位，具有重要的作用。好的演讲稿，一开头就应该用最简洁的语言、最经济的时间，把听众的注意力和兴奋点吸引过来，这样，才能达到出奇制胜的效果。

一般来说，演讲稿的开头有以下几种方式：

1）开门见山，提示主题。这种开头是一开讲就进入正题，直接提示演讲的中心。如范文 1《最后一次演讲》，一开始就义正言辞地痛斥国民党反动派的无耻罪行，表达出作者的观点和态度。

2）介绍情况，说明根由。这种开头可以迅速缩短与听众的距离，使听众急于了解下文。如范文 2《另一只眼睛》，开头引用他人言论和自己的理解，逐渐将听众引入自己的看法。

3）提出问题，引起关注。这种方法是根据听众的特点和演讲的内容，提出一些激发听众思考的问题，以引起听众的注意。如范文 1《最后一次演讲》中，也使用了设问，如“李先生究竟犯了什么罪，竟遭此毒手？”让人思考，进一步说明李先生爱国无罪却被国民党杀害，从而突出国民党的无耻可恨。

主体要环环相扣，层层深入。

主体是演讲稿的主要部分。在行文的过程中，要处理好层次、节奏和衔接等几个问题。

1. 层次

层次是演讲稿思想内容的表现次序，它体现着演讲者思路展开的步骤，也反映了演讲者对客观事物的认识过程，好的层次感让人一听就明白，而且听众不会走神，能集中精力跟紧演讲者的思路。相反，一篇演讲稿的层次不明显，或者逻辑混乱，一会儿言东，一会儿说西，听众会云里雾里，不知所云。

怎样才能使演讲稿结构的层次清晰明了呢？

一般来说，演讲者在演讲中反复设问，并根据设问来阐述自己的观点，就能在结构上环环相扣，层层深入。如范文 1《最后一次演讲》一文，有四段都用了设问来展开全文，通过设问自答来揭露国名党的丑恶罪行。

同时，演讲稿多用过渡句，或用“首先”、“其次”、“然后”、“第一”、“第二”、“第三”等语词来区别层次，也是使层次清晰的有效方法。

2. 节奏

节奏，是指演讲内容在结构安排上表现出的张弛起伏。

演讲稿结构的节奏，主要是通过演讲内容的变换来实现的。演讲内容的变换，是在一个主题思想所统领的内容中，适当地插入幽默、诗文、轶事等内容，以便听众的注意力既保持高度集中而又不因为高度集中而产生兴奋性抑制。优秀的演说家几乎没有一个不长于使用这种方法。演讲稿结构的节奏既要鲜明，又要适度。

3. 衔接

衔接是指把演讲中的各个内容层次联结起来，使之具有浑然一体的整体感。由于演讲的节奏需要适时地变换演讲内容，因而也就容易使演讲稿的结构显得零散。衔接是对结构松紧、疏密的一种弥补，它使各个内容层次的变换更为巧妙和自然，使演讲稿富于整体感，有助于演讲主题的深入人心。

演讲稿整篇结构衔接的方法主要是运用同两段内容、两个层次有联系的过渡段或过渡句。如范文 2《另一只眼睛》中，“其实，文科生和理科生是北大的两只眼睛，角度不同，看到的却是同一个北大。就让我们用另一只眼来看看北大吧。”是一个承上启下的段落，在此以上的段落是讲述与观点相关的北大文理科生们的状况，在此以后的段落，讲述的是用另一个眼睛来看北大的情形，非常好地衔接了两个重要部分。

演讲稿段内衔接的方法主要是运用各种关联词语，使句与句之间的逻辑关系清楚明白。

结尾要简洁有力，回味无穷。

结尾是演讲内容的自然收束。言简意赅、余音绕梁的结尾能够使听众精神振奋，并促使听众不断地思考和回味；而松散疲沓、枯燥无味的结尾则只能使听众感到厌倦，并随着时过境迁而被遗忘。怎样才能给听众留下深刻的印象呢？美国作家约翰·沃尔夫说：“演讲最好在听众兴趣到高潮时果断收束，未尽时戛然而止。”这是演讲稿结尾最为有效的方法。在演讲处于高潮的时候，听众大脑皮层高度兴奋，注意力和情绪都由此而达到最佳状态，如果在这种状态中突然收束演讲，那么保留在听众大脑中的最后印象就特别深刻。

演讲稿的结尾没有固定的格式，或对演讲全文要点进行简明扼要的小结，或以号召性、鼓动性的话收束，或以诗文名言以及幽默俏皮的话结尾。但一般原则是要给听众留下深刻的印象。如范文 2《另一只眼睛》中，最后作者简单做了个总结，然后以名言结尾“苟日新，日日新，又日新！”带领听众一起祝愿百年北大，给人留下难忘印象。如范文 3《沟通与友谊》里，许嘉璐先生用中国传统的礼节——作揖，来祝福在座的每一位女士和先生幸福、和谐，并期待再次来到这个伟大的水晶大教堂，和大家共享一个幸福、安宁、让人得到净化的礼拜天。不仅展现了得体的举止和谈吐，也展示了东方文明古国的礼仪风范。

三、范文阅读

1. 最后一次演讲

闻一多

这几天，大家晓得，在昆明出现了历史上最卑劣、最无耻的事情！李先生究竟犯了什么罪，竟遭此毒手？他只不过用笔写写文章，用嘴说说话，而他所写的，所说的，都无非是一个没有失掉良心的中国人的话！大家都有一枝笔，有一张嘴，有什么理由拿出来讲啊！有事实拿出来说啊！为什么要打要杀，而且又不敢光明正大的来打来杀，而偷偷摸摸地来暗杀！这成什么话？

今天，这里有没有特务？是好汉的站出来！你出来讲！凭什么要杀死李先生？杀死了人，又不敢承认，还要诬蔑人，说什么“桃色事件”，说什么共产党杀共产党，无耻啊！无耻啊！这是某集团的无耻，恰是李先生的光荣！李先生在昆明被暗杀，是李先生留给昆明的光荣！也是昆明人的光荣！

去年“一二·一”昆明青年学生为了反对内战，遭受屠杀，那算是青年一代献出了他们最宝贵的生命！现在李先生为了争取和平，而遭受了反动派的暗杀，我们骄傲一点说，这算是像我这样大年纪的一代，我们的老战友，献出了最宝贵的生命！这桩事发生在昆明，这算是昆明无限的光荣！

反动派暗杀李先生的消息传出后，大家听了都悲愤痛恨。我心里想，这些无耻的东西，不知他们是怎么想法？他们的心理是什么状态？他们的心怎么长的？其实很简单，他们这样疯狂的来制造恐怖，正是他们自己在慌啊！在害怕啊！所以他们制造恐怖，其实是他们自己在恐怖啊！特务们，你们想想，你们还有几天？你们完了，快完了！你们以为打伤几个，杀死几个，就可以了事，就可以把人民吓倒了吗？其实广大的人民是打不尽的，杀不完的！要是这样可以的话，世界上早没有人了。你们杀死一个李公仆，会有千万个李公仆站起来！你们将失去千百万的人民！你们看着我们人少，没有力量。告诉你们，我们的力量大得很！多得很！看今天来的这些人都是我们的人，都是我们的力量！此外还有广大的市民！我们有这个信心：人民的力量是要胜利的，真理是永远存在的。历史上没有一个反人民的势力不被人民毁灭的！希特勒、墨索里尼不都在人民之前倒下去了吗？翻开历史看看，你们还站得住几天！你们完了，快完了！我们的光明就要出现了。我们看，光明就在我们眼前，而现在正是黎明之前那个最黑暗的时候。我们有力量打破这个黑暗，争到光明！我们的光明，就是反动派的末日！

李先生的血，不会白流的！李先生赔上了这条性命，我们要换来一个代价。“一二·一”四烈士倒下去了，年轻的战士们的血，换来了政治协商会议的召开；现在李先生倒下了，他的血要换取政协会议的重开！我们有这个信心！

“一二·一”是昆明的光荣，是云南人民的光荣。云南有光荣的历史，远的如护国，这不用说了。近的如“一二·一”，都是属于云南人民的。我们要发扬云南光荣的历史！

反动派挑拨离间、卑鄙无耻，你们看见联大走了，学生放暑假了，便以为我们没有力量了吗？特务们！你们错了！你们看到今天到会的一千多青年，又握起手来了，我们昆明的青年决不会让你们蛮横下去的！

反动派，你们看见一个倒下去，可以看得见千百个继起来！

正义是杀不完的，因为真理永远存在！

历史赋予昆明的任务是争取民主和平，我们昆明的青年必须完成这任务！

我们不怕死，我们有牺牲的精神，我们随时像李先生一样，前脚跨出大门，后脚就不准备再跨进大门！

（选自闻一多《最后的演讲》）

赏析：这是一篇演讲悼词，内容上，作者充分运用了对比手法和举例论证来说明国民党反革命派的险恶企图和赞扬李公朴的伟大献身精神。在语言上，作者使用了几十个感叹号、几十个口号以及多处反诘句，是情感的喷发，是心灵的怒吼。无论在演讲的思想内容还是在演讲的语言技巧上，本文都是一篇非常成功的演讲稿！

借鉴：言辞犀利，感情充沛，号召力强，感叹、对比、反诘手法的综合运用。

作者介绍：闻一多（1899—1946），原名闻家骅，又名多、亦多、一多，字友三、友山。诗人，学者，民主战士。新月派代表诗人。著有《岑嘉州系年考证》、《匡斋说诗》、《天问释天》、《诗新台鸿字说》等。

词语表 Vocabulary

1.	卑劣	【形】	bēiliè	卑鄙恶劣。
2.	无耻	【形】	wúchǐ	不知耻辱，不要脸。
3.	偷偷摸摸	【形】	tōutōu mōmō	形容瞒着别人做事，不敢让别人知道。指背着人暗中行事。
4.	恐怖	【形】	kǒngbù	感到可怕而畏惧。

5.	挑拨离间	【成】	tiǎobō líjiàn	搬弄是非，使别人不团结。
6.	蛮横	【形】	mánhèng	粗暴而不讲理。
7.	赋予	【动】	fùyǔ	给予，交给，寄托（重大任务、使命等）。

2. 另一只眼睛

殷俊

记得《北大往事》里有这样一句话："什么是文科生和理科生的分别？就是文科生踩在银杏落叶上有感觉，理科生则无动于衷。"

我不知道别人是否赞同这句话，我倒觉得理科生踩在落叶上应该有更多的感觉，因为整日埋头于书本的我们走路时能用脚感受一下情趣，不也是很难得的吗？——我说用脚，是因为耳朵、眼和手还得用来背单词呢。

这或许是个笑话，却反映了一种看法。在不少人眼里，我们理科生的燕园生活要比文科的同学单调得多。当我刚进入北大时，我也是这样想的，甚至我们的班主任也是这样想的。记得他在第一次班会上写了这样一副对联："世事洞明皆代数，人情练达即分析。"

后来的生活似乎也证明了这一点。我面对的是每周 30 多节的必修课，厚厚 4 大本的习题集，放下的是写了 5 年的诗集，吹了 10 年的笛子。我们学了 3 个月，总算明白了一个 300 年前的定理，而此时文科的同学已大谈特谈"我是杯清水，北大是坛老酒，爱情就是药酒"了。我不觉有些不平衡了，彷徨中写信给我高中的班主任——正是他鼓励我报考了北大。他的回信只有一句话："北大精神是做出来的，不是说出来的。"

是啊，北大精神是做出来的。当我清晨第一个进入自习室，当我在深夜最后一个离开图书馆，当我熄灯后打着手电继续寻求一个公式的另一种证法，我不都在实践一种北大精神吗？

我们没有能力舞文弄墨，却能用我们的语言——数字谱写诗篇。这诗篇比一切朦胧诗都朦胧。不信你来读读看？！

我们没有条件花前月下，不要紧。万有引力定律告诉我们，吸引别人的最好方法是充实自己。

其实，文科生和理科生是北大的两只眼睛，角度不同，看到的却是同一个北大。就让我们用另一只眼来看看北大吧。

学了地理学，我们知道，北大是一条河，前进时难免泥沙俱下，但进入社会的大海时，泥沙终将沉淀。但如果这条传统的河在某个重要地点淤塞了，就将腐败发臭，毒害而不是清洁靠近他的人。所以我们要继承传统，更要发扬传统，才能让北大之河奔腾不止。

学了生态学，我们知道，北大是片森林，只有保持多样性，才能永葆生机。所以我们要坚持兼容并包的传统，才能让北大之林永远茂盛。

学了物理学，我们知道，能量越低越稳定，结构越规则越稳定。所以北大的同学们，请少一些浮躁，多一些严谨吧。

学了统计学，我们知道，我们每一个人都是北大的一个样本。别人往往就通过我们来认识北大。所以我们时刻牢记："我就代表北大！"

我们来到北大，就像一张张软盘，到北大这台计算机的大硬盘上拷走了知识，也拷走了精神，但你是否同时也拷走了自由散漫、眼高手低的北大病毒？在拷走的同时，我们还要问问自己，我给北大留下了什么？

两只眼睛或许彼此看不到对方的存在，但必将比一只眼睛看得清楚。北大的两只眼睛都是明亮的，就更具有敏锐的目光。正是用这只眼，我们首先看到了"德先生"和"赛先生"，首先看到了马克思主义，首先看到了人口问题，首先看到了股份制……

但是文理科不仅是北大的两只眼睛，还是北大的两只耳朵、两只手、两半大脑……而让这两只眼永远明亮、两只耳永远聪敏、两只手永远灵巧、两半大脑永远清醒的，是一颗永远跳动的共同的北大心，也就是对民族深深的爱，对真理执著的追求。正因为有了这颗北大心，北大才历经百年而不老。百年北大，谱写了光辉的一页。我希望，在下一个百年北大将会更加壮丽。换句话说就是：苟日新，日日新，又日新！

（本文修改自《中国青年报》，1998 年 5 月 6 日）

赏析：这是一篇关于北京大学的演讲比赛作品，同是介绍北京大学，作者眼光独特，观点新颖，从一个理科生的角度来看北大，说明北大是文理综合型大学，北大精神不分文理，永恒存在。文章语言幽默风趣，比喻、拟人、排比、引用等手法综合运用得非常巧妙。

借鉴：角度新颖，引人入胜，各种手法综合巧运用。

作者介绍：殷俊，北京大学数学学院 95 级学生，在 1998 年北京大学首届学生演讲中获得“演讲十佳”的第一名。

词语表 Vocabulary

1.	无动于衷	【成】	wúdòngyúzhōng	动：动作，触动；衷：内心。心里一点儿触动也没有，毫不理会（置之不理）。
2.	世事洞明	【成】	shìshì dòngmíng	洞：洞悉，了解；明：明白。对于人世间的各种事情，都看得透彻明白。
3.	人情练达	【成】	rénqíng liàndá	人情：人情世故；练达：指阅历丰富，通晓世故人情。指通晓待人处事。
4.	彷徨	【动】	pánghuáng	比喻走来走去犹豫不决。
5.	舞文弄墨	【成】	wǔwén nòngmò	故意玩弄文笔。原指曲引法律条文作弊。后常指玩弄文字技巧。
6.	朦胧	【形】	ménglóng	月光不明，看不清，不清楚，模糊。
7.	花前月下	【成】	huāqián yuèxià	多指谈情说爱的处所。
8.	泥沙俱下	【成】	níshā jù xià	泥土和沙子一起随河水流下来，比喻人或事物不论好坏都一齐显现出来。
9.	淤塞	【动】	yūsè	沉积的泥沙使水流不畅。
10.	奔腾	【动、形】	bēnténg	跳跃着奔跑。
11.	永葆生机	【成】	yǒng bǎo shēngjī	长久地保持活跃的生气。
12.	兼容并包	【成】	jiānróng bìngbāo	容：容纳；包：包含。把各个方面全都容纳包括进来。
13.	浮躁	【形】	fúzào	急躁，不沉稳。
14.	眼高手低	【成】	yǎngāo shǒudī	指要求的标准很高（甚至不切实际），但实际上自己也做不到。

3. 沟通与友谊

——在美国水晶大教堂礼拜仪式上的讲话

许嘉璐

尊敬的舒乐博士，尊敬的来宾，女士们，先生们：

非常感谢舒乐博士邀请我和我的同事在新年伊始来到美国访问。刚才舒乐博士问大家，你带着什么样的理想来，又将带着什么走？请允许我在这个伟大的教堂里回答舒乐博士。我带着对和平与友谊的理想而来，将带着美国人民同样对和平的祈求和对中国的友好感情而去。（鼓掌）按照舒乐博士的名言，只要你有一种理想，就一定能够达到。那么当我离开这个教堂，离开美国的时候，我的理想一定能够达到。（鼓掌）

今年是中美建交三十周年。中美关系在这30年里取得了历史性的发展，中美关系的战略意义和对全世界的影响更加突出。中美两个伟大国家之间的友好关系不但符合我们两国人民的利益，也符合世界和平的需要。

站在这个透明的水晶大教堂的讲台上，我没有感到任何的拘束和压抑，仿佛我就处在大自然的怀抱中，温暖的阳光洒遍每个角落，洒在每个人的身上和每个人的心灵里，仿佛大自然在净化着我们每个人的心灵。在这里，处处散发着宇宙对人类的无限关爱。（鼓掌）

舒乐博士把毕生精力献给美国人民，献给上帝，献给全人类。他所得到的启示是，只要一个人真正地努力，他的梦想就会实现。他的梦想实现了，许许多多的人沿着这条路走下去，自己的理想也实现了。我从父辈那里继承下来的思想是，“有志者事竟成”，“精诚所至，金石为开”。到今年为止，我作为一个大学教师已整整五十年了。（鼓掌）在这五十年中，我遇到了很多困难，但我本着“有志者事竟成”的精神，从没有放弃过，因而我所树立的人生目标也一个一个地达到了。（鼓掌）

在《马太福音》里，耶稣告诉我们：“像神爱人类那样爱所有的人。”舒乐博士把这个启示变成了自己的信念，就是解决他人的困难，消弭他人的伤痛。而我所受到的教育是，爱他人是一个人最高的品德。女士们，先生们，在这一点上，是不是我们两颗心又走到了一起。（鼓掌）

中国文化和西方文化是存在差异的。我认为，这种差异不应该成为我们之间和睦相处的障碍，相反，应该是我们增进沟通和交流的动力。中国和美国刚好在地球的两端，如果我们不来往，就很难了解对方。我再一次来到了美国，而舒乐博士也已经三次去中国了。我们没有感觉到空间的距离，只觉得彼此之间越来越接近。先进的西方和古老的东方需要相互学习，携手并进。特别是在当前，世界的混乱、道德的衰败和人性的不安，更需要不同文化的人在一起寻找拯救人类、地球的方法。现在，不同文明之间对话的意义已经为越来越多的学者、神学家和宗教领袖所认同。对话意味着尊重、了解和学习对方。任何文化都在无时无刻地演变着，发展着。和不同的文化进行对话，是各种文化自身向前发展的重要动力。促进这种对话，促进各国人民之间的了解，是我们这些积极思维者、心里装着全人类的人不可推卸的历史性责任。舒乐博士在半个多世纪的时间里一直勇敢地承担着这个责任。我们要向他学习，也要承担起这个责任。(鼓掌)

最后，请允许我在这里用中国儒家的礼仪祝福在座的每一位女士和先生幸福、和谐，(向全场作揖)(鼓掌)祝你们的理想都能够实现。我也期待着今年或者以后的时间，能够再一次来到这个伟大的水晶大教堂，和大家共同过一个幸福、安宁、让人得到净化的星期天。(鼓掌)

再一次感谢舒乐博士和各位！(全体起立，鼓掌)

借鉴：立意高远，言辞诚恳友好，引用恰当恭敬，是一次非常完美成功的跨文化沟通演说。

作者介绍：许嘉璐（1937—），北京师范大学中文系教授，汉语文化学院院长。曾任北京师范大学副校长、民进中央常委、北京市政协副主席，民进中央副主席、主席。1998 年 3 月当选为全国人大常委会副委员长。主要从事古代汉语、训诂学、音韵学、应用语言学等方面的教学和研究工作。2009 年 1 月 9 日至 17 日，应美国著名基督教福音派领袖、慈善家和社会活动家舒乐博士邀请，率团访问美国，在洛杉矶的水晶大教堂发表了这篇以东西文化交流为主题的演讲。

词语表 Vocabulary

1.	伊始	【动】	yíshǐ	开始。
2.	战略	【名】	zhànlüè	指导战争全局的计划和策略；泛指指导决定全局的策略。
3.	拘束	【形】	jūshù	过分约束；束缚。
4.	压抑	【形】	yāyì	情绪、感情低落。
5.	怀抱	【名】	huáibào	心意；胸怀。
6.	净化	【动】	jìnghuà	清除不好的或不需要的，使纯净。
7.	精诚所至，金石为开	【成】	jīngchéng suǒ zhì, jīnshí wèi kāi	人的诚心所到，能感动天地，使金石为之开裂。比喻只要专心诚意去做，什么疑难问题都能解决。
8.	消弭	【动】	xiāomǐ	消除。
9.	和睦相处	【成】	hémù xiāng chǔ	彼此和好地相处。
10.	障碍	【动、名】	zhàng'ài	阻隔，遮挡，也指阻挡前进的东西。
11.	携手	【动】	xiéshǒu	手拉手。
12.	衰败	【形】	shuāibài	衰落；衰弱。
13.	拯救	【动】	zhěngjiù	援助使脱离危难；援救。
14.	推卸	【动】	tuīxiè	指耍滑头、施展诡计逃避责任。
15.	作揖	【动】	zuòyī	两手抱拳高拱，身子略弯，表示向人敬礼。

四、习作欣赏

1. 我的希望工程

【日本】白土美和

我的演讲包括以下三个部分：

第一部分：过去

正如大家所看到的，我是一个黑头发、黄皮肤、黑眼睛的女孩。如果我不开口说话，我想在座的各位老师和听众都会认为我是一个普通的中国女孩。可一旦我开口说话，我想在座的各位都将知道我是一个外国人。而且更糟糕的是，我是日本人。在中国，通常人们对我都非常善意、友好。但我知道，日本曾带给中国人民的伤痕不是一朝一夕就能愈合的。有一天，我乘一辆出租车外出。像往常一样，司机问我是哪国人，我心血来潮和他开了个玩笑，告诉他我是泰国人。我们聊得非常开心，从北京的天气聊到如何做生意。忽然，他对我说："你知道吗？日本人都很坏！"我非常吃惊，问他为什么，"你没有学过历史吗？"那位司机用责备的语气反问我，我想我是无话可说了。

过去成为了历史，历史却留下了伤痕。我听说过很多很多日本人曾经对中国人民做过的可怕的、令人发指的事情。当日本侵略中国时，我还没出生，所以我不知道具体发生了什么事情，但是我知道一定有很多凶恶、残暴的事情发生过，因为历史是不会被忘却的，历史也是无法抹杀的！

第二部分：现在

在中国这半年来，最令我高兴的是，能作为一名志愿者，为中国的希望工程工作。我想先讲一个小故事，这是我在日本上中学时老师给我讲的。

你们知道有一个叫柬埔寨的国家吗？它是一个很小、很美丽的东南亚国家。不幸的是它遭受了25年的内战折磨。现在它是一个很贫穷的第三世界国家。一位日本妇女受联合国的委派，到柬埔寨的一个小村庄当老师。在那里她认识了许多新朋友，了解了村庄里的生活。当她即将结束她的工作，离开这个村庄时，村民们围在她的身边，依依不舍。一个小女孩忍不住哭了起来。这个小女孩泪流满面，一边追着她，一边大声喊："请带我去日本，我要学习！"在这个村庄里，没有学校，没有任何方法让他们学习，不管这些孩子多么聪明，多么渴望学习。

对我们许多人来说，上学是天经地义的事，甚至有时对天天上学感到厌倦。然而，对那个柬埔寨的小女孩来说能够去上学是一件非常特殊的事情，对她来说，上学只是富人的特权。

在日本，有很多人关心希望工程，询问如何支持希望工程。因此，1995年联合国教科文组织在北京设立了志愿者协会，来处理这些问题。从此，这个协会就像一座桥一样把日本民众和希望工程联系起来。这个协会中的大多数成员都像我一样，是年轻的日本学生，也有学习日文的中国学生和在北京工作的日本人。尽管我们缺乏经验，但是尽我们最大的努力，希望能帮助更多的孩子，即使只是一个孩子。

人们经常对我说："做志愿工作是非常可贵的。"然而，对我来说，并不完全是这样的。我只是尽我所能去帮助中国的贫困学生，以回报中国对我的教益。同时，我觉得，希望工程所给予我的远远多于我为它所做的。正像一句英国谚语所说的"付出就是得到"，我不仅是帮助那些贫困地区的孩子，而且从他们身上也得到了许多教益。希望工程给了孩子们希望，同时，也点燃了我内心希望的火花。希望工程教给我热爱和帮助周围的人们。

请大家想一想，孩子微笑着的脸象征着什么？它象征着这个国家的未来。让我们大家共同努力，用爱心拂去孩子们脸上的泪水，让他们的脸上露出幸福的笑容。

第三部分：未来

我生活在现在，没有亲眼目睹过去那场残酷的战争，也无法预知中日关系的未来。不管怎样，我都希望中国有越来越多的孩子接受教育，中日之间会有越来越多的理解、交流与合作。我们不应忘记过去，要以史为镜。我们更要面向未来，共同向前看。现在我所做的一切，就是要在中日之间架起一座桥梁，把中国和日本连接起来，把过去和未来连接起来，这就是我的希望工程。

谢谢！

（编者改自1998年8月18日《北京青年报》）

借鉴：观点新颖、构思精巧，有鲜明的个性特征。

文章简介：此文是1998年6月19日由北京市教委、市对外文化交流协会联合举办的"北京高校外国留学生汉语演讲比赛"的获奖作品，编者略改自1998年8月18日《北京青年报》。作者把过去、现在、将来三个时段作为演讲的三个部分，使文章具有纵深感和历史感，表达了自己勇于面对过去，从现在做起，志愿为希望工程服务，以实际行动在中日之间架起一座友谊和希望之桥。

词语表 Vocabulary

1.	愈合	【动】	yùhé	疮口或伤口长好。
2.	心血来潮	【成】	xīnxuè láicháo	来潮：潮水上涨。指心里突然或偶然起了一个念头。
3.	柬埔寨	【专名】	Jiǎnpǔzhài	东南亚国家，首都金边。Kingdom of Cambodia。

2. 北京，永远的北京

【美国】贺永泉

北京啊北京，真是一言难尽——人山人海、空气污染，绵延不断的堵车，等等等等。可需要说的是，无论如何、不管怎么说，这个城市值得注意，值得感兴趣，也值得热爱。

为了了解北京，你需要用新的眼睛——北京的眼睛。不然夏天的那个阴天和我们周围的那些喧闹的工地会让你怀疑并后悔："我到底为什么离开了密西根的迷人景色到这里来呢？"

如果你向周边随便看一眼，就会发现北京的夏天仍然有太阳，只是它喜欢隐藏起来，发挥你的想象力就可以知道。而且，四面八方的那些工地不正是未来的预兆吗？！它叫旁人明白：北京正在成长、正在发展，在不久的将来——二零零八年就会迎来新的开始，如此提醒着我们——明天的明天充满了变化与新意。我们一定要记住，到那时我们再看一看周围的环境，否则就看不到北京含蓄、害羞的美丽面容。

我说的并不太复杂：我喜欢北京。为什么呢？说实话，是因为我的胃爱上了北京烤鸭，是因为北京的儿化音好听，是因为在这儿很难感到孤单，是因为北京人彼此相顾，是因为北京的气氛无可比拟，是因为我爱北京人。

还记得上个学期（就是今年夏天）我跟同学们一起去承德的那个晚上。那天的活动结束之后，我闲着没事，就一个人出去瞎溜达。过了不久，我就在街上认识了一个年轻人，自然就开始说话，谈名字，谈家庭背景，谈中国烹饪玉米的方法，谈来谈去，坐在我旁边的两个中年男子听说我在北京读书，就打断了我们的谈话，并露出了世间最灿烂的微笑。

他直截了当地问我："你在北京读书吗？"

啊，我眼前一亮，知道了，儿化音！他是北京人！"是啊，我在北师大读书。"

转眼间，他就给了我倒一杯酒。

"你喝吧！"

"我不喝，谢谢！"几分钟之后终于说服了他，我真的不喝酒，他是那么的热情，让人几乎无法拒绝。然后他说了几句发自肺腑的话：

"贺永泉，我跟你说，我是北京人，你在北京读书，就像是我们的一个好朋友一样，我觉得你就像我们的弟弟。是这样，我们北京人都是一个大家庭。"

我感动得一时不知说什么好。的确，那两个北京人从内心里完全接受了我这个在北京读书的外国人，让我这个异国他乡的游子感到了家的温暖。他那爽朗的微笑如同夏日的一阵凉风，一瓶啤酒，让我的内心感到无比的爽快。怎一个"美"字了得。

我无须说北京是中国的首都，是中国的政治文化中心；我也不必说这里到处都有名胜古迹，古代历史珍稀的痕迹。我只想说印刻在我心灵深处的并不是这些静止的建筑，而是一个个朝气蓬勃的北京人。虽然北京会留给我一些困扰（阴天、堵车、拉肚子），但是在我这样一个热爱北京的人的眼里，那些困扰也给了我一份特别的感觉。北京啊北京，真的一言难尽！

（亓华指导2005年北京高校外国留学生"来华杯"演讲比赛二等奖作品）

词语表 Vocabulary

1. 绵延不断	【成】	miányán bú duàn	形容相同的自然景观一个接一个不间断地出现。
2. 肺腑	【名】	fèifǔ	指内心。
3. 朝气蓬勃	【成】	zhāoqì péngbó	朝：早上；蓬勃：旺盛的样子。形容充满了生命和活力的样子。

五、修辞知识——反复

1 什么是反复

反复就是为了强调某种意思，突出某种情感，特意重复使用某些词语、句子或者段落等。反复不是无用的重复，它可以起到反复咏叹、表达强烈的情感的作用。同时，反复的修辞手法还可以使诗文的格式整齐有序，而又回环起伏，充满语言美。例如：

大堰河，为了生活，……

她含着笑，洗着我们的衣服，

她含着笑，提着菜篮到村边的结冰的池塘去，
她含着笑，切着冰屑悉索的萝卜，
她含着笑，用手掏着猪吃的麦糟，
她含着笑，扇着炖肉的炉子的火，
她含着笑，背了团箕到广场上
去晒好那些大豆和小麦，
……

(艾青《大堰河——我的保姆》)

为了赞美保姆——大堰河的勤劳和善良，艾青在这里一连反复使用了六个“她含着笑”，使勤劳而乐观的保姆形象跃然纸上。

2 反复修辞手法的几种类型

1．词语反复。为凸显某种感情或某种行为，连续两次以上使用同一词语，达到强调的目的。例如：沉默呵，沉默呵！不在沉默中爆发，就在沉默中灭亡。(鲁迅《记念刘和珍君》)

鲁迅先生在这里多次使用“沉默”一词，表达自己对段祺瑞政府的愤怒和对民众觉醒的期盼之情。

2．词组或句子反复。有时为了表达内容或者结构安排的需要，要连续两次以上使用同一个词组或句子。

例如：大山原来是这样的！月亮原来是这样的！核桃树原来是这样的！香雪走着，就像第一次认出养育她成人的山谷。(铁凝《哦，香雪》)

这里连续三次反复使用“原来是这样的”，表明了香雪此时的快乐心情。

例如：胡适在《差不多先生传》中，多次让主人公用“差不多嘛”为自己的粗心大意来开脱，这种口头禅式的反复重复，突出了“差不多”先生做事不认真，马马虎虎的性格特点，塑造出一个具有国民劣根性的“差不多先生”的典型形象。

3．语段反复。在诗歌和小说中最为常见。鲁迅在小说《祝福》中，不惜笔墨，连续两次重复以“我真傻，真的”开头的一大段，一方面表达祥林嫂丧夫失子后的痛苦心情，同时也反映鲁镇上的人们对她的冷漠，有力地批判了摧残中国劳动妇女的封建礼教。

3 反复与排比修辞手法的区别

反复和排比两种修辞手法都含有相同的词语，形式上相似，容易混淆，两者的区别关键在于其表达的侧重点不同。

反复是为了强调某个意思或突出某种情感而重复使用某些词语或句子，所要表达的侧重点在于重复的词语或句子上；排比则是把结构相同或相似、内容相关、语气一致的三个或三个以上的短语或句子排列起来使用，侧重点不在相同的词语上。例如：

1. 终于自由啦！终于自由啦！感谢全能的上帝，我们终于自由啦！(马丁·路德·金《我有一个梦想》)

此句三次咏叹“终于自由啦”，表达对自由的期盼和渴望，侧重点就是“终于自由啦”，所

以此句的修辞手法为反复。

2. 她没有陪嫁的资产，也没有什么法子让一个有钱的体面人认识她，了解她，爱她，娶她。（莫泊桑《项链》）

这句含有相同词语“她”，但是所要强调的词语不是“她”，而是“认识”“了解”“爱”和“娶”，所以该句为排比。

4 反复修辞手法应用举例

无论实用还是应试，都不应满足于背概念，而应当重视实际能力。下面举个例子供参考。

例如：“南国的红豆啊，红得深沉，像鲜血的凝固，让人肃穆。”可以运用反复的手法进行改写，改为：“南国的红豆啊，红得活泼，像泉水的叮咚，让人清爽；南国的红豆啊，红得艳丽，像朝阳的初生，让人神往。”

这样写，可以将“南国的红豆啊”放在突出位置，反复咏叹，倾诉对它的一往情深。总之，反复修辞手法不仅能起到强调作者情感、充分表达作者思想的作用，还到增强文章的气势，在写作和生活中广泛应用。

12 辩论赛与辩论稿

一、热身互动练习

全班分成几个四人小组，从下面辩论题中任选一道，准备课堂辩论。

正方	反方
1. 个人的命运是由个人掌握	个人的命运是由社会掌握
2. 男女平等是可能实现的	男女平等是不可能实现的
3. 嫁得好不如干得好	干得好不如嫁得好
4. 友情比爱情更重要	爱情比友情更重要
5. 中学生上网利大于弊	中学生上网弊大于利
6. 上司和下属要保持距离才有权威	上司和下属不用保持距离也有权威

（2009 年 10 月亓华主持韩国外国语研修院汉语教师培训班辩论赛）

二、辩论赛技巧与规则

辩论赛在形式上是参赛双方就某一问题进行辩论的一种竞赛活动，实际上是围绕辩论的问题而展开的一种知识的竞赛，既是思维反应能力和语言表达能力的竞赛，也是综合能力的竞赛。

1 辩论赛的技巧

1. 内容要破题立论。突出自己的优势空间，拥有自己的套路，紧围辩题。

2. 辩位安排：一辩求稳、语言有震撼力，对整场辩论赛观点的把握能力强；二、三辩要求现场应变能力、语言的及时组织能力以及对观点的把握能力强；四辩是为整场辩论赛画上一个圆满句号的人，要求有思想、有热情，能够在情感上带动评委、观众。

3. 注意场上的整体配合：辩论赛的输赢不是仅看个人表现的好坏，它也是对辩手默契的考验。

4. 注意肢体语言的运用：辩论赛的辩题本来就没有一个绝对的谁对谁错，看的是谁的语言更有说服力。恰当而又丰富的肢体语言更能增加你的说服力。

5. 自由辩论阶段经典常用语的使用：自由辩论阶段是整场辩论赛的高潮。每个辩手的语言简短精练而又具有很强的针对性，但给观众和评委的思考时间也相对减少了，比如："对方辩友显然已经跑题了"、"对方辩友为什么故意逃避我方问题呢？是不是已经同意我方观点了呢"、等经典常用语要时常用上。

6. 注意抓重点抓内容：辩论赛毕竟不是表演，它看的还是你的语言是否有说服力而不是看你的声势有多大。

7. 避免硬伤。①注意礼貌问题：辩论不是吵架，一定要注意情绪的控制，注意自己的风度问题，不要进行人身攻击。②注意规则问题，尤其新手。

8. 千万别被对方的问题给领跑了，要坚持自己的立场，哪怕辩题是"猪比人更聪明"你都要坚持到最后。别觉得自己的辩题有多大漏洞，它只是一个命题，你的责任就是把它当成真理来说。

辩论是神圣的，能够用语言来阐述自己的观点也是一种能力。学理固然重要，语言技巧也同样重要。

（编者改写自网络）

2 辩论赛的进行方式和规则

1. 比赛进行方式

一场辩论比赛通常分成正反双方两队，主席与司仪、裁判共三位（可更多，但是需以奇数位为好）。

现时大专辩论赛所采用的比赛方法是正反双方各有四人，分别为主辩、第一副辩、第二副辩及结辩。而中学赛制中多为一队三人，主辩兼任结辩。

2. 比赛规则

发言次序为正方主辩，反方主辩，正方第一副辩，反方第一副辩，正方第二副辩及反方第二副辩，之后便是台下发问时间，台下发问完结后，到反方结辩发言，最后正方结辩。

发言时间分别为主辩 4 分钟，第一及第二副辩 3 分钟，结辩 4 分钟。

有些比赛会有自由辩论时间。

比赛最后会有胜方及评出最佳辩论员。现赛制多以投票制计算胜方。计算胜出方法会先以每位裁判的打分相加，得分较高的一方可得一票。得票较高一队则为胜方。如分数上正反双方得分相同，则该裁判的一票作废。如遇上投票票数相同，则采用总分高者为胜制，即将一方所有分数加起，高分的一方为胜方。最佳辩论员计分方法亦为先采用投票制，先将各辩员得分由高至低排序，最高分者得 8 分，最低分者得 1 分。然后将各裁判的票数相加，得票高者为最佳辩论员。而遇票数相同则将同票的辩论员以总分计算，总分高者为胜。

3 比赛流程

1. 主席致开场词，介绍该场参赛队员、裁判团成员和比赛规则。
2. 开篇立论开始，正反两方一辩依次进行，时间各二分三十秒。
3. 公辩时间 6 分钟，每队各 3 分钟。
4. 公辩小结，每队各一分三十秒。
5. 自由辩论 8 分钟，每队各 4 分钟。
6. 反方四辩总结陈词，时间 3 分钟。
7. 正方四辩总结陈词，时间 3 分钟。
8. 裁判团进行评判，工作人员计分、统分。
9. 请本场的裁判代表分析赛情。
10. 主席宣布本场比赛各队的得分情况及最后结果。
11. 本场比赛结束，退场。

注：每位辩手发言时间剩 30 秒时，将有一次笛声提示，当辩论时间用完时，有两次笛声提示，辩手应立刻停止发言。

三、范文阅读

1. 爱和被爱哪个更幸福

正方：爱比被爱更幸福（中山大学）

反方：被爱比爱更幸福（新加坡国立大学）

立论陈词

张君（正方）：爱是人类最基本的情感，它包括缠绵悱恻的爱情，血浓于水的亲情，相知相喜的友爱，幸福是什么？幸福可以是生活环境改善后带来的愉悦，也可以是人的价值实现过程中带来的满足，但是比较而言，后者是更为本质，更为深层的幸福，我们说爱比被爱更幸福，是因为爱比被爱，更能产生也更能维系幸福。

首先从爱与被爱产生幸福来看，一方面爱与幸福的联系，更为紧密，爱的幸福是主体主动付出爱之后带来的满足，这种幸福是主动形成的。而被爱的幸福是主体受到他人或社会关爱带来的愉悦，它因爱而起，是被动激发的，如果刻意追求被爱还容易导致虚荣和失落，与幸福南辕北辙。另一方面爱的幸福感受，更为丰富，被爱得到的幸福，被爱者自身是无法决定也无法把握的，而在爱中，我们可以自主地选择爱的对象和爱的方式。我们钟爱生活伴侣，疼爱亲人朋友，关爱鳏寡孤独，热爱国家民族，全方位的爱，让我们感受到了更广泛、更丰富的幸福。恰如弗罗姆所说，付出比获得带来更多幸福，不是因为付出是一种牺牲，而是因为付出表现了向善的人性。其次从爱与被爱维系幸福来看，一方面持久的幸福，只有在人际关爱中才有可能实现，如果一个社会强调被爱更幸福，人人都追求被爱，人人都想着自己的幸福，就容易引发社会的冲突和矛盾。但如果我们倡导爱更幸福，每个人都懂得去关爱他人，关爱社会，那么更有利于和谐的社会秩序建立，从而得到更为长久的幸福。古人云：仁者爱人。今人也说：助人为快乐之本。表达的就是这个意思。

另一方面爱能让我们感受到更深层更本质的幸福，因为幸福的真谛就是人的价值实现带来的满足，而真正的爱是付出和奉献，不以获得和索取作为前提。而恰恰是这种无所求的价值趋向，让幸福在奉献中升华，从而得到更高的幸福境界。

伟大的母爱，相聚的情爱，相知的友爱，构成了幸福的源头活水。像曼德拉、南丁格尔、德来修女，这样无私的爱的奉献，让幸福永远不衰竭。所以朋友当你生命中第一次通过被爱而感到快乐时，你尝到了幸福；但当你生命中第一次因为爱而感到满足时，你读懂了幸福。

吴天（反方）：谢谢主席，大家好！当我第一次听到爱与被爱这个题目的时候，萦绕在我脑海里的一直是我的父亲。小时候冬天很冷，父亲总是帮我捂热被窝，自己却冻得直哆嗦。我睡着了，还爱蹬被子，父亲就夜里爬起来好多遍帮我盖被，这个习惯甚至一直持续到我长大，一直到我出国念书，他还时常会从梦里惊醒，然后站在我那空空的床前发呆。其实我的父亲很普通，可是他那深沉的父爱，真的让我觉得自己就是这个世界上最幸福的人。其实我们每个人都被不同的爱包围着，那么为什么被爱的时候，就更幸福呢？首先作为我们普通人来说，爱是期待回报的，当我爱上一个男孩子的时候，我会期待他有朝一日也能爱上我，好好呵护我，关心我。这样有期待的爱，如果美梦成真，那自然是最好不过了，但是如果很不幸，这份期待没有得到回报，那么对于被爱的人来说，还是会因为被人欣赏关心和支持，而感到很幸福，而付出这份爱的人却是希望破灭，又如何从一份破灭的希望中，寻求到更多的幸福呢？

其次，除了期待回报的爱以外，我们当然还有很伟大不求回报的爱，但是这些人付出他们伟大的爱的时候，是宁愿用自己的幸福去换取别人的幸福，比如说，德来修女，当她无私地照顾那些孤儿和流浪者的时候，是放弃了自己原先平静安宁的生活，来到贫穷动荡的加尔各答，以至于自己长期积劳成疾，脚都变形了。又比如说在新加坡还有批陪读妈妈，她们为了照顾自己的孩子，宁愿放弃原先在家乡优越的工作环境，来到异乡打工，端盘子。这些牺牲了自己幸福的人，与那些得到幸福被爱的人相比较谁更幸福呢？最后我们今天的讨论，还要比较两种特殊情况，一种就是被爱的特例，也就是被你不爱的人爱，这时候也许我们不会接受这份爱，但同样会因为被人欣赏、关心而感到深深的满足。而另一种呢，则是付出爱的时候，爱上一个不爱你的人，这时候的失落怅惘，又怎会是幸福？一个人坠入情网了，还很难自拔，即使被对方抛弃了，还要无可救药地继续爱下去，这时候您还能说爱比被爱更幸福吗？

综上所述，无论是期待回报的爱，还是不求回报的爱，无论是一厢情愿的爱，还是两情相悦的爱，都是被爱更幸福。我真诚希望有一天这个世界能充满爱，让我们每个人都能体会到被爱的幸福。

盘问

反方盘问正方

陈国坤（反方）：请问对方辩友一个问题，当你真心真意爱上一个人的时候，你会不会希望他过得比你好呢？

马薇薇：我当然希望了，但是如果他像对方三辩所说的那样，他并不爱我，那么我就不会把他囚禁在我爱的囚笼之中，让他勇敢地去爱他所爱的人，因为被爱没有爱幸福，所以因为很爱很爱你，才舍得让你往更多幸福的地方飞去。

陈国坤：所以按照对方辩友的观点，爱比被爱更幸福，可是他又希望对方过得比你好。是不是说你永远会比对方过得好，因为爱比被爱幸福，那你愿望永远不能成功，你还感到幸福吗？

马薇薇：这就是由被爱的局限性导致的，所以这就是为什么歌里唱：“只要你过得比我好”。你要过得比我好，所以我就不能仅仅把你囚禁在我的身边，如果你被我爱仅仅是感到满足的话，那么有一天你找到真正你爱的人的话，你会更满足，更幸福，所以我才舍得让你走。这就是爱的伟大之处，这也就是为什么爱比被爱更幸福。

陈国坤：所以对方辩友答到“只要你过得比我好”，是不是跟他说“你爱我吧，你爱我吧，你只要爱，爱比被爱更幸福”你就会更幸福了呢？

马薇薇：爱不是这样自私的，我希望你去爱一个人，但这个人未必是我。

陈国坤：好的，我再问你另外一个问题。今天父母都会很疼爱孩子，他会爱孩子，可能很多孩子却在很悠闲地看电视，请问哪个比较幸福呢？

马薇薇：我认为在这个时候，父母是更幸福的，而孩子如果也想像父母那样幸福的话，就真的应该帮我们的爸爸妈妈捶捶肩、洗洗碗。

陈国坤：好，对方辩友告诉我们洗碗是更幸福的，那你是不是跟你妈妈说：“妈，你洗碗真幸福，你怎么痛苦地让我一个人悠闲地在这儿看电视呢？”是不是这样子呢？

马薇薇：问题是我们的妈妈洗碗的幸福是源自他们对我们的爱，如果我们真的爱她们的话，我们也应该去洗碗，难道对方辩友您不是这样想的吗？

陈国坤：那按照对方辩友的观点，爱比被爱幸福，你要给你父母幸福，是不是跟你父母说：“妈，爱我多一点吧，你越爱我你越幸福！”

正方盘问反方

黄磊：一个比较的命题，总得有比较的标准，请问对方，更幸福的标准是什么？

吴天：这个更幸福，我想今天我们找不到一个特别公正客观的标准，因为幸福毕竟是人的主观感受，但是我们可以通过自己的经验，通过大家感同身受的感觉，去体味到底哪一个更幸福，而且我们既要看一个人在爱和被爱的时候，谁更幸福，更要看面对同一份爱，是付出爱的人幸福还是被爱的人幸福。

黄磊：很遗憾，这个问题呢被无情地回避了。其实按您举的那两个例子，一个是父亲盖被子，一个是让孩子去洗碗，是不是更好地得到满足和更好的外在享受，就是更幸福的？

吴天：我想这确实是更幸福，因为父亲为我盖被子的时候，我是很好地享受了这种父爱的温暖，为什么我不是比我的父亲更幸福呢？

黄磊：难道外部条件优越，人就更幸福吗？按理说来公寓就应该比一个平草屋更幸福吧！山珍海味就应该比粗茶淡饭更幸福吧！一碗炸酱面是不是比半碗炸酱面更幸福呢？

吴天：对方辩友一共问了很多问题，但是我想关键是在于，那个盖被子的人是我的父亲，他不仅仅是为我盖被子，他盖被子的时候，包含了所有父爱的深情，我被他盖被子的时候，我感到的是那种父爱的温暖，那何止是一种鸭绒被的温暖呢？

黄磊：其实按照这个逻辑推演来看，一个女子最幸福的就是应该嫁给一个百万富翁，可能会被他包养，但是有吃不尽，喝不完的东西，这就是更幸福的，这符合我们的常识吗？

吴天：我可没有说更幸福的时候，就是钱拿得最多的时候！我觉得更幸福的时候，是有一个人真心真意地爱我，他无私地爱我，完全希望我过得比他好的时候，我那时候真的会最幸福。

黄磊：希望过得比他好，就能论证被爱更幸福吗？我被母亲爱，我还希望爱我的母亲更幸福，是不是也自然论证了母亲爱我更幸福。

吴天：所以爱加上被爱最幸福呀，所以用希望这种论点，是不能论证对方辩友的论题的。

驳论

反方反驳正方

赵惠（反方）：今天对方辩友在爱的名义下，给我们抛出了几个特别可爱的论点，可惜真理多走了一步，就变成了谬误。让我们先来看看对方同学多走的这一步在哪里？对方同学今天通过得到幸福的途径，来告诉我们怎样更幸福，他们说什么呢，他们说爱的幸福，是我自己主动追求的幸福，而被爱的幸福呢，是我被关爱后得到的，是我被动得到的幸福，所以爱就比被爱更幸福了。可是问题就在于为什么我主动追求到的幸福，就一定比被动得到的更幸福了呢？今天我可以主动地去赚钱，我也可以被动地突然接受了一大笔遗产，您能说我主动赚到就比我被动得到的更多吗？今天我也可以主动的去烘块馅饼，但是也不排除有一种可能性，天上突然有一个馅饼掉在我面前吧，那么为什么我主动烘出来的馅饼，就比我被动得到的更大，更好吃呢，这是第一。

第二，对方同学又告诉我们，助人为快乐之本，所以当我爱上一个人的时候，我就会无条件的幸福，就好像南丁格尔。又比如说德来修女，且不说事实是否真的如此，假使说今天有人爱上我了，他给我倒了一杯水，他心中就觉得十分幸福，那么我什么都没做，就有人来倒一杯水给我喝，我是不是更幸福了呢？接着对方同学又讲到了社会的价值倡导，说如果我们倡导被爱比爱更幸福，就会没有人去爱别人了，大家都等着人家来爱了，可是我们想一想，当我们爱上一个人的时候，我们想的是什么？我们是在想我们通过自己的爱，让这个人更幸福吧，我们想的是只要你过得比我好，我自己怎么样都可以吧。

正方反驳反方

黄磊（正方）：谢谢主席，对方告诉我们在真理之外，你要再走一步就是谬误，但我们知道幸福是需要追求的过程，如果对方只是原地踏步，可能幸福永远不会来到您的身边。

对方立论告诉我们四点，让我们逐一想来，第一他举了一个例子，说父亲呢给孩子盖被子，其实我也被父亲盖过被子，我感到很幸福，但这里比较的是什么？是被爱与否的幸福比较。我为什么会感到更幸福？是因为如果父亲不给我盖被子，这个时候我没有人给我盖被子，我感到痛苦，这个时候有人盖被子，这是被爱比不被爱幸福，不能说明问题。为什么？让我们想想，按照今天比较爱和被爱这样一条逻辑来说，这个例子应该怎么举？是这样来举，今天我父亲给我盖被子，将来有朝一日，我也会成为父亲，我也要给我的孩子去盖被子，这个时候我是否更为幸福？这是今天这个例子的正确比较方法。第二点对方辩友告诉我们，因为爱总是要期待回报的，回报的时候，要希望您爱的那个人再反过来爱你，我觉得爱不是这样的，爱的确需要回报，但不是对方所讲的回报，怎么讲，举个例子就好理解了。我们今天的老师，含辛茹苦地付出，他希不希望回报，他希望，但是这个回报不是学生提着大包小包来看他，而是希望看到自己的学生桃李满天下。一个母亲的爱需不需要回报？需要，不是说孩子要来回馈自己，而是说母亲看到孩子能像对方辩友一样，在自己的领域中展翅欲飞，这是爱所需要的回报。第三点，对方辩友告诉伟大的人物是牺牲的，他们可以去高尚，他们可以不幸福，举个简单的例子，就好理解了，孔融让梨，给梨总是不快乐的事情吧，但是幸福是这个梨能比较的吗？付出的过程是真正幸福的体验，对方辩友无疑论证的是，不劳而获之后那种满足感才是最幸福的，这合理吗？啊？

对辩

对辩一

薛乐（正方）：对方说母亲希望孩子更幸福，所以孩子被爱更幸福，想请教您，孩子被母亲爱的时候，是不是也希望爱自己的母亲更幸福呢？

陈晓欢（反方）：可能吧。可是我想说的是，刚才对方辩友讲父亲和儿子那个例子的时候，是比较错误了，他说我们比较的是，我儿子被爱和不被爱的时候的幸福，而我们比较的是父亲爱和孩子被爱时候的幸福，请对方辩友解释一下，父亲爱儿子，儿子被爱哪个更幸福？

薛乐：我来告诉您吧，一个孩子被父亲盖一张被子诚然是幸福的，如果有一天我们长大了，能够为年迈的父亲盖上一张被子，难道我们不会觉得更幸福吗？

陈晓欢：我会觉得更幸福，可是当父亲看到自己一手抚养起来的儿子为自己盖被子的话，这个父亲是不是会觉得更更幸福呢？

薛乐：谢谢对方辩友，已经告诉大家当我们被父亲爱的时候，我们是幸福的，但我们爱父亲为他盖一张被子，我们更幸福。想请你继续回答我的问题吧，如果母亲希望孩子更幸福，就能论证更幸福，是不是今天孩子希望母亲比自己更幸福，就能论证我方立场呢？

陈晓欢：对不起！“希望”是对方辩友归谬的，可是我想今天如果我没有归谬的话，我应该听到对方辩友陈词的时候，讲爱是主动的，被爱是被动的，我想刚才我方驳论的时候，已经提出了主动的就一定比被动的爱更多呢？

薛乐：对方辩友，阿Q爱吴妈的时候，吴妈是被爱吧？请您告诉我，吴妈被爱的时候如何能像您说的那种感到满足和愉悦，如果她如此满足和愉悦，为什么要打阿Q一下呢？

陈晓欢：阿Q爱吴妈，吴妈都打他一下，你觉得阿Q比吴妈更幸福吗？

薛乐：对方辩友，因而您就可以告诉我们说，原来吴妈打阿Q一下，吴妈就比阿Q更幸福了？（正方时间到）

陈晓欢：我并没有说吴妈更幸福，可是大家想一下，当你爱一个人的时候，对方辩友论点是说你的幸福能把握，可是当你被拒绝的时候，你那个幸福能把握吗？不能，当你被接受的时候，那个幸福也不是你把握，是对方把握的。所以说对方的论点也不能成立。

对辩二

陈晓欢（反方）：请问今天如果我身边有个女子叫阿花，我折了千纸鹤，给她折了七天七夜，可是她却随手拿去废纸回收，请问我内心还幸福吗？

马薇薇（正方）：你当然痛苦了，因为您期待被爱，这是期待被爱带来的痛苦，也就是强调被爱更幸福带来的痛苦，所以对方辩友别做等爱的男人呢！

陈晓欢：可是如果我不爱那个女生的话，为什么我……

马薇薇：如果害怕爱带来痛苦，我们就不去爱的话，那您就只能一直等待。请问对方辩友，你们告诉我们说，爱都是期待回报的，如果真的是这样，在泰坦尼克沉没的时候，杰克就应该对罗丝说，你爱不爱我，不爱的话，我立马爬上舢板把你挤下去，而不会对她说：你要好好地活下去。

陈晓欢：可是在座各位女士想一想，如果一个男士愿意为你这么牺牲性命的话，你们心里是不是感到最幸福呢？再问对方辩友一个问题了，今天如果还是很坚持不懈，我去拿着鲜花跟她示爱。可是她打了我一巴掌说，我不爱你，请问我心里幸福吗？

马薇薇：当然会痛苦了，我们从来都没说过爱不会带来痛苦，正如被爱也一样，会带来痛苦，就像阿Q和吴妈的那个例子。但是您因为害怕痛苦，就不去爱，或者不去被爱了吗？

陈晓欢：不管是吴妈的例子，还是我的例子，对方辩友是想告诉我们，被打一巴掌是幸福的吗？

马薇薇：对方辩友，我们有说过这样的话吗？你们告诉我们说，高尚的爱是不幸福的，幸福的爱是不高尚的，那我想请问一下，世界上哪一部分人应该负责高尚不幸福，哪一部分人应该负责幸福不高尚呢？

陈晓欢：每一个人都应该去给予别人幸福，对方辩友一直告诉我们说，今天我们要追求幸福，所以爱比被爱幸福，可是我们就不能换一个角度来想吗，我们给予我们爱的人更大的幸福，被爱比爱幸福，所以我们去爱，就不能这样伟大地去想吗？

马薇薇：对方辩友您换多少个角度来想，都无法帮世界上分为两类，剥夺他们高尚和幸福的权力。（正方时间到）

陈晓欢：今天对方的理论点，就是一直告诉我们，因为你要追求幸福，因为爱比被爱幸福，可以给你带来多大的好处，有很多的好处，所以你去爱吧，可是我们的爱是这样子的吗？

嘉宾提问

王慰卿（嘉宾）：我请问正方的二辩同学。

黄磊（正方）：好，谢谢。

王慰卿：你们刚才在立论的时候，把幸福定义为一种价值的实现，得到社会的认可，假如你爱的出发点就错了，没有得到社会的认可，没有对社会造成正面的效应，那么你还会感到更幸福吗？

黄磊：谢谢嘉宾的提问。其实我方说，人的幸福来自哪里，来自欲求的满足，人有两种类型的欲求，一方面是像对方所说的，外在环境、外在物质条件所带来的满足；一方面呢，是自己有一个实现人生价值的需求，所以我们认为后者比前者呢是更为深层的。也许你个人价值的实现，不被带来社会的认可，这点呢，我方坦然承认，确实有的个人价值实现了，比方说有的吸毒者、走私者，他的价值不会得到承认。诚如我方说的，爱会带来痛苦，也可能不认可，其实同例，反方被爱呢，也会带来不认可，也会带来痛苦，所以双方在比较更幸福的时候呢，是带来幸福与带来幸福的更为丰富的比较，而不是谁更痛苦的比较，否则对方就只能比较，爱带来的痛苦和被爱带来幸福，一个痛苦跟幸福比较。用同样的逻辑，我方也可以比较，爱带来的幸福和被爱带来的痛苦。这样这个辩题呢，也就失去意义了。

余磊（嘉宾）：从公平的角度出发，我也请教反方的第二位辩手——陈晓欢同学。

陈晓欢（反方）：谢谢。

余磊：在你立论当中谈到，有不求回报的爱，而这种不求回报的爱，也是被爱比爱更幸福。比如说南丁格尔，她牺牲了自己的幸福，换来了更多人的幸福。但是我们仔细分析的话，我们就会发现，在南丁格尔付出爱的同时，她实现了自我的价值，成为了白衣天使的象征，这是人自我价值的实现。而在马斯洛的需求层次里面，这是最高层次。我想请教您的问题就是，这种最高层次，自我价值实现的满足，比低层次的，生理欲求实现的满足，有没有区别？如果有区别的话，哪个更幸福？

陈晓欢：谢谢余磊的问题。我想这种高层次的爱，跟低层次的爱是有区别的，就像我们在立论的时候讲的，一个是期待回报的，一个是不期待回报的。那我想刚才嘉宾提问的问题，是那些高层次的，不期待回报的那些人，他们在牺牲自己幸福的时候，同时也实现了自己的个人价值，还有社会价值。我想我的答案是他们也是幸福的。为什么呢？因为今天我们从来就没有否认，爱是幸福的，在这点上我们没有分歧，我们是说被爱比爱更幸福，所以当那个很伟大的人，他牺牲了自己的幸福之后，他自己个人价值得到了实现，可是那些被他这么伟大的爱所爱着的那些人，我觉得他们的幸福感应该是更大的。这是我们的观点，希望能令您满意。

蒋昌健（嘉宾）：我请教正方第三位辩手，在拿到这个辩题的时候，我一个朋友告诉我，他说这个问题在我们家里呢，是相当的简单，他说他对他的妻子有爱，他说他这个爱的动机，很大一部分是来自于他觉得被爱比爱更幸福的这样一个理解上，所以他支付了他的爱。我想请问，他这一个理解，是不是颠覆了你们的立场。

马薇薇（正方）：其实我们每一个无私付出爱的人都丝毫没有颠覆任何的立场，因为我们去爱一个人的时候，当然像对方辩友所说的那样，希望他比自己更幸福，但是这仅仅是希望，为什么不能成为事实呢？这可能是存于大家心头的一个疑问。其实这是由于被爱的局限性导致的，因为人的幸福需求，其实有两个层次。第一个呢，是较低的层次，也就是生活环境的改善带来的满足感；第二个层次，也就是人自我价值实现带来的满足感。可是人被爱的时候，无论爱你的那个人，为你做出再多的东西，都只能使你身边的环境改善，却无法让你实现你自己的价值，所以说无法完成更深、更高层次的满足，所以就永远无法比爱的那个人更幸福。所以我们去爱每一个人的时候，无论是母亲爱孩子，还是我们爱自己的恋人，都会希望他能够爱己所爱，这就是为什么每一个母亲去教孩子的时候都说，你要学会去爱。

路一鸣（嘉宾）：作为对应，我也提问反方的第三位辩手。

吴天（反方）：谢谢。

路一鸣：我们知道爱或被爱可能是一段时间的持续的过程，我们把爱放大来看，当我们对那些需要帮助的人施与爱的时候，这些得到帮助的人，他们接受了爱，他们被爱了。那么从南丁格尔的角度出发，她的生存状态和那些被她帮助的那些非洲饥民，他们谁的生存状态更幸福？！

吴天：这个生存状态谁更幸福，如果单从生存状态来说，可能还是那些饥民不大幸福，而南丁格尔毕竟她还是护士，她可以住在比较优雅的房间里，或者说她至少可以吃饱穿暖。但是我想说的是，幸福不仅仅是生存状态这个层面上，它也包含了对方辩友刚才提到价值实现上，或者说一种情感的慰藉上，因为我们说对于那些非洲饥民来说，从来没有人这样爱过他们，从来没有人真正关心过他们，欣赏过他们，给他们真正人的尊严。那么当南丁格尔这样一位天使，给了他们这样的爱的时候，我想那些饥民会比南丁格尔更幸福。

自由辩论

张君（正方）：请问对方辩友，不期待回报的爱是不是更幸福呢？

吴天（反方）：不期待回报的爱比期待回报的爱幸福，可这只是爱与爱的比较，期待回报的爱，那些被他爱的人，会更幸福呀。

薛乐（正方）：对方告诉我们说南丁格尔是通过牺牲自己的幸福，去成就了别人的幸福，对方又告诉我们南丁格尔是幸福的，请您论证一个人怎么通过牺牲自己的幸福，去成就自己的幸福？

陈国坤（反方）：因为爱本身就是幸福，这点是大家共同承认的。今天对方告诉我们，主动就是幸福的，我真希望对方辩友按照这种观点给我点儿钱吧。

马薇薇（正方）：如果说付出的人反而没有得到的人那么幸福的话，那么诺贝尔和平奖应该改名叫诺贝尔慈善基金会。

吴天：可是我想得诺贝尔奖的那些人，他们得奖的时候是幸福的，但是他们为什么说自己幸福呢，因为除了他自己得奖以外，还有他的家人深深地关爱他，他也享受到被爱的幸福。倒请问对方辩友了，如果您主动得到的就是更幸福的话，为什么那些被他们爱的人会更幸福呢？

黄磊（正方）：对方告诉我们当您施与的时候，您就是在牺牲幸福，在座的各位刚才给了很多掌声，我感到我被您所爱，您有牺牲幸福吗？

陈晓欢（反方）：我们是说有部分情况，牺牲自己的幸福，给予别人幸福。我们想一想如果你牺牲自己幸福，反而会得到更大幸福，这叫牺牲，还是叫投资呢？

薛乐：对方辩友，幸福不是孔融的那个梨，你让给了别人，自己就没有了。请教对方辩友如果幸福是可以牺牲的话，为什么那些抗击SARS的医护人员，要远离家人的关爱，去无私付出呢？

赵惠（反方）：因为他爱的付出可以让更多的人感受他的爱，可以让更多的病患在他们的爱当中得到康复呀，对方同学。

黄磊：在您那里我们不要义务献血了，您是在牺牲幸福，在您那里我们不要参加青年志愿者了，在您那里我们是在牺牲幸福！

陈国坤：如果幸福不可以牺牲的话，那我就没有牺牲幸福这个说法了，对不对？对方辩友到现在您还没有给我们解释，你们论点中，为什么主动的就一定比被动的更多呢？

黄磊：还有一种说法，叫作月亮撞地球，有发生吗？

陈国坤：对方辩友你还没有回答我们的问题，为什么主动就一定比被动的更多呢？

马薇薇：因为获得途径更自由，更容易得到的幸福，难道不是更为幸福吗？

赵惠：对方同学您觉得容易的就是更幸福的吗？那吃饭睡觉最容易，猪更幸福吧。

张君：我们来讨论一下大家关心的爱情，《梁祝》中的祝英台总是追求幸福的吧，她为什么不选择被马文才爱，却选择了梁山伯呢？

陈国坤：那是被不同人爱的幸福的区别，不是爱跟被爱的幸福的区别。对方辩友今天你还有一个论点说，被爱的幸福是无法决定和把握的，请问你爱的幸福是怎么决定和把握的？

薛乐：梁祝的故事真是被爱的选择吗？祝英台可是女扮男装，跟随梁山伯去私塾的。请问对方辩友如果梁山伯认为祝英台是个男人的话，他怎么去爱祝英台呢，请问这里边到底是友爱还是爱情呀？

吴天：我不明白对方辩友今天谈到这个祝英台女扮男装有什么意义，如果梁山伯是因为他是男人去爱的话，这种爱那可能是另外一种爱，也不是我们讨论爱情的爱呀。

黄磊：所以那不是爱情的爱呀，按照对方的观点被爱幸福，岳母为什么不把岳飞留在自己身边孝敬自己而让他们驰骋杀场呢？因为岳母是伟大的，她要让儿子给予更多人幸福，这就是爱的伟大嘛！

马薇薇：按照对方辩友的这种逻辑，岳母就不应该在岳飞背上刺上“精忠报国”，应该刺上“我爱我妈”呀。

陈晓欢：对方辩友以为岳飞和岳母他们都是冲着幸福去的吗，他们是冲着整个国家所有人民的幸福去的，所以才说“精忠报国”嘛！

薛乐：冲着所有人的幸福，难道就不是幸福了吗？追求最大多数人的幸福，在对方眼里，居然不是幸福吗？

陈晓欢：我没有说不是，可是追求所有人幸福，又刻上“精忠报国”，是不是说，要让所有人被爱之后，他们才能得到幸福呢？

黄磊：按照您的理论，这个时候岳母可是在牺牲幸福，这个时候岳母不幸福，请你论证岳母幸福不幸福？

吴天：岳母是幸福的，可是他确实牺牲了与儿子团聚的这种天伦之乐，他把儿子奉献出去，是让他的儿子去爱别人。而且再说了，我爱一个人的时候，为什么就要把他捆在我身边，他不在我身边，我还是继续爱着他呀。

马薇薇：那么当岳母看到岳飞在前线杀敌报国的时候，那种由衷的自豪之情，到底是幸福还是不幸福。

陈晓欢：是幸福，可是对方辩友在这里没有比较爱和被爱，对方辩友你回避我那个问题已经很久了，为什么被爱的幸福是不可以决定和把握的，爱的幸福就是可以决定和把握的呢？

薛乐：我们已经回答过很多次了，因为主动把握的这种爱，它是更自由的，倒是想请教一个问题了，母亲常说：我不求你以后给我回报，但求你能平平安安。请问这种无私的母爱，幸福不幸福？

陈晓欢：对方辩友说回答了，其实没有，为什么呢？因为刚才我就问他，当你爱一个人的时候，那个人可以选择拒绝也可以选择接受，当对方选择拒绝或者选择接受的时候，这个幸福怎么是由您自己把握的呢？

马薇薇：那对方辩友您如何选择我们在座哪一位来爱您呢？你可以选择别人爱你多深，谁来爱你吗？

陈晓欢：对方辩友今天我们讲过被爱和等待被爱的过程，如果我们讲被爱的话，就已经不是等待，如果我讲到选择一个人的话，那还没有被爱。

黄磊：今天对方偏要把被动说成主动，就算我被打了，我要说我是主动把脸送上去的呀。

吴天：明明是对方辩友在混淆主动与被动呀。可是我们知道这个爱的幸福，不一定是自己主动把握来的，当我爱上一个男孩子的时候，我并不知道他是会接受我，还是会拒绝我。当他拒绝我的时候，我真的会哭得睡不着觉啊！

薛乐：但是为什么您明知您可能哭得睡不着觉，还要去爱这个男孩子呢？

那不是因为如果你能够爱他，你能够品尝到更大的幸福吗？

吴天：因为我爱他，我是要给他幸福，不是为了我自己幸福呀。（反方时间到）

马薇薇：如果爱真的需要回报的话，就不是衣带渐宽终不悔了，是衣带渐宽很后悔，没有抱得佳人归啊。

张君：如果真的是被爱更幸福的话，我们的母亲真的不会说只求你平安，而是说你快来孝敬我吧。

总结陈词

反方新加坡国立大学队总结陈词

陈晓欢：先看对方辩友的论点，他们今天提出的第一个论点是，为什么爱比被爱更幸福呢，因为爱是追求来的，是主动的，被爱是得来的，是被动的，我想这一点在之前的辩论过程中，我方已经解释得够清楚了吧，主动得到的并不一定比被动得到的更多。第二点对方辩友一直在回避，他们的论点其实告诉我们，被爱的幸福能够决定和把握的，换句话说爱的幸福是能够决定和把握的，可是大家想一下，当我爱一个人的时候，可能我被她拒绝，不但被她拒绝，还被她打一个耳光，踹一脚，也可能被她接受，所以在这种情况下，爱的幸福是不是也不能决定和把握呢？既然爱和被爱的幸福，都是不能被决定把握的，那为什么爱就比被爱更幸福了呢？

对方辩友的第三个论点是告诉我们，什么叫作幸福，幸福是叫作一个人实现自己的价值，那大家想一下，到底是爱能实现自己价值呢，还是被爱更能实现自己价值？我们说被爱的时候，是你某一个方面，得到认同和欣赏，爱是你去欣赏和认同别人的某一个方面，相比较之下，是不是被爱才更能实现自己的价值呢？我们说“士为知己者死，女为悦己者容”，其实讲的也是同一个道理，对方辩友在陈词的时候，还讲到一个价值取向，他们说今天我们讲被爱比爱更幸福的话，那每个人都会追求被爱，我说错了，今天在价值取向方面，我们双方根本没有矛盾，对方辩友推崇大家要去爱，我们也是推崇大家要去爱，可是对方辩友讲大家去爱理由是什么呢，因为你自己能更幸福，而我方推崇大家去爱的理由是什么呢，因为你能让你周围的所有人更幸福。我们说你要说服一个人的话，就一定要摆实事讲道理，看完了对方辩友怎么讲道理的时候，再来看一下他们今天怎么摆事实的。

今天对方辩友举了很多例子，告诉我们很多人他们在付出爱的时候，他们是不求回报的，可是他们不求回报的时候，他们也是感到幸福的，这些例子我们不否认它存在，可是这只证明什么？证明了爱是伟大的，爱是无私的，伟大的、无私的不一定是幸福的，为什么呢，很多伟人之所以成为伟人，就是因为他们牺牲了自己的幸福，去成全别人，所以伟大的本身并不一定是幸福的。在这一点上，即使我退一步讲，即使我承认对方辩友所举的例子当中的那些人，当他们在付出伟大爱的时候，他们确实感到了一点幸福，那又怎么样呢，那又证明了什么呢，爱是幸福的，在这一点上，我们今天双方没有分歧，可是我们分歧是爱和被爱哪个更幸福，对方辩友有没有做比较呢，没有。那让我们来想一下，如果当你付出这样一份伟大的爱的时候，你都能感觉到幸福的话，那当我接受到这样一份伟大的、无私的、不求回报的爱的时候，我的幸福感，是不是也不会少呢？那既然被爱的幸福感也不会少的话，对方辩友又是怎么论证出，爱比被爱更幸福呢？今天这个辩题是个比较性的辩题，我们今天从来就没有怕过比较，怕的只是对方辩友不比较，所以希望对方辩友在等一下陈词的时候，多做一些比较，谢谢。

正方中山大学队总结陈词

薛乐：我们来看一下今天对方是怎么比较的好不好？对方辩友告诉我们说，如果父亲为您盖一张被子的时候，您是幸福的。您比较的是父亲盖一张被子，比不盖一张被子您更感到心灵的温暖，可是您有没有比较如果您为父亲盖一张被子，和父亲给您盖一张被子谁更幸福呢？所以今天对方辩友比来比去，指的是被爱比不被爱更幸福，如果这样也能论证您方命题的话，是不是我今天告诉您，爱比不爱更幸福，也能论证我方的观点呢？对方今天的命题只有两个标准，第一，他告诉大家，原来爱可以是期待回报的，所以说当你得不到回报的时候，你就更为不幸，所以说我们知道相思是痛苦的。但是您要想一想，为什么相思之苦，如此难熬，实际上我们都知道如果“金风玉露一相逢，便胜却人间无数。”那是爱的付出带来的幸福，您今天要告诉我们的是，如果一个母亲，他希望自己的孩子平平安安，而不求回报的时候，他没有对儿子施与爱，因为他没有期待回报，这符合我们的常识吗？

对方辩友退了一步告诉我们说，其实有一些伟大的爱，也可以不求回报，但是对方又告诉我们，这种不求回报，是牺牲了幸福，也是不幸福的。那么就请您告诉大家，为什么南丁格尔在照顾她那些病人的时候，她是更为不幸的呢？为什么一位老师，当他把全部的积蓄，都捐给希望工程，那些孩子没有对他说一声谢谢，他就因此而感到不幸吗？您要告诉我们说，一个母亲当他看到孩子无数次跌倒之后，终于能够第一次站起来的时候，孩子也没有对母亲说一声谢谢，难道母亲就不幸福？不是更幸福了吗？如果这样子能成立的话，那么今天我们为什么要去学习那些像南丁格尔，像曼德拉、德来修女这样一些伟大的人物呢，如果他们比我们更为不幸，我们应该同情他们才是啊！

虽然我有很多大道理仍然想跟大家讲，刚才因为一件小事情，我想和您分享一下我的感受。我有一位普普通通的妈妈，这次来北京以后，她每天都要给我打一个电话，她问我北京的天气怎么样，叮嘱我要多穿一点儿衣服，我总觉得我的妈妈太唠叨了，我已经是一个大人了，为什么她总是把我当一个孩子呢？可刚才上场前的五分钟，我妈妈给我发了一条短信，她说：儿子，加油，不论结果怎么样，妈妈都已经心满意足。也许作为儿女，我们永远永远也无法理解母亲的感受，我想只有一天，当我们成为了别人的父母，您才会懂得，原来去爱有多幸福。谢谢。

嘉宾点评

舒乙先生（中国现代文学馆馆长）：我先谈谈，我个人对这场辩论的感想。第一个感想，就觉得今天这个话题很崇高、很温暖，给我很大感动。第二个感想，我原来预期，话题应该有很多关于爱情的谈论，这方面不够，有点儿失望，原来我想作为一个老头，大概可以补补课，这课没补上。第三个感想，就是说这个本来是一个相当温柔的话题，但是这个温柔的话题里头呢，有非常多的火药，这是我的一点儿感想。

我还是言归正传吧，我觉得今天先谈谈这个题目。这个题目，在一般的常识范围内，好像对正方是比较有利的，因为一般都认为，好像主动地去爱，爱别人呢，应该比被爱的那个幸福，一般是这样的。因为基督教有一句很有名的话，叫做：“授比受更有福”，这个题目稍稍有点儿偏正方。但是反方呢，很机智，居然打得不分胜负，这个很了不起。

我们今天总体上看，有五大优点，第一个，今天的辩论整体水平比较高，打了一场高水平的辩论。第二个就是胜负不管如何，非常地接近，几乎是分不出胜败来。第三风度很好，辩风极佳。第四就是双方的学子，很机灵，反应非常快，接得快，回得快，很机智。第五就是双二号（黄磊和陈晓欢）特棒。

四大缺点，第一，说话太快，连珠炮，像老头听有点儿费劲了，接受起来还没思索通呢，下一句就出来了，太快。第二还是不够幽默，按说这道题，应该是比较幽默的，比较诙谐的，比较平和的，在智慧里头产生很多诙谐，这样好。第三呢，就是前头棒，后来滑坡滑得比较厉害，出彩应该在自由辩论，自由辩论今天没有出彩。第四就是说语言呢，还是略显得平凡了一些，标准化的语言不多，个性化的语言少，很出彩的东西不是特别多，很得大家的掌声、很得大家笑的地方不是特别多。四大缺点。最后我用布朗宁夫人的诗句作为我的结束：春天的气息和丁香花的芬芳，阵阵透进你的房间，令你饱含爱情的青春的心跳动，这就是健康和力量的标志，大自然赋予我们最甜美的东西。去爱吧，真正地去爱。

（选自 2003 年国际大专辩论会 A 组半决赛《爱和被爱哪个更幸福》）

词语表 Vocabulary

1.	缠绵悱恻	【成】	chánmián fěicè	旧时形容内心痛苦难以排解。也指文章感情婉转凄凉。
2.	血浓于水		xuè nóng yú shuǐ	血的浓度大于水。引申为亲情重于一切。
3.	南辕北辙	【成】	nányuán běizhé	想往南而车子却向北行。比喻行动和目的正好相反。
4.	鳏寡孤独		guān guǎ gū dú	泛指没有劳动力而又没有亲属供养的人。
5.	衰竭	【动】	shuāijié	因病而生理机能极度衰弱。
6.	怅惘	【形】	chàngwǎng	因失意而心事重重；惆怅迷惘。
7.	两情相悦	【成】	liǎngqíng xiāngyuè	形容双方对彼此都有好感。

8.	颠覆	【动】	diānfù	物体倾覆，翻倒，也比喻指用阴谋破坏而非直接用武力从根本上推翻。
9.	施与	【动】	shīyǔ	给予恩惠、财物等。
10.	慰藉	【动】	wèijiè	安慰；抚慰。
11.	驰骋	【动】	chíchěng	骑马奔跑；奔驰。
12.	天伦之乐	【成】	tiānlún zhī lè	天伦：旧指父子、兄弟等亲属关系。泛指家庭的乐趣。
13.	混淆	【动】	hùnxiáo	混杂，使界限不分明。
14.	唠叨	【动】	láodao	闲聊或漫无目的地说个不停。
15.	言归正传	【成】	yánguīzhèngzhuàn	正传：正题或本题。指话头转回到正题上来。
16.	连珠炮	【名】	liánzhūpào	原指鞭炮、二踢脚等可以连续响的炮。后用来比喻说话很快。
17.	诙谐	【形】	huīxié	谈话富于风趣，引人发笑。

2. 宁要大城市一张床与宁要小城镇一间房

正方：“宁要大城市一张床”的观念更为可取（北京大学）

反方：“宁要小城镇一间房”的观念更为可取（北京师范大学）

主席：这里是“创想青春—2010两岸四地高校世博辩论大赛”北京分赛区夺冠赛的活动现场，我是主席刘思充。首先请我们选手落座。

现在我来宣布本场比赛的辩题是：“宁要大城市一张床”的观念更可取，还是“宁要小城镇一间房”的观念更可取。正方北京大学的观点是“宁要大城市一张床”的观念更可取，反方北京师范大学的观点是“宁要小城镇一间房”的观点更可取。现在进入今天的第一个环节，立论。在立论环节中，首先请正方一辩阐述己方观点，同时需要幻灯片、视频短片等多媒体手段予以补充和表达，时间为3分钟。好的，计时开始。

正方一辩：谢谢主席，大家好。上海世博会的召开让一个观念深入人心，城市让生活更美好。然而留在大城市还是回到小城镇，已经成为当今世界热议的话题，今天我方认为，“宁要大城市一张床”的观念更可取。

第一，大城市提供更多的机会，更利于个人发展。因此“宁要大城市一张床”的观念更可取。大城市是人口聚集地，也是经济、文化、政治等单一或多元中心，其城市功能发达，结构复杂，需求大且多样化。这些大城市的特点，决定了大城市能提供更多的就业和择业机会。各种各样的人才，更可能在大城市中，找到适合自己发展的途径。因此，用一部分居住空间，来换取个人发展的更大空间，是适应当代社会发展的生活方式。“宁要大城市一张床”的观念更可取。

第二，大城市拥有更好的经济、文化、社会条件和基础建设，更有利于保障人们的生活质量。因此“宁要大城市一张床”的观念更可取。大城市不仅拥有雄厚的资金基础，也往往是国家发展的战略中心。在北京，就医的报销比例在大医院是50%，社区是70%。在广州，积极推进全面实现城乡免费义务教育。每天在北京、广州、上海这样的大城市，举办的文化活动，数量和种类更是让小城镇望尘莫及。在城市生活的各个方面，如交通，公共设施，医疗保险，教育等等，大城市都拥有小城镇无可比拟的优势。因此用一部分居住空间，来换取更好的生活质量，“宁要大城市一张床”的观念又为何不更可取呢？

第三，大城市拥有大机会，大竞争，大事业，更有利于怀揣梦想的人不断追求与拼搏。因此，“宁要大城市一张床”的观念更可取。大城市就像大海，容纳百川且广博浩瀚。即使会有可能有浊浪排空，即使有时候会让人产生望洋兴叹的敬畏，但是一滴水也可以反射大海的广博，大城市里一张狭小的床，也可能是成功的起点，有梦的人永远在路上，而大城市则是通向梦想的加工厂。最后要提醒大家注意的一点是，我们根据中国城市年鉴，大城市是指市区的非农户籍人口数超过50万人士，小城镇与此相应，指的是市区的非农人口数小于50万的城镇。我们今天要强调的是，比较哪个观点更为可取，就是要看何者更能让人形成适应现代社会发展的生活方式。综上所述，从个人发展社会质量而言，我方观点成立，谢谢大家。

主席：时间到，谢谢。下面有请反方一辩。

反方一辩：好，谢谢主席，大家好。我方认为“小城镇一间房”的观念更为可取。首先提醒对方辩友，我们今天不是单纯讨论是在大城市就业好，还是在小城镇的就业好。而是在讨论大城市的一张床和小城镇的一间房进行选择。床和房只是一种比喻，一张床代表的是收入只能维持最基本的开支，而一间房则是指还能维持一个相对不错的生活质量。简而言之，生存和生活的区别。而我们今天要讨论的，是当一个人面临这两种选择的时候，哪一种选择更值得在普遍意义上提倡。

第一，就个人发展而言，大城市机会虽多，但人才聚集，竞争激烈。而那些在大城市只有一张床的人，大多数在数量庞大的高端人才竞争中处于劣势，被迫从事推销、零售、中介等低端行业。这样的工作发展空间较小，对自己的锻炼不大。如果选择小城镇，同样的人将拥有相对更高的竞争力，更能够找到与自身契合的工作，从而人尽其才，找到用武之地。那么对于现在大城市处于劣势的、却能够在小城镇发挥优势的人来说，小城镇一间房无疑是更好的选择。

第二，从生活质量上讲。大城市固然聚集了医疗、教育、娱乐等多面优势资源，可是对于只能选择大城市一张床的人来说，这些优势资源很难为他们所享受到。他们的实际生活状况是简陋而拥挤，交往面窄，精神压力巨大，身心处于亚健康状态。而小城镇的一间房，则免去了生计压力的后顾之忧。人可以在事业的起步阶段节省大量的时间精力，从而走得更为顺畅。这种生活与事业兼顾的发展，是不是比大城市一张床那种，先用健康环境开路，到再用金钱换回健康的发展方式，更为可取呢。

第三，我们要讨论的是，当今中国的社会现实，是要倡导一种怎样的观念。如今，大城市和小城镇发展极不平衡，一方面，小城镇急需人才去建设。另外一方面，聚集在大城市的大量人才并没有得到充分的利用，这是社会的人力资源问题大浪费。在这样一种前提下，客观上只能使问题加剧。现在在大城市人才不能充分施展才能，不如在能够充分施展才能的小城镇发展，这是当前社会现实下，我们应该弘扬的理念。其实今天，我方绝对不是在鼓励所有人去选择小城镇，而是向这种怀揣梦想的人去大城市闯荡，却陷入困境的年轻人们，传达一种更加理性、更加务实的个人发展观。我们从不缺乏奋斗的信念和勇气，可是在大城市里一张床埋葬我们的青春时，我们是不是可以看看，小城镇的一间房，是否可以安放我们的梦想呢？

主席：时间到，谢谢。下面进入第二个环节，盘问环节。先由正方的任意一名辩手，对反方一辩进行盘问。反方一辩只准回答不准反问，每次提问不得超过 20 秒，每次回答不得超过 30 秒，总时长为 3 分钟，由正方先开始，计时开始。

正方二辩：有请反方一辩。请问一下反方辩手，那么城市的大小和我们的健康是否相关呢？

反方一辩：当然不是，而是我们的生活压力影响了我们的健康。

正方二辩：很好，2008 年全国人民寿命最高的城市，分别是香港、上海、大连和北京，全部都是特大城市，那么我想请问你，说到压力大，是不是说城市越大，我们的生活心理就越不健康？

反方一辩：对方辩友啊，今天只是看到了大城市和小城市的区别，可是我们讨论的主体是什么，是在大城市只有一张床，在小城市能有一间房的人，我们今天是不是要看在大城市里拥有一间房的人，他们的压力很大呢？

正方二辩：对方辩友没有正面回答我的问题，我来告诉你吧。2009 年中国最具幸福感的城市是杭州、成都和宁波。那么说我们压力越大我们就越幸福了吗？我还想请教你方，你方说我们先在小城镇起步，那么具有哪些特点的人，才能够比较适合在小城镇起步呢？

反方一辩：这点我方刚才已经论述了，我不再赘述。

正方二辩：好好，那么我想说的是，为什么马云他是在杭州开创阿里巴巴，为什么俞敏洪在北京开创了新东方。我想请问一下，为什么不到小城镇去起步，到底是哪些人，他们比较适合在小城镇获取他们明天的成功？

反方一辩：好，我们看到对方辩友给我们举了很多的例子，那么我们为什么要关注一些个例呢，我们对它的关注是因为他们的稀缺吧，就是因为在大城市起步，具有一张床起步能获得成功的人少。所以我们才鼓励更多的人去小城市去选择一间房。

正方二辩：对方辩友说我们举的例子是个例，那么我想请问一下对方辩友一个普遍的情况。第三次有请对方辩友，到底是具有哪些特点的人，适合在小城镇开拓他们的明天？

反方一辩：好的，我们说这些人，他们在大城市是面对着一张床的选择，而他们在小城市，去拥有一间房。那么他们在小城市也有更高的社会竞争力，更能拿到匹配的地位，从而可以人尽其才。所以他们在大城市处于劣势，而在小城市却能发挥其优势。

正方二辩：对方辩友啊，您是不是太理想化了，今天一个小城镇他有他的教师，有他的市政系统，每一个职业有他的人员。在这种情况之下，我进去一个人，是不是要顶下一个人，一个大学生进去博得了职业，是不是他们就多了一个下岗的人员呢？

反方一辩：好的，我们今天要谈的是大城市人才过剩还是小城市人才过剩呢。我们知道在北京现在到底是北京找不到工作的人多，还是一个小城镇找不到工作的人多，显然是北京啊。

正方二辩：对方辩友那我就不明白了，数字统计表明，武汉这个大城市在2010年，其人才供需总量较上一年均增长30%之多，这样人才供需的情况是小城镇能够提供得了的吗？

反方一辩：好，对方辩友看到了一个增长性的问题，可是我想问问对方辩友，它原有的量是多少呢？那它是不是一个供大于需，还是一个需大于供的局面呢？

正方二辩：对方辩友我可以告诉您，武汉在2010年人才总的供需之比是0.39比上0.57。

主席：时间到。现在由反方进行盘问，计时开始。

反方二辩：有请对方一辩。好，对方辩友请你告诉我，那些在大城市只拥有一张床的人，他只能选择这样一个收入微薄的职业，是不是说明他的相对竞争力在大城市已经处于劣势。而他从事的又是低端行业，这是不是会造成他竞争力的持续贬值呢？

正方一辩：其实对方辩友，今天是不是混淆了一个概念，今天我们说一张床比一间房，讲的是一个居住环境。难道我现在睡的只有一张床就说明我的竞争力一定低下吗。那么每一个人从行步的时候开始，是不是告诉你说你应该现在只睡一张床，你永远都不可能变成一个能力超众的人呢，我认为不是这样的。

反方二辩：好，对方辩友似乎是认为所有大学生毕业生一开始都会陷入一种一张床的经历。那我想请问，您说他一个月就有四五千块钱的收入，然后在北京也能过上一个不错的生活，还能维持一定的生活质量，这样的人他算是只拥有一张床的人吗？

正方一辩：对方辩友，我们并没有说每一个人一开始的时候就只有一张床。而对方辩友您刚刚举的那样的特例，好像这样的例子似乎不在我们今天讨论的范围之内。

反方二辩：我方觉得举的是特例吗？！我们来看现在北京拥有十万大学生聚居者，这些人普遍面临的一个问题就是，交际面狭窄，精神压力大，并且收入微薄。这种种现实的困难，凭您方的一腔理想和热情如何去解决呢？

正方一辩：对方辩友刚刚问我的是，那些一毕业身家就有好几万，而且生活非常好的人。现在又告诉我说大学生聚居不是普遍现象，请问您是不是自相矛盾，虽然我们这么问你。关于大学生聚居的问题，其实我们在想，我们遇到了大城市中的问题，我们今天讨论的是应该更好的想办法去解决它呢，还是说因为大城市有问题，我干脆逃离它算了，我根本就不要它了。对方辩友你今天论证的其实是大城市根本就不可取，而不是谁更加可取。

反方二辩：对方辩友，我们告诉你大学生聚居就是现在一个非常严重的社会问题，那么这些人面对的种种的现实的困难，他们经过多年的奋斗并没有解决。您还建议他们留在大城市，直面惨淡的人生，正视淋漓的鲜血吗？

正方一辩：对啊，感谢对方辩友。的确真正的勇士确实应该直面惨淡的人生，但是我们来看一下，在大城市的人生真的惨淡吗？我们看到，如果一个人他真的是心怀梦想，我们真的要告诉他说，因为你现在努力，你以后也不可能成功，所以你干脆不要成功，你直接逃避掉这些问题吗。我们去想想看，真正一个人的成长，是说我永远的顺风顺水，还是说我经历过一些坎坷，即使没有成功，至少我尝试过。

反方二辩：对方辩友，今天我们不是要绝对的比较大城市和小城市谁好。当然是大城市好了，我们要比较的是，那些在大城市只有一张床，这样处于一个困境的人，他们值不值得继续在大城市打拼呢？那请问您了，如果他明知一种选择，对自己会造成种种的困境，他还要往困难上撞，这是合理的选择吗？

正方一辩：对方辩友，正是因为……

主席：时间到，感谢二位精彩的辩论。我们继续进行第三个环节驳论。在这一个环节中，先由正方进行驳论，请正方任意一位还没有发言的辩手对反方进行反驳。时间为 1 分 30 秒，准备好了吗？好的，计时开始。

正方三辩：好的，谢谢主席。各位下午好，对方辩友刚才一直有一个逻辑，就是把一个人现在拥有的物质基础跟他本身的能力等同起来。那为什么一个人现在有一张床以后就不可以有一间房呢。我现在有能力，但是我还没有经过长时间的打拼，所以我认为这不好。但是您难道就否认这种进取的心态吗？对方辩友今天还有一个逻辑，就是告诉我们大城市人多，所以竞争压力就大。但是这两者真的有必然的联系吗？比如我们大家想一想，比如说刘翔今天去赛跑，有一百个像我这样的人跟他一起赛跑，会觉得有压力吗？不会，对不对？可是有一个罗伯斯跟他一起赛跑，他就有压力了。说明压力跟人数是不能完全等同的。好，现在就算大城市压力特别特别特别大，有压力真的不可取吗？对方辩友来自北师大，我知道北师大的心理系排名全国第一，每年有多少人，挤破头皮要报考北师大心理系，又有多少人落榜，您是不是告诉我们，他们全都不可取呢。其实各位我们都知道，只要有竞争就会有人不成功，那是暂时的落选，但是难道就因为得不到暂时的荣耀，就否认这种进取心吗？难道连拼一拼都不可取了吗？

好，对方辩友还有一个问题，就是您太过于关注一个人的生活舒适程度。对方辩友我们知道人生活是有责任的，他不只是为了自己的生活是怎么样。一个青年上有老，下有小，您现在告诉他你来大城市打拼不可取，可是他不来，他老人的物质和医疗得不到保障，孩子从小接受不到高质量的教育，您这样只看一个人的舒适，不看一家人的舒适，看来是您的观点不太可取吧。

主席：好的，时间到。现在由反方任意一位还没有发言的辩手进行驳论，时间同样是 1 分 30 秒，计时开始。

反方三辩：谢谢主席。感谢对方辩友。首先我要提出对方辩友的一个错误之处，今天我们讨论的辩题是大城市一张床，那我想刘翔不在我们范围之内。因为刘翔要在大城市可不只有一张床。对方辩友似乎给我这样一个逻辑，就说我在大城市拼搏，我回到小城镇我就不拼搏了，真的是这样吗？我们知道，在全国大多数人都在小城镇才安逸，只有大城市的人在奋斗吗？好，来看看对方的立论告诉我们什么。对方的立场是一张床，给我们展示了一张功能强大的床，有了这张床你不但能够衣食无忧，你还能够享受这个城市优质的物质资源，你还能够有一个发展前景非常好的工作，对方辩友这真的还是一张床吗？您刚才提到了就业机会，您说人多不代表压力大，可是对方辩友您有没有看到，大城市人才过剩的现象已经非常严重呢。您重点刚才提到的是资源，那我也跟你讲资源。首先您说医疗资源要让我们的父母享受，我们来看一看在大城市有一张床的人，他们能不能享受优质资源。我们都知道大城市的医疗资源非常好。可是大学生聚居者生病的时候只能看民办的诊所。为什么？因为在大城市有一张床，不代表你在协和医院也有一张床。对方辩友又提教育资源，那我们也来看教育资源，北京最好的人大附中，北大附中，清华附中，师大附中，到底又有多少大学生聚居者的孩子呢？有多少孩子的父母他们是在大城市中只有一张床的人呢？您的确提出了美好的设想，可是当他不能实现的时候，我们是不是要考虑一下他的现实性呢？我方也认为年轻人应该拼搏，应该奋斗，可是不怕失败，能够成为你选择一条容易失败道路的理由吗？难道我们年轻就可以挥霍青春，去尝试错误的道路，忍受这条道路的痛吗？胸怀不小，脚踏实地才是真，谢谢。

主席：好，感谢正反双方给大家带来的精彩辩论。我们马上进入对辩环节。在这个环节，由正反双方还没有发言的辩手进行对辩。发言每次不得超过20秒，由反方先开始，计时是3分钟，计时开始！

反方四辩：好，有请师兄，请教您了，是不是所有在大城市只有拥有一张床的人，都继续适合在大城市继续打拼下去呢？

正方四辩：对方辩友今天其实犯了一个错误，就是今天拿一张床当作奋斗的起点，而不是奋斗的终点。您说是不是呢？

反方四辩：对方辩友当然是，我们说在小城市拥有一间房也是奋斗的起点而不是人生的终点啊。对方辩友您告诉我们说，我们论证的是完全不可取的，那您论证的也不是完全可取得，您同意这个问题吗？

正方四辩：不对，对方辩友，因为我方其实双方都有问题提出，因为我们总不能让那些选择小城市的人，马上回到大城市你说是不是呢？那我请教您一个问题，我知道您方四位中有一位马上就要毕业了，选择的工作就是在北京，请您告诉一下大家，他的这个观念到底是可取还是不可取呢？

反方四辩：对方辩友您说的是我啊，说实话，我选择在北京，我确实体会到了这个大城市生活的艰辛。那可能我在这个城市打拼不下去的时候，我就回到小城市去了。请问对方辩友，您告诉我们说，今天大城市的饭碗多，那是不是您能论证小城市的饭碗就少呢？

正方四辩：对方辩友您刚才也是告诉大家，至少在这一刻你的的确确选择的是大城市的一张床。好，再想请问您这样一个问题，我们选择大城市的时候，到底是看这大城市能给我们提供多少机遇，还是说能给我们提供多少压力呢？

反方四辩：对方辩友论证一下，其实我毕业以后是在新东方工作，对方辩友您举的俞敏洪的例子我可以解答，所以我选择大城市其实并不是一张床。对方辩友您告诉我们说，今天的大城市我能够保证我的生活质量了，那么请教您了，在大城市，我自己的医疗问题，我儿子长大的就业问题，对于只有一张床的人来讲他们如何解决。

正方四辩：对方辩友，您没回答我的问题。我问您的是，在大城市中我们究竟看重的是机遇还是压力？举个简单例子问您，如果今天你真的深爱一个北师大女生的话，你在追她的时候，你到底是看重你怎么得到这个北师大女孩，还是你更看重情敌是谁。

反方四辩：对方辩友您告诉我们提到感情的例子。那我们看看，今天在大城市只有一张床的人，他们敢于选择自己的感情，他们敢于成立自己的家庭吗？

正方四辩：对方辩友，为了真爱为什么不可以做。就算在大城市，在小城镇随您便嘛，当然更好了。我想请问您这样一个问题，您告诉我在美国最受青年人，最吸引青年人的三个城市是哪三个好吗？

反方四辩：对方辩友说实话我不清楚，因为美国我相信所有人在大城市拥有的不是一张床。对方辩友您告诉我们说，今天我们选择大城市，因为有大机会，大事业，那么请教您论证一下，今天的大城市只有一张床的人，他们究竟干的是什么样的工作？他们如何运用这大的事业。

正方四辩：对方辩友您刚才告诉我说，美国的城市中，每个人不是只有一张床，所以我问你只有一张床的人该怎么办，我真不知道您的事实从哪来。但我告诉你，其实今天的三个城市是华盛顿、迈阿密以及西雅图，请问这三个城市哪个是小城镇。

反方四辩：对方辩友啊，这三个城市哪一个比纽约，比休斯敦，比芝加哥更大呢？

正方四辩：好，对方辩友那你至少证明了我们举的这三个城市还是可以存在着的是吗？

反方四辩：对方辩友当然是，我们讨论美国，跟今天中国没有太大的现实意义嘛。对方辩友请教您了，大学生聚居者他们的生活的现状到底是怎样的，您是否了解？

正方四辩：对方辩友您告诉我中国和美国为什么不一样。为什么中国人和美国人享受同一个地球，都有同样的精彩，为什么他们的事实就不可以借鉴呢？

反方四辩：对方辩友您告诉我们说，您学的是城市规划与管理，您告诉我今天中国的大小城市发展是否平衡？

正方四辩：对方辩友您今天问的都是小城市，我方说的是大城市，我方说的无论是政治中心北京，还是金融中心上海，创业中心深圳，创业中心广州，哪一个不利于我们青年人发展呢？

主席：好，感谢两位四辩。现在我们就进入下一个环节：评委提问环节。首先有请专家向正方的同学提问，回答不得超过一分钟。好，有请我们的梁老师。

梁老师：我这个其实并不完全算是一个问题，它是一个场景。我这个人一般不爱占人便宜，在这里你可以把我当成你的父辈。我说什么呢，就是我现在不允许我的孩子毕业之后，你就在大城市待着。因为我没有这个财力，给你在大城市贷款买房。你可能只能有一张床，而且在家里可能给你工作找好了，甚至对象都替你找好了。尤其是父母的身体不太好，独生子长大需要在身边照顾父母，现在我就是你的父辈，你怎样说服我让你在大城市里去选择一张床的生活。

正方四辩：好，谢谢评委的问题，其实他说的这个问题非常非常的现实，但是有一点，如果真的是我的父亲对我说这句话的话，我希望告诉他，父亲的确这样的好心是对你的儿子进行了一种教育。但是我也想知道，当年当你们从乡下闯进城市，为我们闯下这样基业的时候，当时您心里是怎么想的呢？今天我们在大城市有一张床，我们希望打拼，我们希望的日子就是可以将您接到大城市来感受我们大城市给你的一切。对方告诉我们说，大城市的竞争压力非常大，的的确确，我从来没有否认这点，但是作为我们在大城市拼搏的时候，我为什么心中想的只是压力有多大，却不想想自己到底可以再做点儿什么让自己更好。如果说今天真的是解决这个问题，大城市应该想办法怎么样让大学生融入，而自己怎样让自己从一只蚂蚁变成一只大象，当自己成为大象在这个城市中立足的时候，我相信父亲不会再强迫你，而是告诉你："孩子，我来大城市。"

主席：接下来就有请我们的评委老师，对反方的同学进行提问，同样时间不得超过一分钟，有请我们的岳老师。

岳老师：你们现在的观点应当是小城镇的发展更好一些，但是你却选择了在大城市，你是选择了留在北京了。那我还是想知道一点，刚才梁老师也提到一点，父母的问题。我想知道一下，你对刚才梁老师说父母的问题上你有什么想法？

反方四辩：其实这样的，刚才梁老师提的问题，我非常的理解。我在后续的自由辩论中也会提到。那么今天我选择留在北京这样一个大城市，其实也恰恰是基于我父母对于我的期望。我父母认为，我从一个小城市出来，希望我更多地见一见世面。但是我的父母同时还告诉我什么东西呢？我的父母告诉我："父母在，不远游。"我家里是东北，当我父母告诉我，你最远不能走到北京以外的地方去了，如果你走的太远的话，我们想你怎么办。所以他们告诉我，你在北京你应该选择一个有寒暑假这样的一个工作。所以我选择了新东方，然后我可以在我休息的时候，回家去陪伴我的父母。我真的希望我的父母能够幸福，但是我的父母的幸福其实和我定位的幸福可能未必一样，但是这个时候，可能在我父母在的时候，我会更多遵从父母的意见。当然这个时候，我可能会在北京打拼几年，然后我也会回到家里去，回到父母身边。

主席：谢谢我们的选手，马上要进入的是自由辩论。在自由辩论的环节中，由正方四辩先发言，双方交替发言，每方四分钟，计时开始。

正方四辩：对方辩友，2010年北京预计新增长人数超过50万，为了更多的岗位为什么去打拼？

反方四辩：对方辩友您告诉我您一直学城市与规划管理的，说实话在这个方面我确实不太懂。但是我即将毕业，我走到这个城市的时候，我更能体会到这个城市的打拼的艰难与辛苦。对方辩友请教您了，您认为今天我们选择大城市，究竟是因为大城市的机遇多还是因为大城市的压力多？

正方三辩：对方辩友当然因为机遇多，再请问您了，大部分大公司的总部都集中在北京、上海这样的大城市，这给具有专业技能的人提供了很好的就业平台。为了这样的就业平台，大城市为什么不可取？

反方三辩：对方辩友您说了，您是为了机遇，这是您的问题啊，为了机遇就能不考虑压力吗？对方辩友给您提供一个数据吧，大学生聚居者90%以上没有办法结婚，一半以上没有恋人，您认为这样一种生活，还是您所追求的只有机遇没有压力的生活吗？

正方三辩：对方辩友，那大学生聚居者又有多少人大学刚刚毕业两三年在北京打拼的呢？我还请问您，广州和深圳为这样的大学生创业，提供了最好的

机遇，最好的平台，为了一个更宽广……（时间到）

（选自《创想青春——2010 两岸四地高校世博辩论大赛辩论稿》）

词语表 Vocabulary

1.	浩瀚	【形】	hàohàn	水势广大的样子。
2.	望洋兴叹	【成】	wàngyáng xīngtàn	望洋：抬头向上看的样子。原指在伟大事物面前感叹自己的渺小。现多比喻做事时因力不胜任或没有条件而感到无可奈何。
3.	敬畏	【动】	jìngwèi	既敬重又害怕。
4.	契合	【动】	qìhé	投合，意气相投。
5.	后顾之忧	【成】	hòugùzhīyōu	来自后方的忧患。指在前进过程中，担心后方发生问题。
6.	赘述	【动】	zhuìshù	说些不必要的细节。
7.	惨淡	【形】	cǎndàn	悲惨凄凉。
8.	淋漓	【形】	línlí	液体湿湿地淌下，即流滴的样子。

五、十大辩论技巧与策略

反客为主原意是指客人反过来成为主人，比喻变被动为主动。在论辩赛中，被动是赛场上常见的劣势，也往往是败北的先兆。论辩中的反客为主就是在论辩中变被动为主动。下面表格中简单列举了十种反客为主的辩论技巧与策略。

技巧和策略	辩论题	举例说明
1. 借力打力	知难行易	**正方**：对啊！那些人正是因为上了刑场死到临头才知道法律的威力，法律的尊严，可谓“知难”哪，对方辩友！
2. 移花接木	治贫比治愚更重要	**正方**：对方辩友以迫切性来衡量重要性，那我倒要告诉您，我现在肚子饿得很，十万火急地需要食物来充饥，但我还是要辩下去，因为我意识到论辩比充饥更重要。 **反方**：对方辩友，我认为“有饭不吃”和“无饭可吃”是两码事。

3. 顺水推舟	愚公应该移山还是应该搬家	**反方：**我们要请教对方辩友，愚公搬家解决了困难，保护了资源，节省了人力、财力，这究竟有什么不应该？ **正方：**愚公搬家不失为一种解决问题的好办法，可愚公所处的地方连门都难出去，家又怎么搬？可见，搬家姑且可以考虑，也得在移完山之后再搬呀！
4. 正本清源	跳槽是否有利于人才发挥作用	**正方：**张勇，全国乒乓球锦标赛的冠军，就是从江苏跳槽到陕西，对方辩友还说他没有为陕西人民做出贡献，真叫人心寒啊！（掌声） **反方：**请问到体工队可能是跳槽去的吗？这恰恰是我们这里提倡的合理流动啊！（掌声）对方辩友戴着跳槽眼镜看问题，当然天下乌鸦一般黑，所有的流动都是跳槽了。
5. 釜底抽薪	思想道德应该适应（超越）市场经济	**反方：**我问雷锋精神到底是无私奉献精神还是等价交换精神？ **正方：**对方辩友这里错误地理解了等价交换，等价交换就是说，所有的交换都要等价，但并不是说所有的事情都是在交换，雷锋还没有想到交换，当然雷锋精神谈不上等价了。
6. 攻其要害	温饱是谈道德的必要条件	要在对方一辩、二辩陈词后，迅速地判明对方立论中的要害问题，从而抓住这一问题，一攻到底，以便从理论上彻底地击败对方。如“温饱是谈道德的必要条件”这一辩题的要害是：在不温饱的状况下，是否能谈道德？
7. 引蛇出洞	艾滋病是医学问题，不是社会问题	正方死守着“艾滋病是由HIV病毒引起的，只能是医学问题”的见解，反方则突然发问：“请问对方，今年世界艾滋病日的口号是什么？”正方四位辩手都不知，结果乱答一通，反方立即予以纠正，指出今年的口号是“时不我待，行动起来”，从而瓦解了对方坚固的阵线。
8. 李代桃僵，用新概念替代中心词不直接受攻击。	艾滋病是医学问题，不是社会问题	“艾滋病是医学问题，不是社会问题”这一辩题就是很难辩的，因为艾滋病既是医学问题，又是社会问题，从常识上看，是很难把这两个问题截然分开的。反方在辩论中引入了“医学途径”这一概念，强调要用“社会系统工程”的方法去解决艾滋病，而在这一工程中，“医学途径”是必要的部分之一，因此获胜。
9. 缓兵之计	丘吉尔的沉默	采用“冷处理”的方法，缓慢地处理棘手的问题。在某些场合，“慢”也是处理问题、解决矛盾的好办法。
10. 以慢制怒，以冷对热	适用辩论中	论辩中双方唇枪舌剑，自控力较差的人很容易激动。在这种情况下，要说服过分激动的人，宜用慢动作语调，平和应对。

（编者整理自网络）

13 中国社会调查报告

一、热身互动练习

1 分析下面这一调查结果，你有没有针对自己感兴趣的话题进行过调查呢？调查后如何写调查报告呢

幸福在哪里？这似乎越来越成为现代人心中的一个疑问。美国公共广播电台网 2010 年 9 月 6 日发表文章《中国人尝试寻找幸福秘诀》，内容如下：

有关中国人幸福度的各种调查往往看似自相矛盾。“皮尤全球态度”项目最新调查发现，87% 的中国受访者对国家现状表示满意，这使中国成为该机构截至目前所有调查中，满意度得分最高的国家。但欧盟的一项关于幸福指数的调查却发现中国在 150 个国家中排名第 128 位。而最近对 5 万名大学生进行的调查表明，他们的情绪低得令人惊讶。参与该项调查的美国加州大学伯克利分校的彭凯平（音）称，他们的苦闷主要源于社会不公、环境问题以及缺乏表达不满的渠道等。

2 请结合自己的毕业论文，就你感兴趣的话题进行调查访谈，说明调查结果与调查预期有何差异，并说明为什么？分析调查问卷有什么问题

二、调查报告的写法

调查报告是对某项工作、某个事件、某个问题，经过深入细致地调查后，将调查中收集到的材料加以系统整理，分析研究，以书面形式向组织和领导汇报调查情况的一种文书。

调查报告有以下几个特点：

1）写实性。调查报告是在占有大量现实和历史资料的基础上，用叙述性的语言实事求是地反映某一客观事物。充分了解实情和全面掌握真实可靠的素材是写好调查报告的基础。

2）针对性。调查报告一般有比较明确的意向，相关的调查取证都是针对和围绕某一综合性或是专题性问题展开的。所以，调查报告反映的问题集中而有深度。

3）逻辑性。调查报告离不开确凿的事实，但又不是材料的机械堆砌，而是对核实无误的数据和事实进行严密地逻辑论证，探明事物发展变化的原因，预测事物发展变化的趋势，提示本质性和规律性的东西，得出科学的结论。

调查报告的种类主要有以下几种：

1. 情况调查报告。是比较系统地反映本地区、本单位基本情况的一种调查报告。这种调查报告是为了弄清情况，供决策者使用。

2. 典型经验调查报告。是通过分析典型事例，总结工作中出现的新经验，从而指导和推动某方面工作的一种调查报告。

3. 问题调查报告。是针对某一方面的问题，进行专项调查，澄清事实真相，判明问题的原因和性质，确定造成的危害，并提出解决问题的途径和建议，为问题的最后处理提供依据，也为其他有关方面提供参考和借鉴的一种调查报告。如习作《中外年轻人对同居的看法》针对年轻人同居这个问题，进行专项调查，分析同居给社会和个人带来的利弊，然后提出解决这一问题的措施和建议。

一般来说，调查报告从提出问题、分析问题到解决问题，一般由题目、前言、正文、总结及附录五部分组成。

1. 题目

用一句话点题，反映主要研究问题。可加副标题，副标题是对主标题的补充，用来说明是在什么范围内基于什么问题的调查。题目可以有两种写法。一种是规范化的标题格式，即“发文主题”加“文种”，基本格式为“×× 关于 ×××× 的调查报告”、“关于 ×××× 的调查报告”、“×××× 调查”等。另一种是自由式标题，包括陈述式、提问式和正副题结合使用三种。陈述式如《大学生消费现状的调查报告》，提问式如《农民工返乡给家庭带来哪些影响？》，正副标题结合式，正题陈述调查报告的主要结论或提出中心问题，副题标明调查的对象、范围、问题，这实际上类似于“发文主题”加“文种”的规范格式，如《“漂的一代”——“中国青年眼中的 20 年”调查》等。作为公文，最好用规范化的标题格式或自由式中正副题结合式标题。

2. 前言

调查报告前言必须开宗明义地交待清楚调查目的、意义、任务和方法。有几种写法：第一种是写明调查的起因或目的、时间和地点、对象或范围、经过与方法，以及人员组成等调查本身的情况，从中引出中心问题或基本结论来，如范文 2《“80 后”生存状况调查》的前言交代了调查的原因、背景和得出的基本结论；第二种是写明调查对象的历史背景、大致发展经过、现实状况、主要成绩、突出问题等基本情况，进而提出中心问题或主要观点来；第三种是开门见山，直接概括出调查的结果，如肯定做法、指出问题、提示影响、说明中心内容等。

3. 正文

正文部分即调查内容。通过叙述、调查图表、统计数字及有关文献资料，用纲目、项或篇、章、节的形式把主体内容有条理地、准确地揭示出来。

调查报告正文部分写法多种多样，一般有两种不同写法：一种是把调查的基本情况按种类分成并列的几个部分或方面来写。另一种是将调查的基本情况按照事物发展的逻辑顺序演变过程加以排列，分成互相衔接的几个部分，层层深入地来写，本课所例举的范文都是这类写法。

在观点和材料处理上，可以先列出材料，然后进行分析和推论；也可以先摆明观点，然后用调查得来的事实材料分析说明。

4. 结论和建议

结尾的写法也比较多，可以提出解决问题的方法、对策或下一步改进工作的建议，或总结全文的主要观点，进一步深化主题，如范文2《“80后”生存现状调查》，或提出问题，引发人们的进一步思考；或展望前景，发出鼓舞和号召。

5. 附录

必要时要把调查工具或部分原始材料附在报告后面。这不仅是使正文内容集中，更主要的是为读者提供可供分析的原始资料，以便让人分析鉴定搜集调查材料的方法是否科学，材料是否可靠，并供其他的研究人员参考。附录包括：各种调查表格、原始数据、研究记录等。附录的编制要防止杂乱和过于简单。

三、范文阅读

1. 2009幸福指数调查报告

由江苏卫视、零点研究咨询集团，以及包括本报在内的全国13家“幸福媒体联盟”，联合发起举办的“2009中国幸福指数调查”活动，自去年底启动以来，历时三个月，覆盖22个省、5大自治区和4个直辖市的95个城镇和96个乡村区域。据悉，此次调查结果将于本月31日在北京举办的幸福盛典暨中国幸福指数颁布典礼上揭晓，届时众多文化名人、演艺明星将齐聚盛典，颁出七个大类的幸福榜单。

关于幸福的调查其实从未间断过。早在2005年，山东大学政治学与公共管理学院教授、博士生导师邢占军就曾对中国的6个省会城市居民进行过“幸福指数调查”。此后，2005年零点中国居民生活指数调查、2009年英国《幸福星球报告》也相继展开。而此次由江苏卫视和零点研究咨询集团共同开展的“中国幸福指数调查”，无论是从规模还是从调查对象都远远超越前者。结果显示，中国人幸福指数提高了不少。

一、调查对象

此次调查活动对象涵盖了商人、文艺工作者、公务员、工程师、工人、农民等多种职业人群，更将平时易被忽略的大中专学生、外来务工者等全部纳入调查之列。经过南京大学社会科学院院长周晓虹教授、零点研究咨询集团董事长袁岳等12位专家精准的调查研究，给中国人献上了一份极具社会价值的“幸福指数调查”报告。

江苏卫视“幸福指数调查”活动的负责人笑着说，“大部分人觉得女人比男人幸福，可是调查显示男性比女性幸福指数高，而且已婚的男性幸福指数更高。所以男士们不用担心，婚姻不是爱情的坟墓，结婚后一定会更幸福。”

除此之外，此次调查还将80后、农民工等几个特殊群体作为重点调查对象。80后的购房难题影响了他们的幸福感，但是对未来的乐观预期让他们充满了幸福的期待。而农民工虽然整体幸福感较低，但过去一直关注的有关农民工性爱幸福感在这次调查中有了很大的提升。

二、调查范围与结果

以往幸福感调查都是城市之间比较，这是首次将农村居民纳入范围。相关调查人员介绍，本次调查覆盖了22个省、5大自治区和4个直辖市，四川的成都、凉山、绵阳也在其中。城市居民7859人，农村居民7942人，大部分在25岁到54岁之间。幸福指数涉及身心、经济、工作、家庭、婚恋、性爱、交际、娱乐、社会幸福感等九大部分。

不过，家庭月收入12001~15000元则是人幸福拐点。当月收入超过15000元时，幸福感不升反降。调查人员分析说，这是因为拐点之上的人群在交际、娱乐、工作等方面幸福指数会大打折扣。

在调查中，多数受访者认为城市——尤其是一线城市的生活更幸福。不同的是，农村居民更羡慕大城市的生活，城市居民则认为中等城市的生活更幸福。

照理说南方环境较有优势、经济比较发达，幸福感应相应较高。但令人意外的是，南方人没有从怡人的气候和发达的经济中体会到更多的幸福，北方人却能在严酷的气候和稍欠优越的生活中自得其乐。其中，华北地区幸福感最强。

男人和女人哪个更幸福？答案是，不论男女，认为女人比男人幸福的人总是占大多数。

不同婚姻状况的男女，幸福感也有差异。结了婚的男人们最幸福，而离婚女性的幸福感明显高于离婚男性。离婚女性被访者在经济、娱乐和交际等方面的幸福感体验并不低于普通女性，甚至得分略高。而在婚姻幸福感中，80后婚姻幸福感最高。

从不同职业来看，公务员的职业优势给他们的家庭、婚姻生活带来诸多好处，公务员在家庭、婚姻方面的幸福感体验尤其显著。

排在幸福榜第二位的，是中国的房地产从业者，在中国的“政策市”里，房地产业者还有大把的“幸福时光”。

“在外打工还不如在家乡做点儿小生意。”在农村，自己开公司办企业的农民企业家们最幸福。调查者发现，农民兄弟更愿意在家附近找份比较固定的工作，而不是背井离乡去外地打工，这大概也是沿海地区“民工荒”的一个原因。

针对住房问题，单位建房的群体由于在住房上支出较少，幸福感最高。租房族似乎是最不幸福的，比单位集体宿舍居住者的幸福感还要低。

有趣的是，有房贷的中国人反而更幸福，调查分析发现，房奴多为70、80后，这些群体本身的幸福感就高于其他群体，因为他们有稳定的收入来源、有目标，对未来充满憧憬。

三、分析与质疑

其实，重要的不是谁比谁幸福，这没有任何意义，而是这个“幸福”的大结论是由什么元素组成的。关于幸福感的调查这么多，每一次得出的结论迥异，恐怕很大程度上是因为问卷的设计。比如我们之前看到过很多类似“女人比男人更幸福”、“有房有车无房贷最幸福”等调查。这些调查的权威性当然是相对的，但是很难说有一个绝对权威。既然结论常常互相矛盾，那么我们为什么要相信这些结论？调查的意义，可能更多是在于调查数据反映出来的问题。还是回到刚才的“男人比女人幸福”这个项目，我们应该关注的不是男人和女人谁更幸福，而是很多女人感到不“性福”。

类似的大结论还有中国人的幸福指数在提高，中国人的幸福指数高于世界平均水平。这种乐观祥和的结论当然让人感觉振奋，如果它是真实的。可是，这也让一些人对结果产生了怀疑，认为这是政府行为，或者是讨好政府的行为。站在他们的角度，我们确实容易理解，他们担心如果相关部门只看到这些光鲜的东西，就失去了这次调查的最大意义。因为每一个题目的背后，其实都明显地显示出对人们生活产生影响的因素，让人们感觉不幸福的因素。这些因素，就是需要大家共同努力去改善的。那么首先，很多普通老百姓认为，“幸福感”是一个相当虚幻的词。而以此去衡量自己的生活，只能得出一个让人啼笑皆非的答案。所以有人提出这种幸福是“被幸福”、“伪幸福”。然而，换个角度来看，这份问卷其实也是审视中国人生活的另外一种方式。它测试的是你对生活的满意程度，或许片面，但是现实。这么多人仔细做了这份问卷，相信他们也是想抛开“幸福”这个让人迷惑的糖衣，好好看清自己的生活，问自己一些为什么，思考一下怎么做。发现问题，这也是“幸福感问卷”调查的目的所在。

（编者选自网络）

词语表 Vocabulary

1.	咨询	【动】	zīxún	征求意见。
2.	覆盖	【动】	fùgài	遮盖；掩盖。
3.	暨	【介】	jì	直到某时。
4.	揭晓	【动】	jiēxiǎo	公布考试录取名单；泛指把事情的结果公开出来。
5.	涵盖	【动】	hángài	包容、覆盖。
6.	折扣	【名】	zhékòu	买卖货物时按原价的若干成计价，如按九成，叫九折或九扣。
7.	啼笑皆非	【成】	tíxiào jiēfēi	哭也不是，笑也不是，不知如何才好。形容处境尴尬或既令人难受又令人发笑的行为。
8.	荣膺	【动】	róngyīng	荣幸接受或担当。

2. “80后”生存现状调查

“80后”，目前中国最受关注的一代，他们代表了中国的未来。

“80后”作为一个社会人口学概念，指出生在20世纪80年代的人，特指国家依法实行计划生育后所出生的一代人。据统计，中国的这个群体超过2亿人。

转型社会的洪流造就了“80后”的独特性，这些在温室里成长的“小皇帝”们，却要面对社会变迁进程中的狂风暴雨。头上顶着“垮掉的一代”、“叛逆”、“自私”、“脆弱”等负面评价，还伴生着“富二代”、“房奴”、“卡奴”、“蚁族”、“宅男”等社会现象。

为了真实反映“80后”的生存状态，日前，《广州日报》联合新浪网、大洋网，以及现代国际市场研究有限公司推出“80后”生存状态大调查。截至2010年2月5日零时零分，共有来自广东、北京、上海、浙江等全国各地的3313位“80后”在网上参与了调查，为我们全面、客观了解这一群体的生存状态，提供了依据。调查问卷涉及15个问题，8个方面。它们是：压力、消费、家庭、工作、收入、买房、生活、理想。调查结果并不乐观。

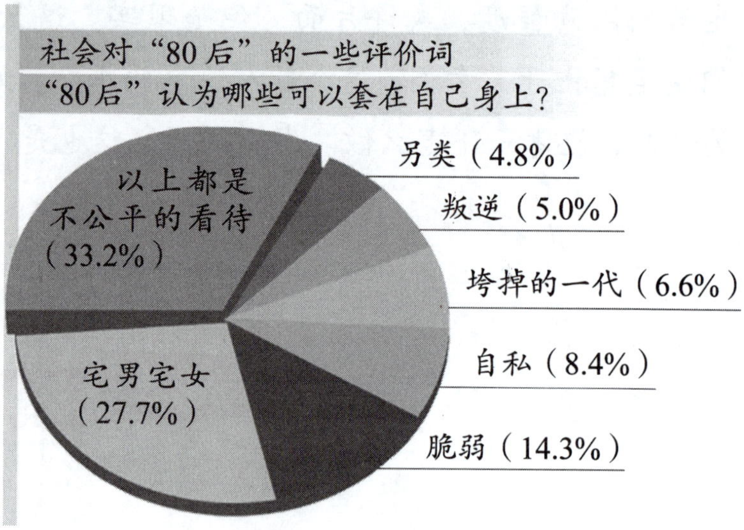

图片选自《广州日报》，2010年2月15日

一、调查结果与分析

1. 压力：“80后”幸福感普遍不强，过半自认压力大于“70后”

在许多人看来，“80后”是温室里长大的幸福一代，但调查显示，他们的幸福感却普遍不强。

在回答“你觉得‘80后’面对的压力大吗”的问题时，52.6%的受访者认为“很大，超过‘70后’、‘90后’”；37.0%对此持宽容态度，认为“每一代人都有自己的压力，这是正常的”；8.7%认为“一般，不如‘70后’和父辈”；只有1.7%的受访者认为“压力很小，我们是幸福的一代”。

那么，他们的压力主要来自哪里呢？48.1%的受访者认为压力主要来自生活，如买房子、养孩子等；29.7%受访者认为来自工作，“要闯出一番事业太难”；18.7%认为“整个社会都在给我压力，压得喘不过气来”；另有3.5%表示压力来自于家长对自己的期望过高。

2. 消费：仅占一成有私家车，六成表示两年内不买车

相对于婚房这类迫切的刚性需求，车子对于“80后”而言还是奢侈品。

油费、桥路费、停车费等养车成本居高不下，购车后的日常支出直线飙升，令大部分“80后”不敢拥有自己的座驾。调查显示，“80后”中的“有车一族”仅占13.5%，19.7%的人表示打算近两年内购买；而66.8%的受访者表

示近两年内不会考虑买车。

在消费习惯上，对于“先透支、后还款”的信贷消费，大部分“80后”持谨慎理性的态度。35.1%的“80后”曾经有过透支信用卡购物的经历，但经常性透支者则仅占16.4%，偶尔透支消费的占14.9%。

值得一提的是，33.6%的“80后”表示自己根本没有信用卡。

3. 家庭：近四成“80后”每月补贴家用，“啃老族”并不多

调查显示，38.2%的“80后”每个月都会给父母补贴家用。其中，29.0%每月给1000元以下，6.9%给1000元～2000元，2.3%给2000元以上。尽管不算太多，但对比于“81%月入6000元以下”的收入水平而言，每月补贴家用，仍体现了“80后”对父母的孝顺。

与此同时，需要父母每月给钱过活的“啃老族”仅占4.8%。排除因读书深造而未获取经济收入等特殊因素，“80后”并不像有些人臆测的那样是“啃老族”。

4. 工作：青鸟综合征。近七成不满意生活水平，近五成想立即跳槽

调查显示，有54.5%的“80后”曾有过跳槽的经历。其中，有三次以上跳槽经历的，占23.7%。而46.8%的人“现在就有跳槽的打算”；从没有跳过槽的“80后”占45.4%；只有12.2%的人打算在现在的单位干到退休。

这反映出“80后”群体普遍受到“青鸟综合征”的困扰，具体表现为：总是对自己现有的成就不满，频繁跳槽，找不到适合自己的职位。总认为“理想在别处”。就像童话《青鸟》中总也找不到理想的那只青鸟，只是一直不停地奔跑。

调查还显示，有高达67.85%的受访者对自己的生活水平感到不满，考虑转换环境。但因为生活经济压力，敢于跳槽的仍属少数。

5. 收入：五成“80后”月收入3000元以下，三成是“月光族”

调查显示，“80后”群体的收入状况在6000元附近开始呈现“二八分化”。81%的受访者表示月收入在6000元以下，其中月收入水平在3000元以下的，所占比率高达52.6%。在19%自称月收入在6000元以上的高收入“80后”中，6000～10000元/月的占91.1%，10000～20000元/月的占5.8%，20000元/月以上（含20000元）的占3.1%。

值得注意的是，月收入10000～20000元和20000元以上的高收入群体相对集中于京、沪、粤三地。

而在京、沪、粤等生活成本偏高的大中城市，月收入3000元以下，实在不值一提，刨掉交通、吃住、通讯等基本花销，几乎所剩无几。对于生活在这些城市的“80后”，生活压力相当明显。调查显示：29.1%的“80后”是“月光族”——每月收入基本当月花光的“零存款一族”。

6. 买房：八成“80后”存款不足10万元，婚房成为“第一恐慌”

当被问及“你现在有多少存款”时，26.7%表示在1万元以下，27.4%的受访者表示存款数目在1万～5万元之间，17.5%在5万～10万元之间，14.2%表示在10万元以上。合计，存款不足10万元的“80后”超过八成（85.8%）。

毋庸置疑，在如此的经济收入和存款状况下，大部分“80后”虽然对基本的生活花销可以“收支平衡，略有盈余”，但是对购房、购车这类大宗消费，便显得心有余而力不足了。以一套80平方米的一手商品房为例，均价在10000元/平方米以上，首付三成至少需要30万元，这对绝大部分存款不足10万元的工薪族“80后”而言，单靠自己的积蓄，支付购房首付简直就是天方夜谭。

调查中，只有24.2%的“80后”表示“能用自己的存款一次性付清房钱”，21.6%表示“父母资助大部分，自己（含配偶）存款占小部分”；17.1%表示“父母资助小部分，自己（含配偶）存款占大部分”；15.7%表示父母（含亲戚）全额资助。至于买房的主要目的，近四成是为了结婚。

7. 生活：休闲时间习惯上网，恋爱及性的态度相当开放

有57.8%的受访者表示，生活中最主要的休闲娱乐活动就是上网，上网已成为他们的生活方式。

相对于父辈，他们对恋爱和性的态度相当开放，对婚前性行为的认同度和接受程度更高。

调查中，31%的“80后”表示是在工作后谈的恋爱，26.6%表示在上大学时候开始谈恋爱。在对第一次发生性行为的时间的调查上，24.9%表示大学期间发生过性行为，18.0%表示至今没发生过。

8. 理想：有房有车有事业

几乎每一个人在小学时都曾以“我的理想”为题写过作文。那么，“80后”的理想又呈现出怎样的特点呢？调查显示，“80后”的理想较为集中在四方面：

一是有房有车，特别是买房；第二是事业有所成就；第三是做个有钱人，特别是当老板，也有想一夜暴富中五百万元彩票的；此外还有成为公务员、成为科学家和军人等“对社会有用的人”。

二、典型案例分析——“月光族”韩寒

韩寒被视为中国“80后”的代表人物，更被无数的“80后”视为精神领袖。他坦言:“这个世界已经很现实了，我们把这代人的理想都拴在了房子上，他们很多人的生活已经没有趣味了，只看到房子。越是急，越是买不起房子，房价不停地往上升。满脑子想的都是这些，无论是谈恋爱还是结婚，都会跟特别现实的社会有关系。那些理想，包括年少时候的梦想，都已经被抛得很远了。我希望可以重拾这些东西。”

作为“80后”的代表人物，韩寒也为本报填写了一份调查问卷。且看这位新锐作家如何作答。

1. 你的月收入是多少？（E）

A. 3000元以内　B. 3000元～6000元　C. 6000元～10000元

D. 10000元～20000元　E. 20000元以上

2. 你每个月会存多少钱？（D）

A. 1000元以内　B. 1000元～3000元　C. 3000元以上　D. 我是“月光族”

3. 你现在有多少存款？（D）

A. 1万元以下　B. 1万元～5万元　C. 5万元～10万元

D. 10万元以上　E. 0

4. 你每个月会给父母家用吗？（D）

A. 0元　B. 1000元以下　C. 1000元～2000元　D. 2000元以上

E. 父母每个月给我钱

5. 你买房了吗？（B）

A. 买了，已经付清房款　B. 买了，付了首付　C. 没有，和父母一起住

D. 没有，自己租房住　E其他

6. 你买房的目的是什么？（D）

A. 结婚　B. 房价涨得太快，先买划算　C. 二次置业或投资

D. 自己住　E. 买房和父母一起住　F. 其他

7. 与所在城市的生活水平相比，你感觉自己的生活水平（A）

A. 高于平均水平，满意　B. 高于平均水平，不满意　C. 基本持平，满意

D. 基本持平，不满意　E. 低于平均水平，满意　F. 低于平均水平，不满意

8. 非工作原因，你每天上网的时间有多长？（B）

A. 少于 1 个小时　B. 1 至 3 个小时　C. 3 至 8 个小时　D. 8 个小时以上

9. 非工作原因，你上网主要做什么？（A）

A. 看新闻，浏览网页　B. 玩游戏　C. 聊天　D. 看电影

10. 你最主要的休闲娱乐活动是什么？（G）

A. 上网　B. 体育运动　C. 逛街　D. 看书报杂志

E. 看电视　F. 睡觉　G. 皆选

11. 以下社会对“80 后”的一些评价之词，你认为那几项可以套在自己的身上？（多选）(G)

A.“宅男宅女”　B.“垮掉的一代”　C.“叛逆”　D.“另类”　E.“自私”

F.“脆弱”　G. 以上都是不公平的看待

12. 你觉得“80 后”面对的压力大吗？（A）

A. 很大，超过“70 后”、“90 后”　B. 一般，不如“70 后”和父辈

C. 很小，我们是幸福的一代　D. 每一代人都有自己的压力，这是正常的。

13. 你面对的压力主要来自于哪里？皆不是

A. 生活经济的压力，如买房子、养孩子等　B. 家长对自己的期望值太高

C. 工作的压力，要闯出一番事业太难

D. 整个社会都在给我压力，压得喘不过气来

14. 你的理想是什么？和谐社会

总之，对于“80 后”的生存现状，“80 后”才最有发言权。这是本报发起这次大调查的初衷。正是基于这样的理念，我们采访了一批“80 后”的代表人物，如郭敬明、李宇春等。著名作家郭敬明说：“人们常认为‘80 后’太有个性了，个性太张扬了，有时觉得我们不尊重长辈，作为对‘80 后’这一代人的想象。有时觉得我们这代人有距离感，可能和我们本身不善于表达有关。”靠超女赛成名的歌手李宇春说：“我觉得我不算优秀的‘80 后’，比韩寒、姚明他们差多了。我觉得我做得不够。”而以扮演《蜗居》中宋思明情人而成名的女演

员李念说道："以前在上海读大学，当时的宿舍在15层。夜晚我打开窗，看见一栋栋高楼，万家灯火。常常想，自己还需要奋斗多久才能在这个城市有自己的一隅之地，有自己的一个窝。"或许他们的成长经历和人生感悟可以带给我们更直接的启示吧。

三、跨国横向比较

了解了中国的"80后"，我们想进一步了解世界各国的"80后"都在想什么？

1. 美国"80后"：重新定位

每一代美国人都有反抗前一代人的思想习惯。美国"80后"的父母一代深受越战影响，反对前一代干预主义的思想。"9·11"改变了美国"80后"，之前他们这代人根本不关心政治，"9·11"促使他们重新思考美国的国家定位问题。

2. 英国"80后"：金钱至上

英国的"80后"，俗称"撒切尔的孩子"，因其出生之时恰逢"铁娘子"撒切尔夫人当权。上世纪六七十年代的英国人，个个视国家兴亡为己责。而现今的孩子们基本上唯钱是图。眼下的英国"80后"大多痴迷于网络，而少有关注新闻者。

3. 日本"80后"：我们"不饿"

很多研究者认为，日本"80后"身上依然延续了父辈的危机意识。但是他们的求知欲比起前辈来说大大减弱了，简单地说，他们"不饿"，他们远离报纸，不关心科学。

4. 俄罗斯"80后"：信仰真空

俄罗斯的大学教授喜欢批评"80后"们是"缺乏信仰的一代"。和"60后"、"70后"相比，俄罗斯"80后"经历了更多的社会逆境。他们生长在一个民族价值认同体系崩溃、西方价值观念冲击的年代，没有人跟他们说什么是"对"与"错"，什么是"是"与"非"。"在整个20世纪90年代，俄罗斯人都处在一个信仰缺失的'价值真空'地带。"

5. 印度“80后”：胸怀大志

印度的“80后”们都相信印度具有成为一个全球大国的潜力。他们胸怀大志，信心十足：“印度不是将会崛起，她已经崛起了。”（据《启迪》杂志）

四、结　语

时至今日，“另类”早已不足以概括中国的“80后”。《广州日报》调查发现，对于社会舆论贴在自己身上的“宅男宅女”、“脆弱”、“自私”、“垮掉的一代”、“叛逆”等标签，大部分受访者并不十分认同。33.2%的受访者认为这是社会加诸于“80后”身上的不公正的标签。

网上调查发现，住房、婚恋、竞争压力、父母赡养等，构成了“80后”青年普遍面临的现实枷锁。理想与现实之间的落差让他们感到迷茫与焦虑。但他们同样相信，“风雨之后总会有彩虹”。

（亓华改写自网络）

赏析：文章通过网络调查，客观地分析出了“80后”所面临的艰难的生存状况：“80后”幸福感普遍不强，过半自认压力大于“70后”，近七成不满意生活水平，近五成想立即跳槽，八成“80后”存款不足10万元，婚房成为“第一恐慌”。这是曾被冠以“小皇帝、小公主”的百般娇宠的独生子女一代，当他们步入成人社会时遭遇的却是折翅断翼般的打击，多数人远离了理想和事业，被紧紧地捆绑在了最低层次的生存需求上。文章材料真实，数据可靠，分析问题有深度，行文严谨规范。

借鉴：分析问题全面、有深度，逻辑性强，视野开阔。

词语表 Vocabulary

1.	富二代	【名】	fù'èrdài	是指80年代出生、继承上亿家产的富家子女。
2.	奢侈品	【名】	shēchǐpǐn	指非生活所必需的高级消费品。
3.	飙升	【动】	biāoshēng	急剧上升，形容上升的速度快。

4.	啃老族	【名】	kěnlǎozú	也叫"吃老族"或"傍老族"。他们并非找不到工作，而是主动放弃了就业的机会，赋闲在家，不仅衣食住行全靠父母，而且花消往往不菲。
5.	臆测	【动】	yìcè	表示主观地推测。
6.	跳槽	【动】	tiàocáo	牲口离开所在的槽头到别的槽头去吃食或比喻人离开原来的工作，另谋高就。
7.	天方夜谭	【成】	tiān fāng yètán	比喻虚诞夸饰的议论，荒诞不经的说法。
8.	初衷	【名】	chūzhōng	最初的愿望和心意。
9.	痴迷	【动】	chīmí	极度迷恋某人或某种事物而不能自拔。
10.	逆境	【名】	nìjìng	不顺利的境遇，在生活中遇到的困难与挫折，也就是人生的低谷。
11.	崩溃	【动】	bēngkuì	崩毁溃散。
12.	胸怀大志	【成】	xiōnghuái dàzhì	心里有远大志向。
13.	赡养	【动】	shànyǎng	主要是指子女在经济上为父母提供必需的生活用品和费用的行为。
14.	枷锁	【名】	jiāsuǒ	枷和锁链。比喻所受的压迫和束缚。
15.	迷茫	【形】	mímáng	广阔而看不清的样子。
16.	焦虑	【形】	jiāolǜ	(心情)焦愁忧虑。

四、习作欣赏

1. 中外年轻人对同居的看法

【韩国】金银珠

一、调查缘起

现在在整个世界范围内，"同居"这一现象都很普遍，欧美以及不少东方国家的社会舆论也越来越接受这种现象。

在中国，由于受到中华传统文化含蓄、内敛的影响，人们的思想、看法比较传统和保守，老年、中年人比较难以接受"同居"这种新潮的行为。中国的年轻人虽然受到长辈比较传统的教育，但是也接受了很多西方文化的影响，比较开放，比较能接受新鲜的事物与现象，对同居这个现象，也显得比较宽容了。

作为一个韩国留学生，我观察到周围的人对这一现象都有不同的看法，我根据性别、国家、年龄进行了简单的初步调查，发现不管是什么国家，男性都偏向同意同居，不管是什么性别，年龄比较大的都偏向不同意，西方人对于同居的看法有明显的偏向性，同意就是同意，不同意就是不同意，而东方人显得比较含糊，有不少人选择“说不清”，但是说不清中又有很多偏向同意。然而这牵涉到另一个复杂的问题，那就是一旦男女同居（包括前者和后者），会引发什么样的后果，因为根据我的初步调查，大部分女性对于同居失败都觉得“非常痛苦，无法接受”，同居对她们产生了极大的消极影响，可能对今后择偶、婚姻等带来不利影响。那么，如果男女同居，采取什么样的方式才比较能避免同居所带来的不良影响呢？

二、影响人们对待“同居”态度的因素

关于同居的态度，此前已经有研究者做过初步统计：韩国国民大学的社会调查中心在2005年进行了调查，发现在韩国有70%以上的大学生赞成同居，并且有很多已经有同居经验的人。而在中国，北京大学社会学研究中心的调查显示：64.8%的人认为同居是个人生活方式的选择，其中大学生占26%；59.4%的人能接受未婚同居，持中立态度的占14.2%，女性比男性更容易接受这一现象，占43%；只有18.2%的人认为同居是因为住房紧张和经济困难；39.2%的被调查者认为婚前同居是必要的，男性占51%，女性占49%；22%的人认为同居对婚后生活不利；23.5%的人认为同居是不愿担负责任，认为是摆脱婚姻约束的人占34%，22.4%的人认为是试婚，还有20.1%的人认为是心理和生理的需要；47%的人认为同居这一自由的生活方式给人以更多的选择和更大的空间，高薪阶层占18%；73.5%的学生和66.2%的自由职业者持以上态度；65.6%的人认为传统婚姻依然是理想的婚姻形式；认为传统婚姻依然理想的男女比例各占49.2%、50.8%。

但是，到目前为止还没有看到从留学生视角出发、关注不同社会文化背景对同居意向影响情况的调查，也没有中外对比的研究。因此，本论文针对此问题设计了调查问卷，旨在考察不同国别、性别的人们对同居现象的看法。

本调查共设计问卷250份，全部发放，其中125份问卷发放给中国人，另外125份发放给外国人，一共收回227份，其中发给中国人的收回118份，包括男性57人、女性61人；发给外国人的一共收回109份，包括男性55人、女性54人。

三、调查结果及分析

1. 国别因素

通过调查我们发现，中国人和外国人对同居的态度是不同的。

发给中国人的问卷收回 118 份，其中 49 人同意，占所有的 41.52 %，25 人不同意，占 21.19 %，44 人说不清，占 37.29 %；发给外国人的问卷收回 109 份，其中 70 人同意，占 64.22%，26 人不同意，占 23.85%，13 人说不清，占 11.93%。如下图所示：

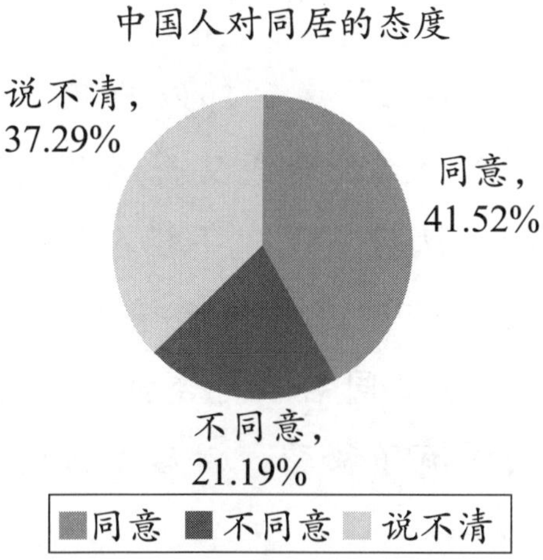

【图一】

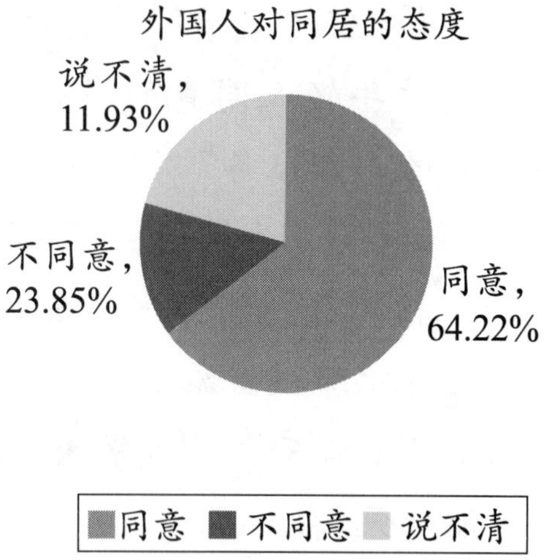

【图二】

2. 性别因素

调查结果显示，男人和女人在对待同居的态度上也存在一定的差异。

对所有有效问卷进行统计，共有 112 位男性和 115 位女性，在中外男性中共有 66 人同意，占所有男性的 58.93%，共有 15 人不同意，占 13.39%，31 人说不清，占 27.68%，如图三所示；在中外女性中共有 53 人同意，占 46.09%，26 人不同意，占 22.61%，36 人说不清，占 31.3%，如图四所示。

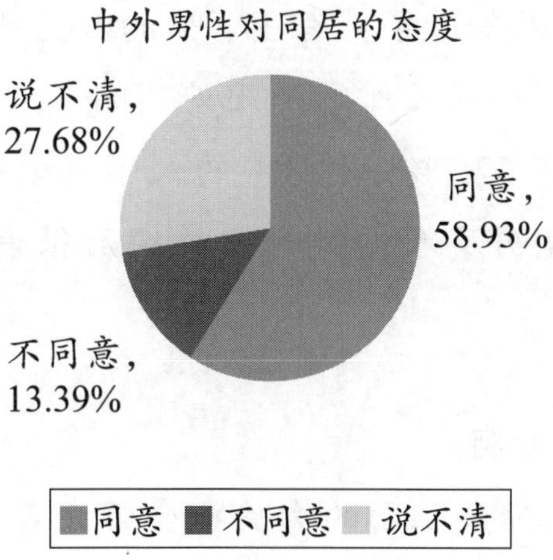

【图三】

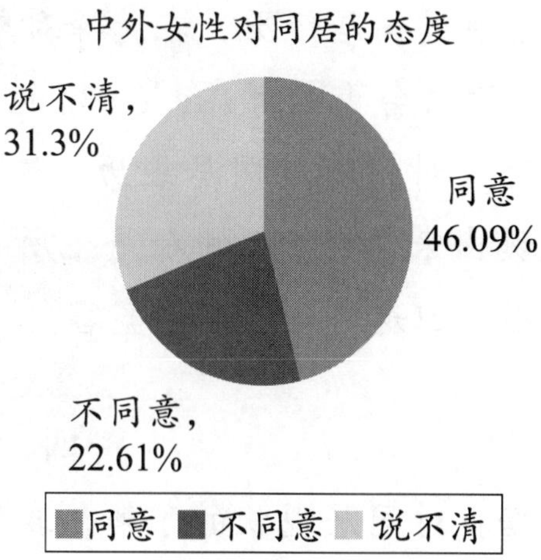

【图四】

具体来说，中国的年轻人中，同意的多是因为“因相爱而生活在一起”，不同意的多是觉得“对双方不负责任”。举几个有代表性的例子：同意的人认为“因为相爱所以同居，不管以后会不会在一起，曾经拥有而值得回忆”、“社会在发展，所有的一切都要根据社会的情况而定”；不同意的人认为“在文化相对保守的国家里，同居往往不容易被接受”、“在中国文化的背景是女子要遵守三从四德，贞节观很重要，所以同居并不被大多数人接受。但在欧美提倡人性自由和性解放，因此同居也可以被很多人接受”、“是社会的腐朽败坏现象，以及人对自己不够负责”、“传统的影响很大”。

外国的年轻人同意的多是“因相爱而生活在一起”或“可以为正式结婚做好充分的心理准备”；不同意的则多是因为“感受到社会或父母的压力”或“不符合传统”(多为韩国、日本留学生)。同意的人认为“现代年轻人的思想和前代的人相比有一些变化，还有生活方式也变了”、“现在的离婚率不断上升，婚前同居可以降低离婚率”；不同意的人则认为“未婚同居不符合韩国的传统，而且人们有点保守”、“如果婚前同居，相互之间没有了秘密，以后双方的关系很有可能破灭”。

3. 其他因素

影响人们对待同居的态度的还有其他因素，比如，很多人在对人和对己的评判标准方面是有差别的，因此，在对待自己和别人的同居现象时会有不同的态度。特别是在东方国家中，人们对于同居的态度显得有点矛盾，大部分人对于同居还是不太能接受的，但是还有不少人一方面同意同居，另一方面却很鄙视同居的人，即使自己同居了，也要避免被别人知道。

根据韩国的相关调查，人们对于有过婚前同居经历的人的态度很复杂。如果自己有过同居经历，在选择对象时，对方如果知道了，有37.9%的人无所谓，55.2%的人会重新考虑，6.9%的人选择分手，如图五所示（此处省略）；另一种情况是对方有过同居经历，选择不结婚的有52.2%，32.3%的人不喜欢但是不表现出来，15.5%的人是无所谓。这充分说明了人们对对方的经历很看重、很苛刻，但是对自己却很宽容。

四、同居的正负面影响

据我对同居现状的了解，我发现同居既会带来正面的影响也会带来负面的影响。

先说同居的正面效果，同居不仅仅包含性生活，更包含了两人对彼此生活习惯的适应，对长期共同生活的接受程度，以及对彼此更深刻的认识。同居能真正发现对方身上的优点和缺点，双方失去神秘感，就可以真实地辨认对方，可以辨认对方是否为一个合适的结婚对象，可以避免不合适的结合。

同居也有很多负面效果，即使是指向婚姻的同居也可能不会最终得到婚姻，这种同居关系结束引起的麻烦恐怕不比离婚小。因此越来越多的同居不指向婚姻，越来越多的人只想享受两性生活的欢娱而不愿意承担婚姻的责任，可能对婚姻的态度就会变得不认真，婚姻关系会变得脆弱，婚姻的保证会变得很困难。并且同居对女性伤害更大，它会带来失身和贞操问题，大部分人对此都表示不敢想象，保持婚前贞洁，既是对自己负责也是对他人负责。尽管同居是两厢情愿的，但女性要承受更多的危险和不良后果，如怀孕、疾病以及对身体的伤害等，一旦分手会很痛苦。

同居现象是一个复杂的社会现象，同居的结果也经常有好有坏，如果有负面的影响，女性经常成为受害者，那么怎样才能避免同居所带来的负面影响呢？怎样使同居更加和谐、对双方都有好处？这是结论要讨论的内容。

为了对同居做出更合理的选择，Miller 和 Starr 提出了判断自己是否适合同居的标准，下表就是这个标准的一部分：

好处（0~5 分）	坏处（0~5 分）
对对方可以有更深入的了解	对对方不够信赖，耐性也不够
男女地位平等	感受到社会的压力
可以节省各自租房、生活的花销	与对方家人、亲戚的关系不明确，尴尬
很自由，没有拘束感	没有法律的责任
责任负担小	如果同居失败，影响很大
更慎重地对待结婚	没有性方面的责任
总评：	总评：

根据这些标准，每个人可以得出“好处”、“坏处”的分数，这样就能得出好坏的差别，知道自己适不适合同居，以及同居给家人、社会带来的影响，这就可以帮助我们做出合理的决定。

结 语

综上所述，同居是一个复杂的社会现象，不同的国家、不同的人，对它都有不同的态度。但是，人的价值和态度不应该超越自己所处的时代和社会，现代社会的同居是自我主义形式的社会文化现象，而社会不承认它，这是它最大的问题。但是即使这样，对同居抱有积极想法的人还是认为，同居是比结婚更能解决问题的新方案，是年轻人追求平等和自由的“乌托邦式”的幻想。人们说，婚前同居是了解对方的过程，这对于结婚来说，是一件慎重的事，是对结婚负责任的，另一方面，同居比结婚更自由，这是同居的二重性，同居是多样的家庭形态中的一种。如果人们生活的样式可以预习、复习的话，人们的幸福就有了保障。可是我们知道这是不可能实现的，人们不应该把自己当成旁观者，而不把同居作为个人、家庭的问题，否则就会对社会产生不良的影响。

同居是一个新的家庭形态，不管好坏，我们都要从冷静的、客观的立场上来判断，应该对同居有一个清醒地认识，对同居可能产生的后果做好心理准备，了解自己是否适合同居，如果同居就要对自己的行为负责任，同居与否，都应该做一个自己为自己负责任的成人，要长远的设计自己的未来，要为以后的事情想好退步。最后，不管同居还是结婚，我希望那都是每一个人自己做出的理性的选择。

（节选自北京师范大学汉语本科专业韩国留学生毕业论文）

五、怎样正确使用成语

在汉语里，成语是增强文章典雅度的一个重要手段。成语有固定的结构形式和说法，表示一定的意义，在语句中是作为一个整体来应用的。成语多由四个字组成，但也有三个字或四个字以上的。如“五十步笑百步”、“闭门羹”、“莫须有”、“ 欲速则不达”、“醉翁之意不在酒”等。

使用成语的时候，语义和语法上都要注意，才能使用准确。

语义上，成语不仅有它的特指的意思，还有它的字面意思，并且还有它的来源典故，只有全面掌握了这三点，才能用好成语。

一般来说，语义上错用成语的有三类：

一是望文生义。不理解成语的原本意思，想当然地理解成别的意思。

如：你现在不努力学习的话，以后就成为明日黄花了。“明日黄花”指重阳节过后逐渐萎谢的菊花，后比喻过时的事物或消息。不是指未来的东西。

二是对象误用。不明白成语的使用对象。

如：去九寨沟旅游的时候，那儿的自然风景非常漂亮，真是巧夺天工。“巧夺天工”意思是指人工的精巧胜过天然的。形容技艺非常巧妙。不能用于自然本身。自然天成的景色我们可以说是大自然的“鬼斧神工”。

三是褒贬颠倒，不明白成语的褒贬义，错将贬义用于褒义，或将褒义用于贬义。如：他参加留学生唱汉语歌比赛得了冠军，一下子满城风雨，成名了。“满城风雨”比喻某件事情传得很广，到处议论纷纷，常常指不好的事情，是贬义词，在这儿用做褒义了。

语法上，一般来说，使用成语应该注意如下几点：

1. 成语一般都做谓语。如：那个公司的职员对老板的态度忍无可忍。

2. 成语后面一般不能带宾语。如：他深恶痛绝考试。（ × ）——他对考试深恶痛绝。

3. 成语做定语的时候，后面一般带“的”，构成“成语 + 的 + 名词”。如：我是一个患得患失人。（ × ）——我是一个患得患失的人。

4. 成语做状语的时候，后面一般带“地”，构成“成语 + 地 + 动词”。如：小李莫名其妙说。（ × ）——小李莫名其妙地说。

为了使同学们在书面语表达上更加准确地道而又精练贴切，编者把“HSK 动态作文语料库”成语总汇（1572 个）中的常用四字成语编入与本教材配套的练习册每课练习的第一、二题中。下面是 30 个四字以上的成语，请读一读，并学会使用。

五字成语	六字成语	七字成语
八九不离十　天下无难事	百思不得其解	不管三七二十一
更上一层楼　读书破万卷	不分青红皂白	车到山前必有路
何乐而不为　顾头不顾尾	风马牛不相及	上梁不正下梁歪
摸不着头脑　群起而攻之	热锅上的蚂蚁	树欲静而风不止
如过江之鲫　水火不相容	利于不败之地	四海之内皆兄弟
桃李满天下　物以稀为贵	可望而不可即	心有灵犀一点通
无巧不成书　习惯成自然	九牛二虎之力	英雄无用武之地
欲速则不达　一言以蔽之	天无绝人之路	有过之而无不及
虎毒不食子　庐山真面目	强不知以为知	墙里开花墙外香
时势造英雄　日久见人心	哀莫大于心死	识事务者为俊杰

（材料来自北京语言大学语言学与应用语言学专业郝冰硕士论文，《基于 HSK 动态作文语料库的外国学生成语偏误分析》，2011 年）

14 汉语本科专业毕业论文

一、热身互动练习

阅读下列摘要，看在写法上有何问题，如何修改

论文摘要

女性参与社会的情况是对一个国家“男女平等”观念普及的重要标志之一，日本是一个经济发达的国家，但是关于女性与事业上的“男女平等”的观念，还不达到理想水平，中国是一个发展中的国家，但是1949年以后毛泽东主席所提倡的“妇女能半边天”的观念，特别是在事业上的“半边天”已经普及到了中国人的意识里。本文根据日本女性在社会上的地位，分析日本女性在事业和家庭生涯中存在的问题，同时对中日两国女性在事业与家庭方面各自取向的特点进行了比较。

（选自北京师范大学本科论文《中日青年女性事业与家庭的趋向分析》）

二、毕业论文写作特点、格式和要求

1 汉语教育与文化本科专业留学生毕业论文写作特点

对外国留学生的汉语本科学历教育，虽难以达到我国中文专业大学毕业生的汉语水平，但外国留学生在文化知识水平、思维能力和思想见识等方面并不比中国学生逊色。正是由于中外语言文化背景的差异，才使得汉语言本科专业的外国留学生在毕业论文写作上具有自身的优势和先天的不足，表现出与中国学生不甚相同的兴趣和特点。纵观历届外国留学生毕业论文的写作，其优势和特点集中体现在以下三个方面：

首先是选题范围广泛，既侧重文学文化，又兼顾语言文字，对中国社会历史、风俗民情、中国人的衣食住行、恋爱婚姻家庭乃至国民性都表现出浓厚的兴趣和钻研倾向。

北师大中文系2005年的150篇毕业论文统计显示，中文专业毕业生的论文选题一般不超出中文专业所学课程，其特点是几乎限定在语言文学和文学中的文化的范围内，且各课程论文数量分布均匀，主要有语言文字、交际语言、语言理论、方言、古代文学、古典文献、现当代文学、比较文学与世界文学、民间文学、儿童文学、文艺学、新闻学、语文教材教法等。其中语言类选题仅占 11%，文学类选题达到 70%，教材教法类占 8.7%，民俗文化类占 5%，影视类 5%。从北京语言大学、复旦大学和北京师范大学汉语专业外国留学生毕业论文分类统计来看，其共同的特点是论文选题宽广，不受汉语专业范围的限制，文学文化类选题占到 80%~90% 以上。汉语本科专业的日本韩国留学生毕业论文的选题范围比中文系的广泛，从中国当前的文艺政策、历史哲学，到婚姻家庭、衣食住行、民俗；从中外文化交流、两国关系到中国语言文字，涵盖了人文社会科学的许多学科领域。

其次是强烈的对比意识和宽广的跨文化视野。外国留学生自进入中国、接触和了解中国的人、事、物开始，其思维感官都自觉不自觉地处在与母国事物进行不断地对比之中，并在对比分析中形成明确而有个性化的认识。留学生的这些论文就是基于各自民族、地域和国家文化的背景，对丰厚深广的中国文化经过长期地观察和体验，而后进行系统地比较鉴别和融合的结晶。正是在这种比较认识的基础上，外国留学生逐渐超越了母国文化的局限，建立起宽广的跨文化视野和多元文化意识。因此，语言对比和文化对比一直都是留学生毕业论写作的主要角度和方法，也是留学生写作的一大特色。在我院 150 篇论文中，以“对比”“比较”为题目的论文占了一半；即使专论中国的一人一事，也无不带着这种跨国度、跨文化的比较意识，与中国人的思维方式、思想观念、价值判断存在着很大的差异，有的甚至大相径庭。前者如《中韩两国的俗语比较研究》《中国与印尼春节文化之比较》《日中文化中“牛”的形象之比较》等；后者如《中秋节与中国人的亲情观》《试论北京的胡同生活》《中国的塔吉克婚俗研究》《论中国人的脸面观》等等。也正因为此，外国留学生比中国学生在选题上有更大的空间和自由，容易发现新问题、拓展新课题。

再次是内容的新颖、思想的深刻、见解的独到和选题的填补空白性，使留学生的毕业论文可以超越语言表达层面的不足，获得公开发表的机会。由于具有了宽广的跨文化视野和语言文化比较的优势，留学生们能以别样的眼光、不同的层面和视角，把广收博采而来的中国文化置于世界文化的总体框架之中进行鉴别、比较和评判。尽管在语言表达上还不尽如人意，但其崭新的理念、独到的见解和鲜明的观点对我们也不乏启发、借鉴和帮助价值，反倒比语言功底较好的中国学生有更多的发表论文的机会。譬如，北京语言大学来华留学生的 45 篇毕业论文就以《古今中国面面观》为题正式出版发行，其中很多论文都不乏创见。像阿部喜久枝的《汉语的“了”和日语的“た”的比较》一文还入选《第三届国际汉语教学讨论会论文选》；我院越南留学生阮江灵的《重新认识汉语借词在越南语中的地位和作用》，突破了本国狭隘的民族主义和政治观点对学术研究的限制，不仅以科学的态度和充足的语料对汉语借词在越南语中的地位和作用予以重新评价，还对我国著名语言学家对越南语中汉语借词发展趋向的悲观预言提出质疑。此外，像《中国和立陶宛初等教育比较》《武则天与叶卡特琳娜二世统治特征比较》《中韩泡菜比较》等都是填补空白的选题；再如《俄汉外来词比较》《中国塔吉克婚俗研究——以塔吉克斯坦民族为参照》《中国与印尼春节文化之比较》《中韩两国的俗语比较研究》《关于日本人对二战的态度及其原因的考察》等论文都具有较高的研究水准和发表的潜力。

2 大学毕业论文的性质

根据国家标准局 1987 年颁布的《科学技术报告、学位论文的编写格式》的规定："学位论文是表明作者从事科学研究取得创造性结果或有了新的见解，并以此为内容撰写而成，作为提出授予相应的学位时评审用的学术论文。"国家教委高教司和北京市教委 2000 年编写的《高等学校毕业设计（论文）指导手册》中把大学毕业论文的性质确定为："毕业论文是学术论文的一种，是授予学位的重要依据。"并明确指出："大学毕业论文是应届大学毕业生在导师的指导下，运用大学期间所学的基础理论、专门知识和基本技能，来分析和解决本学科的某一基本问题的总结性作业。写作毕业论文是大学生掌握正确地提出问题、深入地分析问题、科学地解决问题的方法，培养科研能力、从事专门技术工作的能力和写作能力，提高思考力和创造力，为毕业后独立地从事科学研究和专门技术工作打下良好基础的一次综合训练。对大学生毕业论文的评审和答辩，是对大学毕业生学术水平和科研能力的一次综合考核。"然而，事实上，无论是中文专业的中国大学生，还是汉语专业的外国留学生，大部分人毕业论文的学术性都是十分有限的，只能算是论文习作，或学业论文。因此，汉语本科专业外国留学生的毕业论文原则上不能脱离国家的统一规定，必须明确：留学生的毕业论文不是感想文，也不是说明文、议论文，写作毕业论文是要培养学生基本掌握理论分析、逻辑论证、科学归纳和简要总结概括等论文写作的语体和方法，提高学生的科学的思维能力和创造力。

总之，我们只有充分认识到外国留学生所具有的优势，并在指导中注意发挥学生的特长，尽量帮助他们选取有价值的新颖独到的题目，才能写出更多优秀的毕业论文。

3 毕业论文的基本格式

封面（1 页）

目录（1 页）

论文标题（主标题）

摘要（Abstract）：中、英文（300~500 字）

关键词（Keywords）：中、英文（3~5 个）

前言（引言）：研究背景、意义、目的，并点出研究主题。

正文：正文各个部分一般不少于 5 千字，正文要有页码，页码居中。

结束语（结论）

注释：最好用"尾注"的形式。（但正规的论文是用"脚注"）

参考文献：一般要写清书名或篇名、作者、出版者和出版年份。例如：

1. 柳金殿. 孟建安. 人名与社会文化. 汉语学习. 1994（1）
2. 文龙. 实用起名. 第一版. 北京：中国工业出版社，2008. 2 页

致谢

三、范文阅读

韩国留学生汉语学习的情感焦虑研究

[韩国] 高诚延

摘要 通过对40名韩国留学生汉语学习情感焦虑问卷调查的总结分析，具体探讨了韩国留学生常见的四种情感焦虑，包括交际焦虑、担心负面的社会评价、考试焦虑、挫折心理和苦恼。进而分析了情感焦虑产生的四种原因：学习动机、自我能力鉴定、学习能力、心理疲倦。在此基础上，提出了四种克服情感焦虑的对策和建议，希望能够为在中国的韩国留学生提供汉语学习对策与帮助。

关键词 韩国留学生 情感焦虑 原因分析 对策

目录

一、序言

现在，学习汉语在世界上越来越流行，来中国学习汉语的人越来越多。中国和韩国在地理位置以及文化传统众多方面都有很多相似之处。确切地说，韩国很多文化传统都受到了中国传统文化的深刻影响。开始接触汉语时，我觉得汉语说起来就像唱歌一样抑扬顿挫。中国有着5000年的悠久历史文化，改革开放以来，中国的经济面貌又发生了翻天覆地的变化。出于对中国许多方面的好奇，以及对中国传统文化的热爱，对汉语的喜爱，我选择了来北京留学，在四年的留学生活中，我学到了很多东西。但是，在我们留学生学习汉语的过程中，存在很多问题。当然，跨文化交际是导致这些问题最主要的原因，因为不同文化背景的人，在交往的过程中，肯定会由于文化背景的差异，而引起诸多问题。留学生在学习的过程中，对这种差异非常敏感。因此，会产生学习汉语的种种困难。克服这个困难，除了个人的学习能力以外，我觉得最重要的是克服学习过程中的情感焦虑。本文尝试具体探讨分析一下韩国留学生学习汉语的情感焦虑问题，希望能给所有在中国学习的韩国留学生提供一些借鉴与启发。

二、情感焦虑和情感焦虑的表现

情感焦虑特指留学生想要形成积极的学习态度遇到的情感焦虑阻力和困难。这种障碍在学习中表现为紧张、焦虑、担心，对汉语的恐惧、厌倦、冷漠以及对自己的担心等等。处于情感焦虑中的留学生因为思想负担心理压力大而往往不能从学习中得到愉快的和成功的感觉。长此以往，学习效率自然比较低下。留学生在汉语学习中，主要的情感焦虑可分为以下四种。

1. 交际焦虑

学习第二语言不仅需要吸收输入，还必须通过交际活动来应用外语。因此，交际在学习汉语的过程中，具有很重要的作用。但是，使用外语交际肯定会存在理解别人的话语的困难。而且，用汉语交际对留学生来说是一个复杂的非本能的心理过程，交际过程中的一言一行都很容易影响留学生的自我概念。如果觉得自己的表达能力有限，受到的影响更加明显。害羞、慌张、恐惧等问题就自然而然地表露出来。这就是我们说的交际焦虑。这也是韩国留学生中常见的情感焦虑之一。对韩国学生来说，交际焦虑主要有两种情况，第一是口语焦虑，第二是理解焦虑。口语焦虑是指留学生汉语表达水平不高或者气氛严肃、紧张时，因为对自己缺乏自信，对自己说的话没有信心，总担心说错了而引起慌张导致的交际困难。这种困难一般表现为总是不知不觉地将注意力集中在个别的词或者个别的句子上。无法注意词和句子的内容和意义，这个时候韩国留学生就会精神紧张，思路紧张，反应慢，想不起来想要说的话。想一句说一句，没有完整的句子的概念。汉语理解的焦虑是指口语交际过程中或者听老师讲课的过程中，对别人或老师的话不理解，不明白，听不懂他们在讲什么的时候，引起的忧虑和紧张。韩国留学生常常因为在汉语的语音、声调、语法、词汇等方面存在的一些问题，无法很好地抓住别人讲话的内容和重点。所以，某个词听不懂便非常紧张，脑子里一片空白。常常听了上句，落了下句。结果，一连好几个句子都听不懂，跟不上，最后根本不可能继续下去。这样，在课堂上听不懂老师讲课，韩国留学生自然会产生一些消极的态度，在和别人交流和上课时，精神高度紧张，过分注意每个字的发音。因此，抓不住老师上课内容的重点，觉得什么都听不懂，坐在教室里没意思、无聊。这样的情况发展下去就害怕语言交际，害怕上汉语课，尤其是听力课。

（全文见练习册第 14 课附录）

四、本科论文摘要的写法

1 毕业论文摘要的写法

摘要是毕业论文的重要组成部分，撰写论文的摘要，是为了把研究工作的主要内容以最简练的文字予以介绍，协助读者对该论文研究的目的、设计及研究结果有个概括性的理解。汉语言本科专业的毕业论文摘要一般要求按结构式摘要的格式书写，即明确写出目的、方法、结果、结论四部分。具体要求有：

1. 目的部分应简要说明研究的目的，说明提出问题的缘由，表明研究的范围及你研究的中心问题是什么，以及是在什么情况下（研究背景）谈论该问题的，从而能够说明你选题的意义。

2. 研究视角和研究发现，就是讲你是怎么看待这个问题的，通过你的观察，你又发现了什么问题。研究视角是非常重要的，它能够揭示你认识问题的深度，从而能够折射出你的研究在方法论方面的启示。

3. 研究方法应说明研究课题的基本设计，使用了什么材料和方法，如何分组对照，研究范围以及精确程度，数据是如何取得的以及经过何种统计学方法处理。往往通过这一过程来证明你的研究是科学的、可信的。

4. 结果部分要列出研究的主要结果和数据，有什么新发现，说明其价值及局限，叙述要具体、准确，并需给出结果的可信值和统计学显著性检验的确切值。

5. 结论部分应简要说明、论证取得的正确观点及其理论价值或应用价值，是否值得推荐或推广等。不用“本文”或“作者”、“笔者”等做主语；不要写成提纲或评论形式；字数一般控制在一页内。

2 毕业论文摘要写作中存在的问题

1. 摘要过于简单，信息量不足，不能反映出论文的主要内容。
2. 摘要不精练，条理不清，结构混乱。
3. 摘要内容表达不确切，摘要中出现对论文内容的主观见解、解释或评论。
4. 未按国家标准要求书写，如句子中出现“本文”、“作者”等第一人称做主语。

3 撰写论文摘要应注意的问题

1. 客观如实地反映所做的研究或工作，不加作者的主观见解、解释或评论。

2. 着重反映新内容和作者特别强调的观点。

3. 排除在本学科领域已成常识的内容。

4. 不要用第一人称如“本文”、“我们”、“作者”等作为主语，而应采用第三人称的写法，如“对……进行了研究”、“报告了……现状”、“进行了……调查”等记述方式。

5. 采用规范化名词术语(包括地名、机构名和人名)。

6. 缩略语、略称、代号，除非本专业读者能清楚理解，否则首次出现时不论中、英文均应给出全称；

7. 应采用国家颁布的法定计量单位。

8. 注意正确使用简化字和标点符号。

9. 一般不用引文（除非论文证实或否定了他人已发表的著作）。

10. 一般不分段落。论文摘要的字数要得当，书写论文摘要的主要目的是为了便于阅读者用最短的时间获得有关研究的主要信息。

（亓华改写自网络）

五、留学生毕业论文写作常见问题

论文的写作与说明文、议论文不同，无论在题目的拟定、论述的语体还是本论的结构安排、结论和提要的概括上都有一定的要求和规范。目前，从这120位留学生的毕业论文来看，主要存在以下问题：

1. 题目含糊、空泛、不精练甚至是文不对题。毕业论文的题目是直接表达或揭示论文主题思想或中心论点的，因而要鲜明、准确，不能含糊、空泛。但有近四分之一的论文标题不合规范。例如《没有命根的人》从题目上看，既不像论文，也题旨含糊不清，更无从表达和揭示中心观点。又如《韩国泡菜和中国泡菜的比较》尚可以简化为《中韩泡菜之比较》；而《从东汉末年医学家华佗来看中国古代医学和中国古代历史的关联》，论文的标题用了28个汉字显得太不精练，可简略为《从医圣华佗看中国古代医学和历史的关联》。有的论文则是题目过大，显得空泛、文不对题。如题为《中国菜》，实际上说的是“中国菜在海外”；题为《从酒俗看中日文化之差异》，其实应对“中日文化”的范围加以限定，确切地说是《从酒俗看中日交际文化之差异》。而像《我在中国了解到的孔子》和《中尼友好万古长青》也都不符合论文题目的规范。

2. 论文主体部分行文不合体、结构不合理。毕业论文的主体部分一般由绪论（引言、导论、概论）、本论和结论三部分构成。

第一，论文开头的绪论部分，目的在于说明这一课题的研究意义和动机，介绍写作论文的指导思想和论文的结构、研究方法或基本内容，也可概述该课题的研究现状及论文的创新与突破。绪论部分一般要写得简明扼要、篇幅不宜过长。但在现有的论文中，很多学生习惯大讲写作的缘起。试以《汉语写作》教材中被编者认为是“较好的毕业论文”的范文为例。题目是《试论老舍语言特色》。文章开头写道：

> 记得好像是在初中的时候，根据语文老师的介绍，我读了《骆驼祥子》的翻译本。可是那时候也许因为不理解，既没兴奋，也没激动。因此以后我一直对他的作品敬而远之，去年，到中国来留学，我选修了《老舍语言分析》课，并在文选课上学了《骆驼祥子》小说的一部分以及据此改编的剧本，还看了话剧《茶馆》和电影《龙须沟》，我越看越觉得有意思，渐渐被他的作品迷住了。……

就这样，“序”的部分洋洋洒洒用了约 1200 字，该说的话却几乎没有。像这样的开头，在语言学院所选的 48 篇论文中约占 14 篇。这显然不是留学生个人的失误问题，而是由于指导教师和论文写作要求不规范或规范不当造成的。

第二，本论是论文最主要的部分，应该充分论证、分析绪论中提出的基本观点。或正面论述自己的观点，或通过反驳对立的观点来阐明自己的观点。但留学生的写作弊病是，本论的第一、二章往往直接把一般常识性文字从书刊上摘抄下来，不会用论述性的语体进行论说，而多用叙述、说明语言，有的如同解说词。例如，《中国的塔吉克婚俗研究》就把书上现成的、而非亲自调查来的中国塔吉克族及其婚俗用三千多字的篇幅不加评析、论证直接作为论文的第二章；再如，《中国菜》一文不但没有绪论引言部分，作者用了三千字来说明“烹调的起源和中国菜的概况”这种常识性的问题，毫无个人观点，虽然语言流畅、娓娓道来，但却属文体混杂，好似解说词。有的则像是一般的议论文或读后感。有些学生并不知道写论文应去发现问题、提出并解决问题，因而流于常识性叙述。

第三，结论是论文的收尾部分，在绪论中提出的基本观点，经过本论部分的分析论证之后，结尾部分要做出回答并总结全文。但多数论文没有结尾也就谈不上结论。有些论文的结尾不是总结全文而是表达自己的感想和希望，例如，《中尼友好万古长青》最后写道：“我在中国的四年当中，到处受到中国朋友们的热情欢迎和照顾。我们都衷心希望中尼友好关系进一步发展。中尼友好关系万岁！”再如，《试论谢克·昂达·迪奥和鲁迅在文学斗争中的不朽价值》的结尾是：“我们应该把他们作为我们永远学习的榜样。非洲，我亲爱的故乡，醒来吧！”而《赵树理作品在日本》的结尾一段是：“我在中国留学了四年，在这四年期间中国有了巨大变化。尤其是农村的变化是最明显的。……我恳切地希望中国再出现像赵树理那样的伟大农民作家，像他那样响亮地讴歌现代中国农村的面貌。”像这样的结尾在语言学院留学生的 45 篇毕业论文选中就有 15 篇。还有一种常见的结尾是自谦式的套话，像“由于我中文水平不够，能力有限，可能有许多理解上的错误，请各位老师指正”。以上几种结尾在我院留学生的毕业论文中也有不同程度的反映。因此，应引起指导教师的注意，也有必要对此加以统一规范。

3. 比较方法偏简单、调查研究欠科学。由于比较对比的论文约占到一半，因此，比较论证的方法成为留学生最常用方法之一。但大部分论文都采取简单的先 A 后 B 的罗列式比较法。而不是 A 和 B 交互穿插、归纳总结式的对比论证法。譬如，《韩国泡菜和中国泡菜的比较》就基本上采取了先中国后韩国的事实罗列的比较方法。但由于中国泡菜的历史记录和研究资料较少，而韩国历史上对泡菜的记录和研究非常详尽，这样就造成在结构比例上前少后多、前轻后重的失重情况。又如《汉日语言中动物词语的色彩意义比较》一文，只是简单地把汉语和日语的动物词汇中同与异的色彩义列举出来，却没有分析异同的原因，缺乏论文应有的理论分析论证。再如《我看中日关系——关于日本人对二战的态度及其原因的考察》，选题原本很有价值，但由于只依据28份有效调查问卷，就使得结论部分缺乏充分科学的依据，一些依据调查数据的论文大都有这个问题。因此，对调查的方法、问卷的设计和有效份额应有一定的要求。

4. 语言表达层面上的问题。汉语本科专业是一个培养和造就熟悉中国国情文化背景的汉语应用型人才的专业。外国留学生即使完成了本科四年的学习，其汉语水平还是很有限。因此，在一般写作中出现的错别字、用词不当、语法语用偏误问题，在毕业论文写作中会大量出现，需要师生多次修改才能消灭。但值得注意的是，留学生论文写作中普遍存在对书面的、逻辑的、客观辩证式的论述语言表达不力的问题。主要表现为：

1）用感想式、议论式表达方式替代逻辑的、辩证的论证式语体表达。

2）书面语中常常不自觉地夹杂着一些口语的词语和句式，破坏了论文的语势和论辩说理的气势。

3）由于科研能力不足，研究不深，很多学生在下结论时倾向使用表拟测、推量的词语和句式。如："也许"、"可能"、"大概"、"或许……吧"。有的则相反，很少使用"在某种程度上、在一定意义上"这种表程度、数量和范围的限定词，使结论和表达过于绝对，缺乏分寸。

4）由于专业基础知识和相关知识术语掌握得不充分，行文中随处都会出现一些因一知半解、观点片面或错误而出现的表意不周、说法欠妥、甚至观点片面等欠科学严谨的问题。这些都需要指导教师认真加以指正，并在写作过中指导学生阅读一些有关该学科专业基础知识的书刊。

15 经济贸易专业毕业论文

一、热身互动练习

请说出下列论文选题的特点，从中选出自己喜欢的题目，说说如何研究

1. 中国经济问题研究
2. 关于中国出口产品遭受反倾销状况的研究
3. 人民币升值对中国服装产业出口的影响及对策研究
4. 中越贸易分析
5. 国际贸易问题研究
6. 对北京语言大学出版社“走出去”立体化发展战略的研究
7. 关于今麦郎国际竞争力的思考
8. 从营销的角度看新产品

二、关于经济贸易专业论文选题

选题的要求

经济贸易专业论文选题应符合下列要求：

一是要“小题大做”，不要大题虚做。选题要从小切口深入，能把一个小问题深入研究清楚即可。要言之有物，针对现实问题进行研究，才有现实意义和研究价值。有些选题过大，难于驾驭和把握，并且也不是一篇论文能谈得清楚的。有些选题就是从具体问题谈起，比较好掌控，也易分析透彻。

二是要有创新性。经济贸易的发展随着社会形势的发展变化较快，选题要有创新性，选题要切合当前情况。应避免选择过于陈旧的选题。

三是可行性。选择自己感兴趣的、易于找到资料的选题，比如有些题目虽然范围很大，但从中外比较研究的角度切入，恰恰能够发挥留学生的优势，如果能从这个范围中选出一个具体的问题进行比较分析，比单纯选取中国经贸研究方向更有价值和意义。

课堂练习

根据自己了解或感兴趣的话题拟定一个或几个选题，然后大家一起讨论如何去写好一篇专业的毕业论文。

三、如何收集资料

1 在下面写出你平时写文章时找资料的方法，然后和别的同学交流，最后总结大家收集资料的方法

1. ______________________________

2. ______________________________

3. ______________________________

4. ______________________________

5. ______________________________

6. ______________________________

2 收集资料的方法和技巧

资料收集对于完善题目、形成论文很重要。资料一般分为直接资料和间接资料两种。直接资料是在现实生活中亲自观察体验所获得的资料，间接资料是从已有的文字资料如文献资料、数字资料和事实资料中转录下来的二手资料，主要是利用有关书籍、报刊杂志以及网络查找。

收集资料的方法和技巧：

一是通过图书馆的藏书查找；

二是通过网络电子资源检索；

三是实地调查，包括问卷调查、开会、访谈、实地观察、实验学习等。

3 国内文献数据库介绍

1. 维普——该数据库收录8000余种社科类及自然科学类期刊的题录、文摘及全文。主题范畴为社科类、自然科学类、综合类。年代跨度为1989年至今。

2. 万方——万方数据资源系统的数据库有百余个，应用最多的主要是包括了专业文献库、中国科技引文库、中国学位论文库、中国期刊会议论文库等。

3. CNKI——主要应用包括中国期刊全文数据库、中国优秀博士硕士论文全文数据库、中国重要报纸全文数据库、中国医院知识数据库、中国重要会议论文全文数据库。

4. 超星图书馆、书生之家图书馆、中国数字图书馆等国内主要汇集各类图书资源的数据库。

4 网络搜索工具介绍

1. 百度——百度搜索中文网页能力比较好，只要键入搜索的关键词就可以找到相应的内容，每个结果都提供一小段摘要，便于读者查看。

2. Google——Google搜索国外资源的功能很强大，搜索国外论文或其他学术资源时用它比较好。

用Google搜索资料的方法有很多种，最直接的方法就是在搜索框内输入一个关键词，然后点击下面的“google搜索”按钮（或者直接回车），结果就出来了，这是简单专题信息检索；如果要进行更复杂的检索，就要熟练掌握Google的基本搜索语法（+，-，OR），学会使用两个关键字进行复杂专题信息检索。

课堂练习

试试运用图书馆图书和网络的方式针对你的选题找找相关资料，看看谁找得多，找得准确

四、如何拟定提纲

1 阅读下列提纲，讨论如何拟定提纲，总结要点。

题目：关于今麦郎国际竞争力的思考

文章主旨：通过对今麦郎国际竞争力的分析，可以对其他企业有一定的借鉴意义。

中心论点：今麦郎提升国际竞争力的措施

一、今麦郎国际竞争力的外部环境、现状和主要因素

1. 今麦郎国际竞争力的外部环境；

2. 今麦郎国际竞争力的现状；

3. 影响今麦郎国际竞争力的主要因素；

二、今麦郎提升国际竞争力的措施

1. 品牌升级——以品牌创造销售力

2. 产品创新——弹面 = 巨大的新品类市场

3. 技术创新——直面 = 历史突破

4. 浓郁的企业文化——塑造高端品味

得出结论

2 如何拟定提纲

提纲是从材料中提炼出来的，是论文写作的设计图，也是全文的框架，起疏通思路、安排材料、形成结构的作用。

编写提纲应该由简入繁，由部分到章节再到内容要点，逐步进行扩展。

首先根据行文的思路先勾勒出文章的几大块，也就是主要组成部分，然后在各部分填入相应的章节。

具体说来写论文无非是提出问题、分析问题、解决问题。可以在先确定逻辑主线的基础上规划出三个部分，再用相应章节进行对应的填充，最后列出每一节的内容要点。

编写提纲的内容和步骤：

1. 题目

2. 文章的宗旨、目的——（提出问题）

3. 中心论点所隶属的各个分论点

4. 各小论点所隶属的论据材料（理论材料、事实材料）

5. 每个层次采取哪种论证方法——（分析问题）

6. 结论、建议——（解决问题）

课堂练习

针对你所选定的题目，按照一般写作思路，拟定写作提纲，并和其他同学相互合作，互看对方的提纲，并提出修改建议

五、如何撰写正文

经济贸易专业毕业论文的正文通常包括绪论、本论和结论。

绪论又称前言、序言，是正文的起始部分。这一部分一般涉及以下内容：

1. 撰写论文的目的及意义；
2. 提出问题，表明作者观点；
3. 说明作者论证这一课题的方法；
4. 概括介绍论述的内容；
5. 历史回顾。

一般来说，绪论部分在论文所占比例通常较小，要写的简明扼要，几百字即可。

本论是论文的主题部分。在这部分中要综合运用所学的基本原理、基本理论以及前面所收集的相关资料来详细地阐述论文的研究观点、成果。如果是作者提出新的、创造性的东西要注意言之有理。一般来说，这一部分要占全文的三分之二。

结论是论文的最后部分，这部分的主要内容包括作者对研究的课题得出的答案；作者对研究的课题提出探讨性意见；对未解决的问题提出的某种设想等。

阅读下面的论文，找出论文各个部分的关键词，并整理出论文的写作思路。

六、范文阅读

关于今麦郎国际竞争力的思考

王思远
国际经济与贸易专业　06 级 0602 班

摘　要　目前方便面已经成为国际性的方便食品。经过 40 年的发展，我国已成为全世界方便面的生产和消费大国。在中国方便面行业飞速发展的 21 世纪，机遇与挑战共存。今麦郎食品有限公司经过 15 年的奋斗成长目前产量全国第一，销售收入第二，已建成世界上最大的方便面生产基地。本文通过对今麦郎发展过程中相关数据的总结，对其发展现状及其存在问题进行描述，并结合国际竞争力理论分析其国际竞争力，思考增强国际竞争力的意义，进而提出相应的意见和建议。

关键词　今麦郎　国际竞争力　创新

目　录

前 言

在经济全球化的推动下，方便面行业的全球化进程也不断深入。其中，重点在亚洲，成功在中国。究其原因，主要是因为亚洲国家和地区有着悠久的面食文化历史。而且，中国方便面产业的快速发展已成为亚洲乃至全球方便面行业发展的动力。

国际化是人类社会历史发展的必然。经济的全球化必然带来竞争的国际化。中国企业在与国内同行业竞争的同时，在各个方面也面临着来自国际的竞争。因此，如何提高我国企业的国际竞争力显得尤为重要。其中，企业核心竞争力是提升国际竞争力的关键。

自 1990 年普拉哈拉德和哈默尔提出企业核心竞争力的概念后，对核心竞争力的研究风靡全球。但是到目前为止，各国学者对核心竞争力仍缺乏统一的认识。国内外关于企业核心竞争力的研究大多局限于理论，针对具体应用与特定企业的很少，不利于一事一题的研究。本文旨在理论与实践相结合，以今麦郎食品有限公司为代表，研究分析方便面行业的国际竞争力。

未来竞争的发展趋势是“国内竞争国际化，国际竞争国内化”。可见未来的市场竞争将是核心竞争力的竞争。在经济全球化快速发展的今天，如何提高我国企业的国际竞争力是我国在对外贸易中应予以高度重视的问题。通过对今麦郎国际竞争力的分析，可以对其他企业有一定的借鉴意义。

（全文见练习册第 15 课附录）

七、如何查找检索资料

1 文献检索的途径

一般说来，本科生的学年论文和毕业论文的撰写时间短，而且只是培养运用所学知识和技能进行科学研究的初步能力，只要求利用学校图书馆的检索工具去检索已有的馆藏。图书馆是图书的海洋，每一本书都要进行标引，选取有价值的属性存入数据库，如题名、责任者、价格、出版社、出版地、索书号、主题词等。

文献检索途径是指利用什么检索工具和通过什么样的方式进行文献检索。文献检索的途径是由检索工具自身的特点所决定的。概括起来，检索的途径有题名途径、分类途径、著者途径、主题途径和其他途径。

1. 题名途径

题名即文献题目的名称（图书题目名称、报刊名称、文章题目名称），题名途径是根据文献的名称查找文献的途径。属于这种检索途径的主要有书名目录、刊名目录、书名索引、刊名索引、篇名索引等检索工具。例如《四库全书总目》、《全国总书目》、《全国新书目》、《全国内部期刊索引》、《全国报刊索引》等。通过题名途径查找文献资料必须掌握文献的具体名称。如果知道了文献的具体名称，利用题名目录或题名索引，就能查到所需要的文献。

2. 分类途径

分类途径是指按学科分类体系和事物性质进行编排和检索文献的途径。它的优点是能较好地满足族性检索要求。以图书为例，进入图书馆的图书都要分类著录上架，并制成相应的分类目录（图书式或卡片式，以卡片式供检索者多，且可以随时按报损、剔除和新购对卡片做增减），目前国内的图书分类法有三种：《中国图书馆图书分类法》（简称《中图法》）、《中国科学院图书馆图书分类法》和《中国人民大学图书馆图书分类法》（简称《人大法》），其中采取《中图法》分类的最多。《中图法》的分类把所有图书分为五个基本类部，下分 22 类，用 22 个英语字母依序排列：A. 马列主义毛泽东思想；B. 哲学、社会科学；C. 社会科学总论；D. 政法；E. 军事；F. 经济；G. 文化、科学、教育、体育；H. 语言、文字；I. 文学；J. 艺术；K. 历史、地理；Z. 综合性图书。文史哲图书分别在 H、I、A、B、C、K 类，如果是检索学校图书馆这些方面的文献，就可以到目录厅的分类目录中去检寻。

3. 著者途径

著者途径是根据已知著者的名称，查找该著者所发表的文献的途径。个人著者可以是一个人，也可以是几个人合作；集体著者是指机关团体名称和会议名称两种。通过著者这一途径检索文献的工具书有著者目录（图书馆藏书一般都有著者目录）、著者索引、机关团体索引等。通过著者途径查寻文献是先查出著者文章或著作名称或出处，再通过其他途径来获得文献原文。

4. 主题途径

主题途径是指以代表文献内容实质的主题词以及派生出来的关键词、单元词、叙词等作为检索标识的一种检索文献的途径。它能够简捷而准确地揭示文献所表达和处理的中心内容，具有检索意义。由于主题途径是以规范的词或词组作为检索标识的，因此表达概念比较准确。因此主题途径适合于检索比较艰深的文献，能较好地满足特性检索的需要。

5. 其他途径

平时在阅读有关专著或学术论文时，常常可以遇到一些引文、引文出处的注释以及附在书后、文后的参考文献，通过这些相关文献，可以扩大文献检索的线索，最终找到自己需要的文献资料。另外有些课题没有相应的工具书可查，就要利用与课题相关的论著和涉及面广、可检性较强的类书、丛书、方志等，也可以获得具体的文献资料和文献检索线索。

2 利用计算机检索资料

随着计算机技术和网络技术的发展，信息的采集、加工、传递和利用都发生了革命性的变化。过去写论文，检索资料主要是通过各类文摘及书目卡片。而现在检索资料大都需要借助计算机的帮助。下面介绍两种计算机检索系统：

1. 北京师范大学“学术资源门户系统”(MetaLib/SFX)

该库整合了北京师范大学图书馆所拥有的和可以利用的各种资源，包括：图书馆 OPAC 、电子期刊库 、全文数据库、文摘 / 索引数据库、主题网关、搜索引擎、报纸等多种类型的资源。

2. 全国期刊联合目录（CSDL）

该库是集全国 400 余家大型公共图书馆、中科院系统的图书馆、科研系统的图书馆、重点高校的图书馆和全军卫生系统的图书馆中、西、日、俄文期刊资源为一体的书目数据库。通过该库联合编目服务系统可方便地查询、获取国内主要文献机构的中、西、日、俄文期刊文献收藏信息。

用户可以通过这个平台：

1. 查找数据库——从学科、资源类型、数据库特征等各途径检索可用数据库。

2. 跨库检索——选择多个数据库进行跨库统一检索。

3. 获得个性化服务——我的空间。

4. 查找电子期刊。

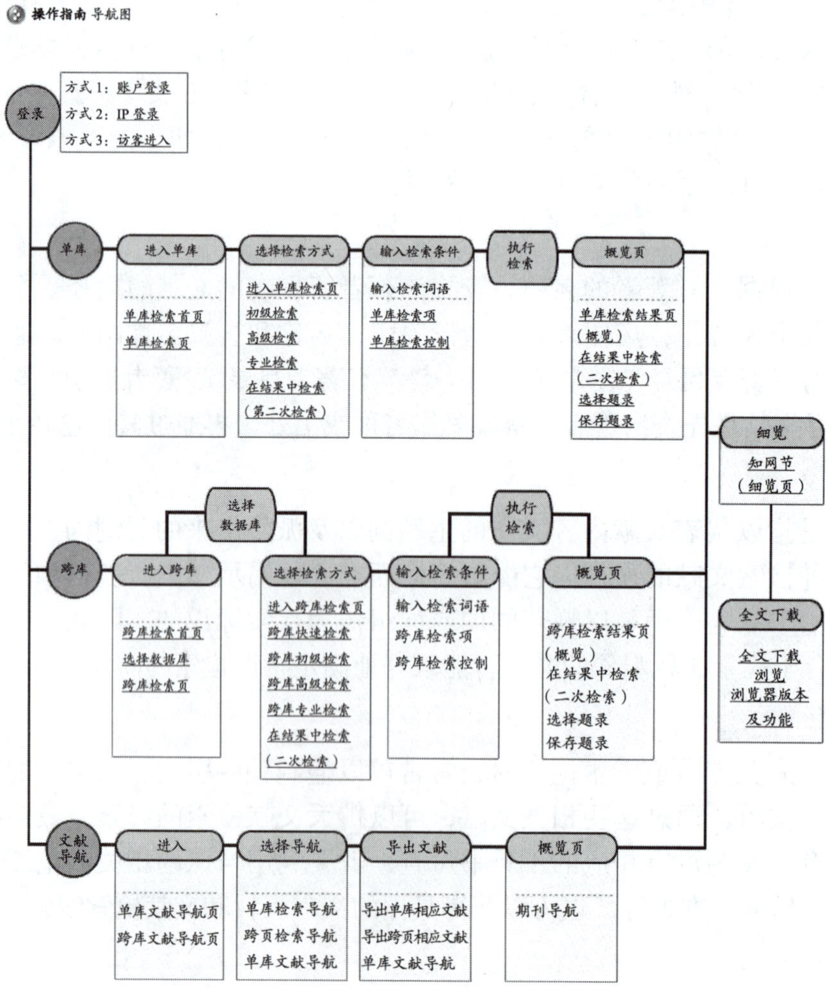